U0457662

云间月澄

杨慈湖哲学思想研究

隋金波——著

YUNJIAN
YUECHENG

ZHEJIANG UNIVERSITY PRESS
浙江大学出版社
·杭州·

图书在版编目(CIP)数据

　　云间月澄：杨慈湖哲学思想研究 / 隋金波著. —
杭州：浙江大学出版社，2023.6
　　ISBN 978-7-308-24061-1

　　Ⅰ.①云… Ⅱ.①隋… Ⅲ.①杨慈湖－哲学思想－研
究 Ⅳ.①B244.995

　　中国国家版本馆 CIP 数据核字(2023)第 143726 号

云间月澄——杨慈湖哲学思想研究

隋金波　著

责任编辑	胡　畔(llpp_lp@163.com)
责任校对	赵　静
封面设计	项梦怡
出版发行	浙江大学出版社
	(杭州市天目山路 148 号　邮政编码 310007)
	(网址：http://www.zjupress.com)
排　　版	浙江大千时代文化传媒有限公司
印　　刷	广东虎彩云印刷有限公司绍兴分公司
开　　本	710mm×1000mm　1/16
印　　张	13.75
字　　数	300 千
版 印 次	2023 年 6 月第 1 版　2023 年 6 月第 1 次印刷
书　　号	ISBN 978-7-308-24061-1
定　　价	88.00 元

浙江大学出版社市场运营中心联系方式　(0571)88925591；http://zjdxcbs.tmall.com

代 序

我通常把所谓"理学"理解为中国历史上的一次历时悠久、规模宏大、意义深刻的思想文化运动。从时间上说,这一运动盖由 9 世纪的韩愈导其源,由 11 世纪中叶的"北宋五子"扬其波而成其大,以至于声势波澜壮阔而义理建构精深绵密,至 12 世纪中叶,这一思想文化运动达成了丰硕成果,实现了三种不同的思想—哲学形态,简略说来,便是以朱熹为代表的"理学"、以陆九渊为代表的"心学"以及以吕祖谦为代表的"历史哲学"。① 这三种不同的思想—哲学形态,虽其所论不无同异,但皆宗旨较然明朗,思想历有渊源,理论边界清晰,阐述自成体系,故皆有后来人继其事而述其志,为之始终条理。

朱熹之"理学",基于天道作为绝对实在者之无限普遍性的终极确认,强调人从天道所得之"性"即为人先天原在的全部本质,故以"性即理"为其"第一原理"(the first principle),而人生的根本要务,即在于将此生命存在的"第一原理"全然而又充分地实现出来。缘于此,经验世界中人生的根本道路就必然以本性(性体)的回归为根本导向。换句话说,这既是以先天统摄后天的"一贯之道",也是以后天归摄于先天的"体用一原"。唯先天原在的"性即理"为存在之本,而又为意义之原,故存在与价值的同一性是建立于人本身存在的先天完善性的。在这一视域之下,显而易见,后天的经验生存方式及其途径,实质上是必须由先天原在的"性即理"来赋予其意义与价值的。通俗言之,人生存于经验(后天)之中,而价值归属于先验(先天)世界。明乎此,则所谓"存天理灭人欲",尚有任何疑义也乎?

以陆氏为代表的"心学"并不否认"性即理",但更为强调这一普遍的、作为人本身之先天的原在实况,是具有赓续、绵延其本身而通贯于后天生存境域的必然性的。"性即理"在后天绵延而成为人现实存在之本原的,只能是人的"本心",因此"本心"即是性,即是理,即是"性与天道",它是人的后天

---

① 我最早提出这一问题应当是在《论吕祖谦的历史哲学》一文中,该文发表于《中国哲学史》2005 年第 2 期。

(经验)或现世生存之所以可能的全部本质,又是联系与贯通后天与先天的原始关捩点。照此看来,"本心"的经验实现,即是先天全性的实现,所以陆氏是坚定主张"心即理"的。众所周知,陆氏的这一基本哲学立场为后来的王阳明所继承,并得到理论上进一步的深度开掘,使其内涵愈加丰富,理论涵摄能力愈加强大,并进一步完善了陆氏心学中显得"粗些"的工夫论体系。就宋明新儒学重建过程中的"心学"体系而言,可谓至陆九渊而成其大,然必至王阳明而总其成。学界向来"陆王"并称,良有以也。

与朱、陆同时而有浙东之学,学界向来所论,皆以为"功利之学"或"事功之学",唯古人深以"功利之学"为耻,故非之者众;今人则深以"功利之学"为是,故褒之者夥。真所谓时移世变,学术权衡之价值尺度也随之大相径庭,然窃皆深以为非也!是故原情而责实,复有启于章实斋谓"浙东学术"凡"言性命者必究于史"之宏论,名之为"历史哲学",而尤以吕祖谦为得其宗旨。中国自有"历史"以来,"历史"就不仅仅是过去已然发生事件的事实记录,史家之"天职"也并不以还原事件实况为根本使命,而是要基于事件叙述以抉发其背后的文化原因、人性关切、人道情怀、天道价值;时代主题的宏大叙事,在中国史学中,从来都是通过特定个体的生活及其现实活动来体现的,因此"历史"即是人史,而史家则是可以通过"究天人之际,通古今之变"而能够"成一家之言"的。在宏观意义上,"历史"即是天人相与之际的存在实况、互动结果以及通过这种互动所实现的人文—人道之意义与价值在空间—时间(宇宙,space-time)之共相结构中所呈现出来的过程性绵延。在这一意义上,人的存在即是历史的存在,"历史"也因此而成为人之现实存在的"先天"或"本体"。"历史本体论"作为"历史哲学"建构的一个基本部分,因此也是完全可能的。在吕祖谦看来,"历史"正是有待于现实个体自觉进入的一个独特世界。对于一个自觉进入了历史世界的个体,"历史"即成为其现实世界的别一向度,他的存在因此而成为现实—历史的,其存在的意义也同样归属于现实—历史的,个体当下的经验生存便在这一独特的空—时向度中转向过去—现在—未来的三相一体。缘于此,吕氏便极为强调通过历史世界的进入来"弥补"个体经验世界的"不足","多识前言往行"即成为个体"扩展"其经验世界的独特方式。在历史感引导之下而进入了历史世界的个体,"历史"与"现实"便在主体的实践维度上达成全然统一,"多识前言往行以蓄其德"的历史向度,便转换为经验实践意义上的"果行育德"与"振民育德"。过—现—未在实践意义上的"三相一体",便终究是统一于主体之德行的。

12 世纪中叶理学鼎盛时代的三大思想体系或哲学形态,同时成为"浙学"之中坚。有意思的是,陆氏心学最重要的传承人并不在江西,而在浙东。杨简、袁燮、舒璘、沈焕四子皆浙东四明人,其学皆以陆氏心学为主,也成为象山之后最能显豁心学宗旨的代表性力量,故四明也为心学重镇。杨简直接师承陆象山,对陆氏之学可谓心悦而诚服,恪守之终身而不渝。杨简最显著的学术特点及其贡献之一,实为开辟了宋代的心学解经路径,儒家诸经如《易》《诗》《书》等,皆无不娴熟运用其心学宗旨而予以解释,融贯为一体。因有杨简之丰富著述,心学家盖可稍免于"不读书"之讥矣。

　　隋金波于 2008 年从我问学并攻读博士学位,于 2011 年毕业获得博士学位,旋即任教于中国计量大学马克思主义学院。金波当年选择杨简思想研究来做博士论文,我一方面对他的选题十分赞同,因为这一选题的创新性是显而易见的,但同时也颇有些担心,因为其难度同样是显而易见的。作为一篇博士论文,它不仅要求作者必须十分熟悉杨简的著作,同时还要求他必须熟悉象山心学要义,以及与之相关的时代思潮。杨简著作甚夥,其行文往往稍嫌晦涩,意义表达并不十分莹畅达,要在阅读、理解、比较的基础之上对其思想做出哲学概括并加以系统阐释与论证,显然不是一件容易的事。好在金波为人谨厚而颇为好学,勤于思考,能够切实抓住杨简思想中以"觉"为核心的根本特征,将道体与心体之"一"领悟为"觉"之所以可能的根据,从而梳理出"一"—"心"—"觉"之统体一贯的根本理路,为其博士论文确立了基础骨干。事实表明,这一理解与诠释路径在很大程度上是合乎杨简哲学的基本面貌的,并且也是具有创新性的,因此金波博士的这篇博士论文,当年在答辩时便得到全体答辩委员的一致肯定。"觉"之境界,原是心体天然本有之明净状态瞬时的通体显发。古来善用比喻,如月映明湖,表里俱澄沏,而今金波书名谓之"云间月澄",盖亦善喻而颇富诗意矣。

　　我自己全然不曾意识到,距离金波毕业竟然已经一纪了!在繁忙的工作之余,金波仍能就自己当年的博士论文进行修订,加以完善,篇幅较原来增加 5 万余言,形成了一部特色鲜明而又较为完整的关于杨简哲学思想体系的研究著作,殊为不易!在其著作即将付梓之际,金波博士嘱予为之序。辞不获已,思之再四,遂约略言及南宋理学之三种思想形态及其大意,以弁于卷端,权以为金波本书思想内容之背景云。

　　是为序。

董　平

2023 年 6 月 3 日撰于浙江大学成均苑 4 幢

目　录

1 引 言

1.1 杨慈湖研究思想背景

杨简,字敬仲,南宋明州慈溪县城(今宁波江北区慈城镇)人。生于南宋高宗绍兴十一年(1141),卒于理宗宝庆二年(1226),世称慈湖先生。黄翔龙《重修慈湖书院本末记》记曰:"宋乾淳间,鸿儒辈出,以理学相倡和。吾明有正献袁公、端宪沈公、文靖舒公,慈邑则有慈湖先生文元杨公。邑故有湖,先生居焉,因以自号。故邑之名,昉于汉董孝君,而湖之名,昉于先生。"①王应麟《重建慈湖书院记》写道:"东海之滨,有大儒曰慈湖先生。文元杨公,立身以诚明笃敬为主,立言以孝弟忠信为本,躬行实践,仁熟道凝,盛德清风,闻者兴起,可谓百世之师矣。"②上述两条记录,一者说明了人们称杨简为"慈湖"先生的原因,一者点出了慈湖先生学问宗旨及其后世影响。乾道初,杨简与袁燮、舒璘、沈焕同游太学,时陆九渊之兄陆九龄为学录。

杨慈湖出生在一个"不仕"的儒者家庭,十世祖从宁海黄坛迁至奉化,后从奉化迁至鄞县(今宁波市鄞州区)。后其父又因避金人之乱迁至慈溪。乾道五年(1169)进士,"以一经冠南宫,选登乙科",官授富阳主簿。淳熙元年(1174),居母丧服除后,补绍兴府理掾,差浙西抚干,知嵊县(外艰不赴)。起知乐平,召为国子博士,以争赵汝愚之去,主管台州崇道观。绍熙五年(1194)任国子博士,庆元党禁起遭斥,家居14年,著书讲学。嘉泰四年(1204),权发遣全州,未上,论罢,主管仙都观。嘉定元年(1208),累迁至著作佐郎兼兵部郎官。嘉定三年(1210),除著作郎,迁将作少监。后出知温

---

① 黄翔龙:《重修慈湖书院本末记》,载[宋]杨简著、董平点校《杨简全集》第十册,浙江大学出版社2015年版,第2561页。

② 王应麟:《重建慈湖书院记》,《杨简全集》第十册,浙江大学出版社2015年版,第2559页。

州,又除驾部员外郎,改工部,除军器监、将作监兼国史院编修官、实录院检讨官。宝庆元年(1225)以耆宿大儒膺宝谟阁直学士、太中大夫,封爵慈溪县男,次年三月去世,年八十六,卒谥文元。① 杨慈湖廉俭自持,首创废除妓籍,以廉俭为民所爱戴。势家第宅阻河,命撤之,民呼"杨公河"。杨慈湖晚年时曾寓居鄞县城内月湖畔,设馆讲学,为"淳熙四先生"(也称"甬上四先生")之一。

杨慈湖的著作有《慈湖诗传》《杨氏易传》《先圣大训》《五诰解》《石鱼偶记》《慈湖春秋传》《慈湖先生遗书》等。今人董平将杨慈湖著作广为搜罗,重新编校整理,汇成一书,称《杨简全集》。

对于杨慈湖之学整体面貌的概括,与他同时代的文及翁曾经这样评价:"慈湖杨文元公之学,心学也。学孰为大?心为大。心之精神是谓圣。不至于圣,曲学也;不大于心,浅学也。一心虚灵,其大无对,六合之外,思之即至。前乎千百世之以往,后乎千万世之未来,管摄于心。若不识心,何以为学……故其帝之所以为帝,王所以为王,圣贤所以为圣贤,焉有心外之学乎?"②这是从"心"作为思考主体和"心"之发用功能的角度以及杨慈湖思想中"心"的出现频度来判定其思想面貌的,并未对杨慈湖思想之"心"到底有什么样的含义作出具体分析。可以说,这是最早用"心学"一词来衡定慈湖思想的明确主张。不同的是,此"心学"非彼"心学",它与我们今天所讲"心学"之含义毕竟有所不同。

一般而言,学界认为杨慈湖作为陆象山的得意弟子,在很大程度上继承并发展了陆象山的心学,更有甚者,认为杨慈湖已把象山心学发展至极致。既已到顶,故而慈湖之学在后世只有慢慢衰落,最后湮灭不彰。也有研究者认为,杨慈湖之学是陆象山到王阳明的一个中间环节,心学到了王阳明这里,才真正完成了其理论形态的完整建构。因为上述原因,学界认为慈湖之学毫无疑问也是心学,故而从"杨简心学"这一前提预设出发,作出对慈湖思想不同面向的解读。然而,这样的做法似有"先出结论,再找材料论证"的嫌疑,如此说法真的符合杨慈湖思想的实际吗?必须承认,慈湖在其大量的作品中,屡次使用"心""道心"等概念,"心"概念在慈湖思想系统中的重要作用不言而喻。然而这是否就意味着慈湖之学可以用"心学"这一范畴来衡定,

---

① [清]黄宗羲原著,全祖望补修,陈金生、梁运华点校:《宋元学案》卷七十四《慈湖学案》,中华书局1986年版,第2466—2467页。本书中杨慈湖年龄为虚岁,据《慈湖先生年谱》,《杨简全集》第十册,浙江大学出版社2015年版。下不一一说明。

② 文及翁:《慈湖书院记》,《杨简全集》第十册,浙江大学出版社2015年版,第2479页。

我们仍然要考虑许多问题。一种学术究竟是什么面貌才可被称为"心学"？必不可少也是最为关键的，"心"应该在这一思想系统中起统摄性作用，其他思想的展开与运动均来源于这一概念或与其具有较高的关联度，这应该是一个重要的标准。然而考察慈湖的全部作品，我们发现实际上慈湖在其思想中并不单纯地使用"心"概念，慈湖思想中的另一个重要概念"一"似更具统摄性，这个概念出现的次数没有"心"这一概念多，也容易为人们所忽略。杨慈湖之言"一"，认为万事、万物、万理皆归"一"，生命亦归"一"，经过研究判别，我们可以说，"一"是杨慈湖全部思想的出发点和归宿。把握了这个基本点，我们就可以对杨慈湖的学说进行更加深入的探讨。

"一"就形态而言与《易经》之乾卦画"一"并无不同，慈湖也是从此处展开其全部思想的。慈湖言："夫道，一而已矣。三才一，万物一，万事一，万理一。"①慈湖又说："《易》者一也，一者《易》之一也。其纯一者名之曰乾，其纯--者名之曰坤，其---杂者名之曰震、坎、艮、巽、离、兑，其实皆《易》之异名，初无本末、精粗、大小之殊也。故孔子曰'吾道一以贯之'，子思亦曰'天地之道，其为物不二'。八卦者，《易》道之变也，而六十四卦者，又变化中之变化也。物有大小，道无大小，德有优劣，道无优劣。其心通者，洞见天地人物尽在吾性量之中，而天地人物之变化，皆吾性之变化，尚何本末、精粗、大小之间？虽《说卦》有父母六子之称，其道未尝不一。《大传》曰'百姓日用而不知'，君子小人之所日用者，亦一也，惟有知、不知之分。"②杨慈湖以为世间万事万物必然有一个统一的归宿，他称之为"一"，"一"具有流动性，散落而为万事万物。就此而言，慈湖认为宇宙中的万物、世间的万象、生活中的万事，无非"一"而已，人们都在不同层面不同程度上经历"一"，却没有意识到这个"一"。此"一"在杨慈湖这里或可称为"存在者之融一性整体"，杨慈湖思想的全部面相和所有意义，均是从这个"一"中流出。

我们如何来看待和理解杨慈湖思想中的"心"概念呢？"心"在慈湖那里主要是指主体一切活动的承担者，因此，慈湖的"心"具有多种所指功能，思维之心、道德之心、本源之心、伦理道德之心等都是"心"的不同面相。慈湖以为，作为主体一切活动发动者承担者的"心"，万古不变，人人皆有，无人不同。慈湖言："学者当知夫举天下万古之人心皆如此也。孔子之心如此，七十子之心如此，子思、孟子之心如此，复斋之心如此，象山先生之心如此，金

---

① ［宋］杨简：《杨氏易传》卷一，《杨简全集》第一册，浙江大学出版社 2015 年版，第 12 页。
② ［宋］杨简：《杨氏易传》卷一，《杨简全集》第一册，浙江大学出版社 2015 年版，第 12 页。

溪王令君之心如此,举金溪一邑之心如此。"①慈湖在此处讲的"如此",主要是肯定"心"之自神、自明、自灵的特点,赋予"心"以道德的含义并且说明"心"的发用功能,如慈湖曰:"人心自灵,人心自明,人心即神,人心即道。安睹乖殊,圣贤非有余,愚鄙非不足。何以证其然?人皆有恻隐之心,皆有羞恶之心,皆有恭敬之心,皆有是非之心。恻隐,仁;羞恶,义;恭敬,礼;是非,知。仁义礼知,愚夫愚妇咸有之,奚独圣人有之?人人皆与尧、舜、禹、汤、文、武、周公、孔子同,人人皆与天地同。又何以证其然?人心非气血,非形体,广大无际,变化无方,倏焉而视,又倏焉而听,倏焉而言,又倏焉而动,倏焉而至千里之外,又倏焉而穷九霄之上。不疾而速,不行而至,非神乎?不与天地同乎?"②人心的特征功用、人心的伦理道德功能、此人之心与他人之心、人心发动后所及的范围和世界,简直"神"了而可以与天地同步。杨慈湖此处对"心"的描摹刻画,直让人觉得一念发动便是整个世界,大有"一心三观""一念三千"之态势。

当人"心"对周遭事物作出判断之后,其思的成果当然需要呈现出来,这就牵涉到杨慈湖思想中的另一特殊概念"觉"。《说文解字》:"觉,悟也。从见,学省声。"其基本含义是觉悟、了知。在慈湖这里,"觉"还表现出了与佛教思想一定的关联,然而"觉"无论其与佛家思想有多大的相似性,其内容仍是儒家的,"觉"并非指觉悟佛理,而是"觉"人生、宇宙之理。慈湖在其作品的许多地方提到他的学生、讲友等人之"觉",他们"觉"后的一个最突出表现,是对儒家伦理观念的彻底认同和身体力行,没有丝毫怀疑(当然这并不是"觉"的全部含义)。慈湖在谈到自己的内心体验或者求学经历时,也经常使用这一词语,慈湖一生历经数次"觉",较为重要的大概有3次,如其自己所言年二八有觉、年三一而又觉等等。慈湖曰:"某二十有八而觉,三十有一而又觉,觉此心清明虚朗,断断乎无过失。过失皆起乎意,不动乎意,澄然虚明,过失何从而有?某深信此心之自清明,自无所不通,断断乎无俟乎复清之。于本虚本明、无所不通之中,而起清之之意,千失万过,朋然而至矣,甚可畏也!某惧学者此心未明,又惑乎'洗心''正心'之论,某朝夕居乎'清心堂'之中,而不以为非。是清心、洗心、正心之说果是也,'清心''洗心''正

---

① [宋]杨简:《慈湖先生遗书》卷二《二陆先生祠堂记》,《杨简全集》第七册,浙江大学出版社2015年版,第1864页。

② [宋]杨简:《慈湖先生遗书》卷二《二陆先生祠堂记》,《杨简全集》第七册,浙江大学出版社2015年版,第1863—1864页。

心'之说行,则为揠苗,非徒无益,而又害之。"①在此处,慈湖主要是觉到了"心"的清明虚朗,"心"本清明,本无渣滓,无需清心、正心等外在的工夫。如此之"觉",最终的体验必然是"万物一体",不需借助于外在的力量,而只需"心"的不断精进和向上提升,只有"心"对"一"做出通体观照并最终能"觉"之后,宇宙万物、世间万象才对我们显示出其自身的意义,主体性的人也因为这一意义而得以安顿自身,或与其融合为一,打成一片;或在这种观照之下获得人之存在的合理性与终极依归。从而由人而开始的一切思想和行为,包括儒者之为道、为人、为学与为政,其根源才能最终有所落实。根据上述概论,只用"心"来概括慈湖的思想并不全面,慈湖思想实际上是一个由"一""心""觉"三者构成的动态结构,单独言"心"而不言"一"和"觉",并不是慈湖思想的实际。

由此看来,"一""心""觉"是为慈湖之思想中最为主要的观念,存在者作为一个整体的"一",只有主体的"心"介入并深入其中之后才会向我们显示其各个方向的意义,这种深入的最终结果也必须是"觉",即是"觉"主体性之"心"与天地万物通为一体,中间没有任何阻碍。当然,慈湖会在不同的语境和特殊的场合,对"一""心""觉"作出方便的解说,有时候甚至在不同的层次上使用它们,但这些分殊的根源都可以在这三个观念的统整性说明中找到。在慈湖的思想中,另外的几个概念如"道""性""意""永""光"也是重要的。这几个概念与"一""心"和"觉"有着千丝万缕的联系,概言之,"一"在某些时候与"道"是一致的,具有相同的内涵,"心"也在特殊的情况下等同于"道";"性"善时是等同于人"心"的;"意"则较为清晰地与"心"有着相对的关系,"心本清明,起意则昏"是慈湖经常提醒学人的口头禅;"永""光"则是对"心"之"觉"的状态的整体性描述。此处略言如上,更为详尽的分殊将在后文展开。

从思想的传播过程来看,杨慈湖的思想有着深厚的儒学渊源。就现有的杨慈湖思想研究成果来说,研究者们主要承认了慈湖之学与孟子之学和陆九渊心学之间的继承关系,但是论述方法却存在着缺陷,比如谈到慈湖之学与孟子之学的关系时,只是说明慈湖讲了和孟子相似的话而已,并未就二者之言的真正相似之处进行具体分析。谈到慈湖之学与象山之学的关系时,仅就"扇讼之悟"加以发挥,不曾注意杨慈湖关于"心"的理解较之陆象山

① [宋]杨简:《慈湖先生遗书》卷二《永嘉郡治更堂亭名记》,《杨简全集》第七册,浙江大学出版社2015年版,第1866页。

更为宏大远阔,其含义更加多元丰富。慈湖思想的真正来源,是孔子的思想,杨慈湖对孔子的理解非常独特。当然,任何一个儒家学者的思考都离不开孔子,但是像慈湖这样百般维护孔子,在其他人那里似乎并不多见。在慈湖的语境里,孔子之心无非圣人之心,孔子之言论万古无弊,孔子之行为无不合圣人之道。

杨慈湖的重要著作《先圣大训》很少引起研究者们的注意,但这部著作才真正体现了慈湖的良苦用心。"然杨简之集为是编,实为阐明其本身之哲学思想而做的一种文献溯源,故其于所辑孔子之言,皆加诠释而归本于心学,非仅在于集孔子之语为一编而已。"①在这部著作中,慈湖没有一处反对孔子,处处维护,不曾有丝毫的质疑。在慈湖看来,孔子之学即使在后世的流传过程中出现了弊端甚至错误之处,也绝不是孔子本人或孔子之思有什么问题,而只是后学未能真正地领会孔子之教,不能从根本上把握"圣意"。也正是由于慈湖如此看待孔子,他才可以给孔子之学来个全新的"孔子心解"型的解释,而不是如一般儒者作训诂、字义的说明,那样在慈湖看来只是呆板,甚至迂腐,空耗生命。慈湖的这种情感在他自己撰写的《先圣大训序》中有明显的反映,慈湖说道:"世称先圣谓孔子,简祇惟先圣大训,自《论语》《孝经》《易》《春秋》而外,散落隐伏,虽间见于杂说之中而不尊,不特有讹有诬。道心大同,昏明斯异,毫厘有间,虽面觏无睹,明告莫谕,是无惑乎!圣言则一,而记者不同也,又无惑乎!承舛听谬,遂至于大乖也。夜光之珠久混沙砾,日月之明出没云气,不知固无责,有知焉而不致其力,非义也。是用参证群记,聚而为一书,刊诬阙疑,发幽出隐,庶乎不至滋人心之惑。"②在慈湖看来,圣人唯一、圣言唯一,听者记者资质各异,以至于对圣人和圣人之言的理解千差万别,就如沉没在泥沙之中的明珠与在云气包围中的明月,明珠与明月通体光明,本身不会因为外界环境的变化而自身有任何亏缺,只要祛除包裹在外层的种种杂质,便还你一个通体明亮的世界。懂得了这层道理,人要做的,就是尽所有可能去剥除万染,去祛除附着在自己身上的种种外网、种种束缚、种种妄念,让那个光明的本体如实呈现出来,知而不为非义也。就此而言,杨慈湖确实"心量"广大,负"凌云"之志。

杨慈湖希望,在他重新纂集孔子之言论以后,圣人之学可以大白于天下,而不再"滋人心之惑"。如此而言,慈湖确乎有着不同寻常的远大理想,他试图通过重新辑录孔子之言而重建儒家思想的解释体系,这个体系的出

---

① 董平:《整理说明》,《杨简全集》第一册,浙江大学出版社 2015 年版,第 8 页。
② 〔宋〕杨简:《先圣大训序》,《杨简全集》第五册,浙江大学出版社 2015 年版,第 1357 页。

发点,就是他讲的"圣言则一"和"道心大同"。在慈湖看来,孔子是发现而且体证了宇宙、社会的全部真相的,因此若是"心""觉"了"一",也便实现了主体存在的全部意义。唯此,慈湖才特别重视"觉"。"一"在那里,"心"在主体,若是不"觉","一"与我有何关系?"心"的意义何从谈起? 故此,慈湖详细记述了他自己的多次"觉",并且记载了诸多他看到的"觉者"。慈湖说道:"比一二十年以来,觉者滋众,逾百人矣,吾道其亨乎! 古未之见,天乎!"① 慈湖又曰:"某内外亲故二十年来亦多觉者,亦盛矣。"② 在谈到其弟子钱时与其子钱诚甫之觉时,慈湖言:"子是先已觉,惟尚有微碍,某划其碍,遂清明无间,无内外,无始终,无作止,日用光照,精神澄静。……子是之子橒,字诚甫,亦近于嘉定十有二年元夕后一日有觉,至晦日,又大通。呜呼! 子孙皆觉,又皆兢业守仁,足以垂名于后。"③ 慈湖形容"觉者"的状态是"大通",其现实的表现之一便是"兢业守仁"。如此,则主体的"觉"既是宇宙形态的,同时也是人伦形态的。这样的致思方式体现出了一种宗教式情怀,只不过这种情怀并不表现为对一个异己的彼岸世界之神的对象性信仰,而是主体即客体,当下即是本体,不存在一个彼岸的终极存在者。"大通"意味着全体通透,宇宙、社会与人生融为一体。如果也用"终极关怀"一词来形容慈湖的思想,则此"终极关怀"从来都是浑融、一体、整全、圆融的,其超越性也是指对主体性当下实存状态的否定和超离,即人心而上当天心,去体验乃至实证那个一体的存在,去体悟"天地万物通为一体"的境界,人即世界即宇宙,人原本就是这个世界的一部分,从来就没有离开过,也不可能离开。

1.2　杨慈湖研究文献综述

　　作为中国思想史上的一位重要而又容易引起争议的人物,杨慈湖的思想在很早以前就已经引起学者们的关注。20 世纪 20 年代以后,朱谦之撰《记杨慈湖的学说:一个唯我主义者的哲学》,对慈湖的思想作了初步的研究。朱谦之"提纲挈领地把杨慈湖的'唯我主义'略述了一回",认为慈湖思

① ［宋］杨简:《慈湖先生遗书》卷二《愤乐记》,《杨简全集》第七册,浙江大学出版社 2015 年版,第 1876 页。
② ［宋］杨简:《慈湖先生遗书》卷四《谒宣圣文·二》,《杨简全集》第七册,浙江大学出版社 2015 年版,第 1894 页。
③ ［宋］杨简:《慈湖先生遗书》卷五《钱子是请志姚徐氏墓》,《杨简全集》第七册,浙江大学出版社 2015 年版,第 1923 页。

想的最大特色在于"唯我主义",在这一大的背景之下,朱谦之分了"我知主义""唯我主义的宇宙观""唯我主义的人生观"和"唯我主义的礼教观"四个方面来阐释慈湖思想。朱谦之以为,慈湖反对向外寻求知识的支离之方法,学问唯在由我心出发,自知自证而已,即只有"我知"的学问才是真的。故由此"我知主义"出发的宇宙观完全是一种主观的唯心论,以为宇宙都是由我心变化出来的,这种极端彻底的宇宙观在中国哲学史上是没有第二人的。朱谦之以为,慈湖的《绝四记》是一篇关于人生观的文章,其主要的目的在于教人洗去"假我"而回归"真我",所谓"真我",即是非血肉累然而可以与天地同流的大我。实现了的"真我",其心都是豁然开朗、与天地同范围的,也就是慈湖尝讲的"诚能休而遂止,一听天命之如何,则其行也天,其止亦天也。皆天而不以人为参焉,则不失其本有之天性矣"。而所谓本有之天性,在慈湖看来即是纯善的。心之纯善的自我呈露,便是"礼",依此心之礼去做任何事,便无不春风和畅、手舞足蹈而不自知了。

钟泰撰写的《中国哲学史》一书中也专门谈到了杨慈湖,其曰:"故或谓慈湖出于象山,而坏象山之教者,亦自慈湖始。则慈湖之于象山,亦稍有异矣。"钟泰以为,慈湖之学,于《己易》一篇足以见其全,其思想与象山"宇宙便是吾心,吾心便是宇宙"之说似无二致。然而对于陈建批评慈湖之学为禅学却不以为然,认为"慈湖之所造,亦自有其践履,非专恃禅家悟入一路者"。钟泰此处尽管用的篇幅不多,但杨慈湖思想与陆象山之学的关系、杨慈湖思想的来源及功夫路径等关键之处都讲得恰到好处,给了我们较大的启发。

贾丰臻以"理学就是从古至今一般人所说的性理之学"之观点著《中国理学史》,其中介绍了杨慈湖的思想,不过较为简略。贾丰臻以为"慈湖推广心即理的观念,以一切的法则皆为我心内事"。慈湖之《己易》所表现的思想与西哲菲希(今译费希特)的绝对自我论相同。贾丰臻的这一观点似与日本学者三宅雪岭对慈湖的态度不谋而合。三宅雪岭说:"盖堪称客观观念派泰斗的朱晦庵,其地位比较接近(德国的)谢林。主观观念派则经过谢上蔡、王信伯等人至陆象山而繁荣,其地位可以说在费希德和黑格尔之间。而到《己易》的出现则完全是费希德了。"[①]这一时期的慈湖思想研究尽管数量不多,篇幅不长,但相对而言较为学术化,就学术问题本身展开讨论,比较接近思想的实际。

张君劢在《新儒家思想史》中称杨慈湖为南宋思想家之最:"撇开禅宗的

---

① 转引自[日]岛田虔次著,邓红译:《中国思想史研究》,上海古籍出版社 2009 年版,第 282 页。

影响不讲,我要说杨简是南宋最有才能的思想家。他的灵悟和胆识甚至超过有名的前辈朱熹和象山先生。"①张君劢将《己易》看作最能代表慈湖思想的著作,认为杨慈湖思想与德国哲学家谢林的思想具有相似性,二者均相信宇宙之绝对理性、我与宇宙的变化是同一的,并且认为《己易》甚至就是谢林"我的哲学体系之解释"的翻版。张君劢指出杨慈湖非常相信我和宇宙合一,正如别的哲学家相信道德世界和物质世界之二元对待性。这一看法切中了杨慈湖思想的核心。

　　20世纪80年代,蔡仁厚于台北学生书局出版《宋明理学·南宋篇》一书,在"朱陆门人及其后学"一章的第二节"象山之门人与后学"之"杨慈湖与甬上诸贤"中简要介绍了杨慈湖的生平与学问,引用了大量《己易》中的文字,认为"慈湖此处所说,皆不失儒门义理之矩,而实亦发挥象山'宇宙即是吾心,吾心即是宇宙''此心同,此理同''人与天地不限隔''能尽此心,便与天地同'之义"。并且认为朱学之徒如陈北溪之流对杨慈湖的批评并未及意:"而朱学之徒(陈北溪尤甚)每诋毁象山慈湖为禅,此固是门户之偏见,亦实由学识之有差。(既不识儒家之大义、深义,亦不解禅之所以为禅,复不知作用层上的工夫与境界,乃儒释道三教所可共同而相通者。)"蔡仁厚还为慈湖的"不起意"作了辩护:"当你意见一萌,便是'起于意',便是作意计较,便是'放心'而歧出,而不是'本心作主'循理而行了。慈湖教人'不起意',岂是要你槁木死灰、做个呆痴?只是要人'复本心''由仁义行'而已。"蔡仁厚关于"不起意"的解释符合慈湖思想原意。所谓不起意,不是念虑熄绝,什么都不想,事实上也做不到。杨慈湖之谈"不起意"只是说不起意的话会有怎样的"好处",为什么要追求这个"不起意"的状态。一旦念虑升起,我们就一定要时时刻刻能够"回看",要去寻顺本心找回那个本质,表现在行动上,就是自然而然做仁义之事,由义行仁。

　　稍后,1984年,侯外庐、邱汉生、张岂之等于人民出版社出版《宋明理学史》一书。在上卷第二编"南宋时期的理学"之"陆九渊弟子的思想"一章中,列"甬上四学者——陆九渊思想的发展"一节,由崔大华执笔。本节叙述了杨慈湖的思想,该部分内容共分为三个大的方面,分别为:生平和著述;陆派心学主观唯心论的进一步发展,包括"抛却陆九渊的'沿袭之累'"和"公开引进佛家思想和提倡蒙昧主义"两个小的方面;实践陆九渊的所谓"六经注我",包括"杨氏易传"和"慈湖诗传"两个小的方面。侯外庐等对杨慈湖著述

① 张君劢:《新儒家思想史》,中国人民大学出版社2006年版,第229页。

的流传情况作了较为细致的考订。通过与陆九渊思想的对比,指出杨慈湖思想的特点:"如果说陆九渊心学中'理'还有一定的地位,那么到了杨简这里,则只有'心'这一最高范畴了。陆九渊以'气'来解释人之本善和何以会有恶的问题,杨简则以'意'解,认为'意'起则为恶。"基于此,陆九渊主张以"收拾精神""剥落""优游读书"等工夫来发明本心之善,而杨简则以"毋意"工夫来达到本心的自然状态。侯外庐等据此认为杨简以"毋意"使人的心保持寂然不动的状态,使心不思不虑,"这就使得陆象山的主观唯心论更加向唯我论发展,而且其蒙昧主义的色彩更加浓厚"。作者进而认为杨简思想的两个主要范畴"心""意"都与佛家思想有明显的联系,即与佛教思想形式相似、内容不同,杨简的"心"包容了儒家的伦理品性。侯外庐等还认为,杨简的经传是陆九渊"六经注我"的具体实践,其经传的基本思想是认为六经皆是"心"的表现。慈湖的《杨氏易传》表明杨简认为"易之道"即是"心",并且八卦之作不是由取法外界而成,而是由心中自然流出;而《慈湖诗传》则认为诗三百篇一旨而已,它们是从不同角度来体现"道心"的,三百篇所表达,或直显"道心",或诱发"道心",或蕴藏"道心",或出于"道心"。这可以说是当时对杨慈湖思想研究较为全面和丰富的成果,对杨慈湖著作流传情况、其思想中的"心""意""勿意"等几个重要概念、其思想与陆象山思想之间的关系、与佛教思想之间的关系等问题都进行了较为充分的论述。尤其是深入慈湖著作的内部,对《杨氏易传》《慈湖诗传》两部著作原文采撷较多,作了充分阐释,因而得出了较之以前研究成果更加中肯的结论。

几乎与《宋明理学史》同时,崔大华于中国社会科学出版社出版了《南宋陆学》。在该书第三章"陆九渊及门弟子的思想面貌"第二节"甬上四学者——陆九渊思想的扩展"之"杨简"中,也分了四个方面论述了慈湖思想,主要的观点与"宋明理学史"中的看法并无二致,只是更加具体细化而已。四个方面分别为:生平和著述;思想发展过程;陆派心学向唯我主义方向的发展;陆九渊"六经注我"的实践。这部分内容的最大特点是把杨简的思想界定为唯我主义和蒙昧主义。就杨简的思想发展过程而言,崔大华认为杨简登上彻底的唯心主义(唯我主义)的玄妙高峰,并不是一蹴而就的,而是经历了一个由浅入深、由微而著的思想发展过程的。

崔大华认为杨简思想的最早萌芽是在28岁的太学生时期,主簿富阳时期因陆九渊的诱导而悟得"本心";知乐平县时期在《孔丛子》"心之精神是谓圣"一语的激发下,将对物和对己的体验结合到一起深化提高为"万物唯我"的彻底的唯心主义,也由此把陆学的唯心主义又向前发展一步。这主要表现为:第一,在《己易》中用主观的"我"吞没一切,自然和社会的一切,都是我心的产物;第二,用"毋意"来否定人的一切认识活动,主张保持无思无虑、凝然不动的"明鉴"(心)之本体状态。就陆派心学向唯我主义方向的发展而言,这种发展主要表现在三个方面:其一,抛却陆九渊的"沿袭之累"。在陆九渊的心学里,核心、基础的范畴当然是心,但是从形式上看,最高的范畴却仍然是"理"。而在杨简这里,最高的范畴只有一个"心",这是一个永恒不变的、作为万事万物之源的精神性实体;人心或人的本性是善,何以有恶?陆九渊沿用了"气"的概念,用主观以外的原因来解释,而杨简抛却了物我对立的思想,用主观的"意"来加以解释;人心是善而人却有恶,陆九渊认为是"心有所蔽",故主张用"收拾精神""剥落""读书讲学"等修养方法以发明本心,但是杨简认为这些强制、外索的功夫有害无益,人心本明,因意动而昏,故方法只能是"毋意",使心保持寂然不动无尘无垢的状态。其二,公开引进佛家思想,提倡蒙昧主义。崔大华认为,杨简作为儒家思想家,在和佛家相似的思想形式下面,有着和佛家相异的思想内容。杨简的"心"固有伦理的品性,而不仅仅是直觉能力。如杨简说"君君、臣臣、父父、子子、夫夫、妇妇,道心之中固自有"。杨简的"毋意"主要是克制违背伦理的意念萌生,而佛家的"无念"则要求有无善恶皆不思念。"蒙昧主义反对人们去认识那些可以认识的具有丰富内容和复杂规律的外界事物,而主张人们去体验那种没有任何内容的内心状态。"杨简"惟无思故无所不明,惟无为故无所不应"的蒙昧主义方法可以使人智慧焕发,品德端正,无所不能,成为圣人。其三,批评历史上的儒家、道家的唯心主义不够彻底。杨简以主观的"心"吞没一切,故对历史上儒家或者道家思想中承认有物我对立、物质和思维对立的那一部分观点提出批评。如他批评子思"子思觉焉而未大通者";孟子将"心"与"性"、"志"与"气"加以区分也是其失误之处。因此孟子的"存心养性"和"持志无暴气"之说都是分裂心之整体的方法,是不足取的。杨简认为老子"入于道而未大通",庄周之寓言,亦是"陋语良多"。总之,杨简心学的特色,就是以主观的自我之心吞没一切外界客观事物。就陆九渊"六经注我"的实践而言,相对于陆九渊几乎没有著作传世,杨简的作品较多,但是流传下来的注解儒家经典的著作也主要是《杨氏易传》二十卷和《慈湖诗传》二十卷。崔大华认为,在《杨氏易传》中,杨简对"易"的解释十分特殊,"易之道一也,亦谓之元,乾元坤元即此元也。此元非远,近在人心,念虑未动之始其乎?"杨简认为"易"的根本含义仍然是寂然不动之心。另外,杨简在宋代已有的解《易》路数外独辟蹊径,杨简不言事理,不言象数,只言人心。杨简解《易》的全部思想立足点,在于宇宙万事万物归于"一"。且杨简还认为八卦不是由取法外界而成,而是由心中自然流出。在《慈湖诗传》中,杨简同样认为《诗经》300 篇的宗旨不过一"道心"而已,300 篇所表达,或直显"道心",或诱发"道心",或蕴藏"道心",或出于"道心",这就是《慈湖诗传》的中心思想。崔大华在此处的论述与在《宋明理学史》中的文字表述几乎相同。

1985 年,邱椿所著《古代教育思想论丛》由北京师范大学出版社出版。由于这部书从名称上来看是讲中国古代的教育思想,因此为一般的中国哲学尤其是宋明理学研究者所忽视。实际上,邱椿在这部书中用了近 200 页的篇幅来阐释杨简的哲学思想与教育思想,在当时来看是研究杨慈湖的重要著作,惜乎绝少有人提及。邱椿将杨慈湖的思想分成了九章来论述,重点谈慈湖的哲学、社会与教育思想。邱椿以为,慈湖的宇宙观之中心思想是"心即是道";就认识论而言慈湖是一个"主观唯心主义者";慈湖的心性论主要谈心的五种特征,是其全部思想的基石。故此慈湖的社会思想与教育思想之根源同样在其关于心性的论说中。基于此,邱椿以为慈湖之教育思想的主要目的就在于"明心",发明吾人固有的本心,认识万事万物之理。同时,由于心可以涵盖一切,故教育除了"明心"而外也不需要有其他的目标。与讨论慈湖的教育思想相关联,邱椿还介绍了慈湖的读书方法。总体而言,除了用了一些具有时代特征的"定性式"的词语来描述慈湖思想而外,邱椿对慈湖思想的分析与探研是有见地的。在书的最后,邱椿对慈湖作出了相当高的评价:"在一般人所谓'陆王学派'中,杨简是 700 余年来最伟大的哲学家。在思想的系统性上,在治学的广博性上,在哲理的玄奥性上,在立论的一贯性上,在考证训诂的精确性上,他胜过其师陆九渊和其后三百余年的王守仁。阳明曾否读慈湖遗书不可详考,但阳明提出的许多哲学命题,慈湖早已说过,并且说得更加确切详明。阳明高足钱德洪在其所作《慈湖书院记》中说:'德洪尝伏读先生遗书,乃窃叹先生之学直超上悟者乎!'足见阳明弟子亦承认慈湖在学术造诣上已攀登最高峰而似非阳明所能及。"邱椿从研究慈湖教育思想入手进而探索其哲学之思,对杨慈湖思想进行了全方位的阐释,其研究深度前所未见,其分量不亚于一部研究杨简的专门著作。需要说明的是,作者在书中对陆九渊与王阳明的思想也同样进行了研究,经过比较后对杨慈湖作出上述评价,很值得我们深思。

在由石训等主编、河南人民出版社 1992 年出版的《中国宋代哲学》之"心学篇","陆九渊的哲学思想(下)"之九"陆九渊后学——杨简、袁燮、舒璘、沈焕"一节中,石训分三方面介绍了杨慈湖思想,分别为:杨简的生平和著作;我之天地的宇宙观;"自神自明"的认识论。总体而言,石训认为,杨简思想是"典型的唯我论,对陆九渊心学不是深化,而是贩卖"。"给心学家放开胆子维护封建专制统治开了绿灯。""杨简的'毋意',是要人们克制逆意、逆念之萌动,永远驯服地做统治者的奴隶!""这种思想,无疑是禅学'念有念无,即名邪念'(《顿悟入道要门论》)思想的翻版。"由于时代话语体系的限制,石训在行文中不自觉地使用了许多如"唯我论""主观唯心主义"等"定性式"的语词,也存在一定程度的将思想问题泛政治化的倾向,对慈湖的思想评价不高,多是一些负面评价。

相比于《中国宋代哲学》一书强烈的论战性口气,陈来于同年在辽宁教育出版社出版的《宋明理学》一书中谈到杨慈湖的思想时,语气就显得和缓得多,分析也有理有据,更加精细。是书第三章"南宋理学的发展"第五节"杨简",分神明妙用、不起意、天地万物通为一体等三方面论述慈湖思想。在这一节中,陈来把杨慈湖当成神秘主义的代表人物,并列举了其为学历程中的几次神秘体验,包括二十八岁循理斋之悟;三十一岁扇讼之悟和夜宿山谷之悟;三十三岁母丧之悟等。作者言:"人的内心体验,包括神秘体验,其实都是和体验者潜意识中的追求有关,杨简曾自述:'少读《易大传》,深爱'无思也、无为也,寂然不动,感而遂通天下之故',窃自念学道必造此妙。'""这说明,杨简很早就把'无思无为、寂然感通'作为他努力追求的精神境界了。这个无思无为的境界不仅是'从心所欲不逾矩',而且是一种自然、不觉其动的境界,他的不起意说也正是要实现这样一种境界。"在"不起意"一节中,陈来认为杨简"不起意"中的"意"本来是指实现意识活动的观念,但杨简所要求不起意的"意"并不是泛指一切意念、意识。杨简所说的"意",其中的一个意义是指私意,即各种从私我出发的意念。而意不仅指私意即一般的私心杂念,更是指深层的意向状态。所谓不起意,不仅指因无私意发生而本心自然流行所形成的对是非曲直的直接明觉,而且指心境的静定,也就是寂然不动。在"天地万物通为一体"一节中,作者言:"在杨简看来,吾心(意识)与天地万物通为一体,'我'或'己'广大无际,与宇宙同一,因而天和地不过是'我'的一部分,宇宙中的种种变化不过是'我'的变化,宇宙的一切现象都可以说是'我'的现象,天的清明实即我的清明,地之博厚实即我的博厚,宇宙的变易过程'易',就是'我',所以,'我'并不是限于血肉形躯的小我,而是与宇宙混融贯通的具有无限神明妙用的意识之我。杨简这种把个体的心视为与宇宙同其广大无际的大我(或大己或大心)说,更多的是表达了一种体验与境界,表示一个站在很高精神境界上的人对宇宙、自我的一种看法,一种见解,而不是一种理性的本体思维。这种学说所注重的并不在于宇宙的本质是否为精神,而在于有了这种大我之境对于人生所体验到的意义。"陈来对杨慈湖思想的分析较为精当,唯将杨慈湖思想视为神秘主义似有不妥。杨慈湖并未有神秘之行为,其达至"觉者"境界的方法也是当时人常用的方法,不过是他将这种境界更多地用语言表述了出来,使得杨慈湖无论在当时还是后世都显得与众不同罢了。

1993 年,王凤贤、丁国顺二人合著的《浙东学派研究》一书由浙江人民出版社出版,书中"以'甬上四先生'为代表的四明学派"详细介绍了四先生的情况。王凤贤、丁国顺认为,"甬上四先生"作为一个整体而言,有一些共同的地方,这表现在其学术渊源的共同承袭上,四先生均受到自身家学以及陆九渊心学的影响,并且,几人与当时浙东的金华、永嘉学者也多有联系。就杨慈湖本人的学术而言,王凤贤、丁国顺以为慈湖之学主要是"'心'一元论",并从"吾心即道"说、"礼在人心"说、"良知良能"说和"公心为政"说四个方面讨论了慈湖的思想。

1997 年,蔡方鹿于成都巴蜀书社出版《宋明理学心性论》,在这部专门讨论宋明理学家心性论的著作中,蔡方鹿于第二章"南宋理学心性论"第六节"杨简心性自然,不动于意的思想"这一部分,讲了两个方面:其一,"道心即意念不动之心"。从本体论而言,心范围天地,发育万物;在伦理道德观上,人心自仁;在认识论上,人心自神自明;还谈到了道心与人心的区别,并认为杨慈湖这样的思想走向了蒙昧主义。其二,"心性为一"。认为杨简批评了心性二分的倾向,表现出了南宋陆学心性一元的思想特色。"天地人物之变化皆吾性之变化",故心、性在宇宙本体论的意义上是相同的;"德性亦曰道心",则心、性在伦理学方面也是相当的;心性不二,是对陆九渊混言心性思想的继承,而确与朱熹一派心性二元的观点有别。

1997 年,刘宗贤著《陆王心学研究》由山东人民出版社出版。刘宗贤从心学历史发展的角度来考察杨慈湖之思想。刘宗贤将专门研究杨简的一章命名为"杨简对心学理论的发展",这一章的内容共分为四节,以其中"杨简与陆九渊"和"主观唯心主义的心本论与直觉修养论"两节为主。刘宗贤以为,慈湖的思想是直承陆象山的,并且"完成了从陆九渊的先天道德本体论到主观唯心主义宇宙观的转化,解决了陆九渊心学所没有解决的几个难题"。如就天人关系而言,杨慈湖把"心"作为自然万物的最终根源,为心学的发展奠定了自然观的基础,这是陆九渊哲学中所本没有的;就心与道的关系而言,慈湖通过对"心之精神是谓圣"的阐释,把本体与主体完全合一,从而避免了在象山那里二者的不一致性;就本体与方法而言,慈湖将象山之伦理本体完全主观化,在方法上也克服了象山的二重性,从而"经过一番机悟,已经开始脱离儒家思想的轨道,而走向近于佛教的神秘本体论和直觉论"。刘宗贤认为,慈湖的"主观唯心主义心本论"思想主要包括"己易"和"毋意"两个部分,前者是本体论,体现在《己易》之中,后者是方法论,体现在《绝四记》中。无论刘宗贤将慈湖之学定义为主观唯心主义是否妥当,《己易》和《绝四记》两文体现了慈湖的主要思想却是事实。需要指出,刘宗贤在本章的第四节中,认为"杨简的心学思想是上承陆九渊而下启王守仁的",并且在诸如"己易"与"万物一体"、"灵明"之心即是"良知"、"心外无物"与"知行合一"等三个方面影响到了阳明。这样的结论需要重新加以考量。问题在于,刘宗贤在这一部分仅仅就阳明与慈湖思想的相似或者某些相通的方面进行了分析,并未明确指出阳明到底哪些方面的思考真正来源于慈湖,因而这一部分的论述缺乏足够的说服力。若是不能证明阳明见到并且读过慈湖的全部作品,则这种所谓的影响只是作者自己的建构,而并不是思想史的事实。实际的情况是,作为思想影响之可能的必要物质材料,《慈湖遗书》在阳明离世之前四年才第一次刊刻。阳明在生命的最后几年是否真的通读过慈湖的作品我们不得而知,又或者阳明是否在其他文献中读过慈湖的单篇作品,也不能完全确定。退一步讲,即使阳明真的读过慈湖的著作,当时阳明自己的思想早已经定型,慈湖思想对阳明有多大的影响是需要另当别论的。但是,若说不同时代的人对相同问题具有相似甚或相同的看法和结论,则可以成立。

在以上所述的作品中,研究者们都是把杨慈湖思想放在了一个相对宏观的视野中加以考察,基本上将慈湖放在"断代思想史"的整体架构之中,为了整部思想史的风貌和言说的方便,是极有可能忽略慈湖思想其他重要方面的。

以专著的形式来关注杨慈湖思想,则要等到郑晓江、李承贵二人合著的《杨简》一书。这部书作为"世界哲学家丛书"中的一部,由台湾东大图书公司于 1996 年印行。该书共分为 11 章,书末附有简单的杨简年表和名词、人名索引。这部书的主体部分是将慈湖思想分为"一论""心论""知论""礼论""人论""治论"和"教论"几章,然后展开具体论述,并且每一章末尾都有对慈湖之论的检讨。初看起来,这样的章节安排使人一目了然,且极有助于行文的顺利展开。然而我们的问题却是:慈湖之学可以如此割裂吗? 在慈湖的作品中,他不是时时处处要求我们去认识"一"、体证"一"的吗? 难道慈湖的

"一论"可以离开"心论","礼论"又能离开"治论"吗？我们曾经提到，慈湖思想的主体在于"'一'—'心'—'觉'"这一动态架构，并非单独突出某一个方面就可以完全说清楚慈湖思想。

《杨简》这部书的意义不在于对慈湖之思想作出如此的分别叙述，其能引人思考的地方是在第二章"慈湖的生平、师承、著述"上，这一章内容之"慈湖仕历""慈湖学历"和"慈湖师承"部分论述比较清晰。其中"慈湖仕历"一小节以慈湖的年龄为顺序，对慈湖从政的活动作了个梗概的描述，从中我们基本上可以了解到慈湖的政治主张以及从政的实际效果。慈湖是将其思想学术上的主张贯彻到其政治活动之中的，尽管慈湖未做大官，但是若慈湖的主张真的能够付诸实践，也未必不会成为慈湖政治生活中的"大事"。"慈湖学历"一小节同样按照慈湖年龄的顺序，对慈湖一生中"八次大觉"作了一个清晰的叙述。然而可惜的是，这部分内容仅仅是以"觉"论"觉"，未能将慈湖的"觉"放在整体架构中来考量，使得慈湖的"觉"显得孤立、神秘而不易理解，并未指出慈湖"觉"的到底是什么，而只是呈现了慈湖之"觉"的事实。"慈湖师承"一小节主要介绍了慈湖与象山的两次见面和二人的三次通信。然而，我们对学术界广为称道的象山与慈湖见面的"扇讼之悟"作进一步考察后发现，这次所谓的"慈湖忽大觉"，觉的无非是"本心"，即被赋予了仁、义、礼、智等伦理内涵的道德之心。慈湖这次的"觉"，象山的引导当然起到了巨大的作用，然若此前慈湖对"本心"从不曾作出过任何思考，象山棒喝似的教导会发生影响吗？在慈湖不曾考虑过这个问题的时候，象山与慈湖的谈话难道不会成为一次普通的交谈？联系到上一节所提慈湖的其他几次"觉"，分明可以看出慈湖的"觉"是有不同内容的。比如被称为慈湖52岁至54岁的第五次大觉，慈湖"觉"到的就不再是"本心"，其内容却是"觉而益通，纵所思维，全体全秒，其改过也不动而自泯，泯然无际，不可以动静言"。这就说明，慈湖的"觉"是有层次或曰是有不同内容的，仅以他与象山见面的一次"觉"来推论慈湖得了象山真传，难道不显得有些主观和鲁莽？慈湖与象山的第二次见面，则只有一首《侍象山先生游西湖舟中胥必先周文忠奕》诗为证明，这次见面象山与慈湖交谈的内容是不得而知的。至于二人的三次通信，主要是讨论学问上的问题，与慈湖的"觉"关系不大。如此看来，象山之于慈湖，称为思想上的最大助缘应该更为合适，若是说"慈湖学问基本上沿着陆象山心学方向发展"，似乎还需要再仔细推敲。然而，这部书毕竟是研究杨慈湖的第一部专著，它存在不足之处正向我们表明对慈湖的再次全面关注是必须的，也启发了我们不同的思考面向。

2004年，何俊著《南宋儒学建构》一书中，将杨简作为思想向文化转型的代表人物之一，在"思想的形态化及其向生活的落实"一节中，将杨简作为代表人物，认为讨论后朱熹时代的儒学，应当从陆学的重要传人杨简谈起。何俊认为"杨简的形象与思想，着实代表着陆学"。何俊特别指出杨简对陆学的推进无疑是朝着两个方向：一是对经典作出诠释，以证陆学的本心说；另一个便是直面生活，躬身践履，使本心见证于生活。这两个方向似相反而实相成，正构成了陆学的知行合一。

2005年，董平著《浙江思想学术史——从王充到王国维》一书中，专列"甬上四先生与浙东象山之学"一节，将杨简作为象山之学在南宋的主要传人之一，以阐明"本心"为其全部学说的根本。书中指出了杨简之学两个特别需要注意的方面：一是天地人物尽在吾性；二是不起意与本心之开显。董平认为，宇宙与吾心的同一是杨简之学的直接起点，进而指出在杨简的语境里，所谓客体世界实际上便不再是客，而不过是主体世界的延伸与扩展，天地万物的价值与意义，便亦同样不在于天地万物，而只在于主体世界本身；作为主体之心，因此也就不容置疑地成为宇宙万物之总相所汇聚的核心原点。关于杨简思想中的"不起意"，董平认为"不起意既不是某种理智活动，更不是某种可见之于行动的实践活动，它所强调的是个体对其本心之实在状态的直接切入，作为一种精神活动，则体现为某种内在的独觉。杨简对本心的阐释，盖亦类似于作为一大总相法门体的如来藏自性清净心"。董平进一步指出：思想史表明，不同思想因子的相互融会与整合，往往便是思想创新的契机。儒释两家在理论上以及在思想境界上的相互贯通与兼容，以及由此而产生的思想结果，作为体现于中国传统文化之整体的历史运动中的一种基本事实，无疑更应引起足够的关注。

2008年，赵伟著《心海禅舟——宋明心学与禅学研究》由人民出版社出版，该书也对杨慈湖的思想有所涉猎。该书第二章名为"全入于禅：杨简与禅学"，从章名来看本章是要对慈湖思想与禅学的关系作出一个说明。赵伟认为杨慈湖的学术主要是禅学，并引用了大量的材料，主要是学术史上一些思想家对杨慈湖的评论，指责其为禅。但是我们发现，赵伟只是引用别人的说法，并未给出自己在学理上的分析和说明，只是堆砌了一些指责慈湖为禅的材料。赵伟讲"杨简不仅能继承陆九渊的学术衣钵，而且在许多方面更彻底，使心学有进一步的发展。杨简和陆九渊一起，对后世尤其是明代的心学产生了极其重要的影响"，然通观此章的论述，并未对这一结论提出有说服力的证明，没有指明慈湖之学"使心学进一步发展"的地方到底在哪里，只是在文章的结束处给出了这样的结论而已。这章内容比较有意义的地方是对杨慈湖著作的流传、现存情况作了详细考订。

2012年，张伟主编的《慈湖心舟：杨简学术研讨会论文集》由浙江大学出版社出版，共计收录论文24篇。主要涉及：杨简生平及交游研究；杨简社会思想研究；杨简经学思想研究；杨简教育思想研究；杨简心学思想研究；杨简后学研究；杨简学术精神研究；杨简学术地位研究；杨简思想的当代价值研究。该书为首部关于杨简研究的专题文集，内容丰富全面，具有较高的学术价值，它的出版，对推动浙江学术研究的进一步发展具有积极的意义。

2012年，张实龙著《杨简研究》由浙江大学出版社出版。该书从心理、行为、社会和文化等四个方面探讨杨慈湖先生。这四个方面将内部体认与外部考察（心理和文化是内部体认，行为和社会是外部考察）相渗透，将个体感知与群体观察（心理和文化是个体独有的，社会与文化是群体共有的）相融合，试图建构一个整体，从而还原一个真实而具体的杨慈湖之生命。

2013年，孙海燕著《陆门禅影下的慈湖心学：一种以人物为轴心的儒家心学发展史研究》由台湾花木兰文化出版社出版。该书以慈湖心学为津梁，通过对慈湖心学与孔孟儒学、陆王心学、佛教禅宗之异同的辨析，较详细地论述了宋明心学的产生、演变及其特色。该书指出了心学之融禅，不止于对佛禅修心法门和"无意"境界的吸收，更根本的是，受佛禅智慧的无意识熏陶，心学家已不自觉地将孟子基于现实伦理、自然情感和道德意识的"良知本心"，一定程度上转变为颇类于佛禅基于内观体验的如来藏"自性清净心"，建立了不同于传统儒学"天本论"的"心本论"。此重大变异，加强了儒学的内证性和宗教性，对儒家道德人格的挺立、审美意境的提升、生命体验的深化，乃至"了生死"都有重大意义。但由于对本心"自足自善"等特性的过度肯认，心学家一直无法正视客观存在的公共知识问题，使儒学经世致用的品格有所减弱。心学对"血气心知"的贬抑，打破了先秦儒学较合理的"情""理""欲"之动态平衡的人性结构，弱化了儒学的"世俗人间性"。慈湖的德行节操，更多地得益于佛禅的"觉悟力""戒持力""信仰力"，而非传统儒家之"情感力""道德力""智识力"。慈湖心学，是宋儒"援禅入儒"中的极端化思想样态，在儒家思想史上所具有的典型意义和警示作用，远大于其思想价值本身。

2014年，范立舟、於剑山著《南宋"甬上四先生"研究》由人民出版社出版。书中指出："甬上四先生"是南宋时期四位明州（后改为庆元府，今浙江省宁波市）学者的合称，他们是陆九渊最重要的弟子，也是陆学的重要代表人物。明州地处四明山麓,甬江在境内流过,故而又被称作四明,简称"甬",四先生分别是舒璘、沈焕、杨简和袁燮,又被称为"四明四先生""明州四先生"。四位学者既是同乡又是同门,在南宋学术界占有重要的地位。陆九渊的学术思想主要靠四先生加以阐发。但后世程朱理学逐渐上升为官方哲学,陆学则相对衰落,后人已很难认识其思想的全貌了。也正因如此,今人对四先生的研究也并不充分,这与他们的学术地位是不相称的。"甬上四先生"的研究,既可以加深对这四位学者的认识,也有助于对南宋陆九渊心学学派的全面认识,而不是将其仅仅理解为陆九渊本人的学说。现有的研究常常只对他们进行个别探讨,对四先生的思想和活动之间的互动鲜有提及。《南宋"甬上四先生"研究》从整体来考察四先生的思想,阐述甬上四先生的思想特征以及在陆九渊心学中的位置,填补了这一学术研究的空白。

2020年,李丕洋著《圣贤德业归方寸:杨慈湖思想研究》由中国社会科学出版社出版。李丕洋认为杨简通过自己的思想探索,发展了陆九渊的哲学思想,形成了独具一格的慈湖心学。经过他锲而不舍的弘扬,心学思潮在南宋中后期终于蔚为大观,成为能与程朱理学相颉颃的重要学派。由于近年来研究杨简的某些著作和论文存在不少误读慈湖心学的问题,有鉴于此,李丕洋通过数年潜心研究,以通俗的现代语言重新诠释了慈湖心学的基本思想,旨在使人正确理解杨简心学思想的原本内涵,了解慈湖心学在宋明理学发展历程中的重要地位和历史意义。

有关杨慈湖研究的硕士、博士学位论文数量亦不少。具有代表性的硕士论文如2002年徐建勇之《杨简哲学思想研究》,该论文共分四章来探讨杨慈湖的哲学思想,包括杨简及其思想渊源、杨简的哲学思想、道德践履——人生实践、杨简的影响及地位等方面的内容。此文特色在于提出杨慈湖的思想是关于"心本体"的学说,对慈湖思想中的其他概念如"意""性"等亦作了一定的辨析。在此基础上,徐建勇认为"杨简赋予了'心'超道德的本体地位,建立了彻底的主观伦理主义,用伦理之心含摄、取代一切价值体系和精神活动"。2008年曹亚美作《杨简四书学思想研究》,该论文除绪论外计有六章内容。曹亚美介绍了杨简的生平经历和时代背景,分析了杨简对《论语》《大学》《中庸》《孟子》的态度,谈到了杨简"四书学"的学术价值。按照曹亚美的思路,杨简在解释"四书"的过程中形成了自己独到的对于"四书"的理解,且这一理解与朱熹相比有很大的不同之处。尽管曹亚美认为杨简"四书学"成立的基础应该是以"心"为核心,然问题在于,此文既然是对杨简"四书学"思想的研究,似乎更应该找到杨简是如何把"心"的观点贯彻到解释

"四书"的过程中并使之形成"四书学"的,否则就只是对杨简关于"四书"态度的研究,而不是对杨简"四书学"的研究。即便在朱熹那里,他在解释"四书"时也不是毫无章法的,朱熹主张学者们研读"四书"该以《大学》《论语》《孟子》《中庸》的次第进行,这是很明显的"下学而上达"的治学进路,对初学者而言颇为可取。相比于此,曹亚美对杨简"四书学"的研究便显得有些杂乱,未能使杨简的"以心为核心"的对待"四书"之态度真正成为杨简的"四书学"思想。

此外,2009 年吴淑雅《〈杨氏易传〉中的"道心"观研究》、马慧《杨简对"内圣外王"思想的心学诠释》,2013 年李方圆《杨简教育思想研究》、张书功《杨简生平与社会改革思想研究》,2015 年王一《杨简"心本论"思想研究》、徐志鹏《陆九渊心学的创建传承与书院的互动关系探析》,2016 年刘洋《杨氏易传》研究,2018 年郭念《象山心学的形成绩影响——以"本心"概念为中心的考察》,2019 年张宁璐《杨慈湖仁学思想研究》、杨谦《杨简实学思想研究》等硕士学位论文,或是研究杨简某一个领域或某一部著作的思想,或是对杨简思想中的重要概念加以诠释,或是在相关研究中专门讨论杨慈湖思想或其思想的某一局部,资料丰富,论述角度多元,均具有一定启发性。

以杨慈湖的思想作为博士论文选题的研究成果,代表性的如 2006 年曾凡朝《杨简易学思想研究》,这是基于杨慈湖作品《杨氏易传》为文本依据的研究。该论文六章内容分别为杨简的心路历程、《周易》观、唯心思想、易道思想、心即道思想和工夫论思想。曾凡朝以为,杨简建立了彻底的心学体系,杨简易学思想的最大特色在于"以心解《易》",而其目的则是为其心学理论体系的建立和展开寻找经典根据。曾凡朝概括了杨简"以心解《易》"之"心"的内在性、超越性、神明性、虚而无体性、感通天地万物之性和道德伦理性等六个特性。因杨简以"心"言"道",故作者亦分析了杨简之"易道"和"心即道"的思想,认为杨简主张"人心即易道","道"的普遍性要由"心"来证明,"心"的真实无妄也必须通过"道"来彰显。进而,曾凡朝认为在杨简这里,本体论和工夫论是一致的,在杨简思想中,"心本体"的朗现主要是通过"反观"和"毋意"的工夫而实现,心学的本体论和功夫论在内在理路上是"一"以贯之的。总体而言,此文是一篇质量很高的博士学位论文,宋儒黄震早就说过当时研《易》派大致可分义理、象数、义理象数合与以心解易派,相比于对其他解易派研究的丰富性,《杨简易学思想研究》有力弥补了对"以心解易"派研究的不足。

2009 年赵玉强《〈慈湖诗传〉:心学阐释的〈诗经〉学》一文是专门对慈湖

作品《慈湖诗传》进行研究的文章。赵玉强的思路在于通过对《慈湖诗传》所包含的经学、文学、政治伦理哲学思想的分析,揭示出杨简的《慈湖诗传》实质上是一个以心学阐释《诗经》的诗经学体系。此文除了绪论外共有七章,分别为《慈湖诗传》的诗经学文化背景、对《诗序》的批判、对《毛传》和《郑笺》的批判、心学阐释、对《诗经》文学性的阐释、政治伦理哲学和比较视域中的《慈湖诗传》。这篇论文基本上可以被看作对"以心解诗"派的诗经学思想研究的有益尝试,赵玉强认为杨简的诗经学对前人诗经学有所继承发展并具有鲜明特色。此文揭示出了杨简诗经学阐释体系的"六经注我,我注六经"的经学阐释原则,阐明了《慈湖诗传》作为《诗经》心学阐释代表作的学术价值。上述两篇论文都是依据慈湖众多文本中之某一种作品进行的思想研究,在对单部慈湖作品的深入研究方面具有很好的示范效应。

2010 年范赟《易学与两宋理学形成和发展的关系研究》,专门讲到了杨简《杨氏易传》在易学发展史上的独特地位。范赟将杨慈湖视为陆氏心学的传人,杨简易学由"己易"观念出发,完全舍弃宇宙化生问题的讨论,并受《易传》无思无为、寂然不动却感通天下思想的影响,突出弘扬"直心而行"的修养功夫,进一步推动了《周易》经传与"四书"之学的深度融合。

2010 年鲍希福《三教本心:心学整合儒释道三教思想研究》,在"陆学的超越之心"一章中,专门作"杨简的'心之精神是谓圣'"一节,对杨慈湖心学问题进行了阐释。鲍希福用"洞照如鉴""心之精神是谓圣""全即分,分即全""毋意明心的修养方法"四部分内容尤其重点论述了"心"在杨简思想中作用和多种面向。鲍希福认为杨简思想受佛道思想影响较大,但这并不妨碍杨简的儒学立场,援禅入儒抑或援道入儒,都是杨简思想中的鲜明痕迹,正是这些思想的交融才造就了杨简思想的独特气质,从而走向了比其师陆九渊更为极端的心本论。

2013 年任健《心学"外王"理论与实践研究》,指出心学家在建构心性理论的同时,并未忽视对社稷安危、国家兴亡、民生忧乐、社会治乱的关切。无论在政做官还是居家讲学,无论得君任用还是治政无门,他们始终心忧天下,为社稷安定献计献策,为国计民生殚精竭虑。一方面努力构建和完善心学理论,另一方面积极投身于治政安民的"外王"实践。或积极建言献策、辅佐帝王"安社稷,济苍生",为国家兴亡、社稷安危、民众忧乐倾注心力;或积极投身于传道授学、化民成俗的道德教化实践。形成了"以心治政""良知救世""一体治世"的"外王"理论与实践特色,实现了为道与为政、治心与治世、治内与治外、良知与治政的统一,体现了儒家经世济民、淑世救世、兼济天下的"外王"精神,说明心学并非空谈心性、"内圣足而外王弱"。任健从心学理论、"外王"理论、"外王"实践三个角度,围绕治心、治政、化民三条主线,以陆九渊、杨简、王守仁、王畿、聂豹、王艮、刘宗周为中心,分别对其"外王"理论与实践展开分析,阐发其内容和特色;在此基础上,与先秦儒学、宋明理学、清代实学、现代新心学之"外王"理论与实践作比较分析,归纳出心学"外王"理论与实践的特质,省思其得失,探索其价值。陆九渊以"本心"为理论核心,构建了以治君心民心、以民为本、效法三代为主要内容的"外王"理论,在实践上表现为轮对献策、整顿吏治、变革复兴、荆门治政、讲学化民等;杨简的"外王"理论体现为"是心足以王"、敬信得民、以孝治天下、以礼治国、以事养民,"外王"实践包括以心治政、勤政为民、社会改革、以心化民等,并进而指出心学"外王"理论与实践蕴涵五大特质和七大价值。五大特质是:为道为政的统一、治心与治世的统一、治内与治外的统一、一体与治世的统一、致良知与治政的统一。七大价值为:刚健有为的进取精神、"万物一体"的平等意识、勇于担待的担当意识、公正廉洁的清廉品质、体民恤民的仁爱精神、勤于政事的服务意识、以民为本的民本精神。这些精神和价值现今仍具有积极的现实意义。

在掌握相对丰富材料基础上对杨慈湖思想进行全面整体研究的博士论文,包括 2002 年王心竹《杨简哲学思想研究》与张念诚《杨简心、经学问题的义理考察》,以及 2005 年赵灿鹏《"精神"与"自然":杨慈湖心学研究》三篇。

王心竹《杨简哲学思想研究》一文共计六章,分别为其人其学其书、心学缘起、天下唯心、毋意、与佛道的关系、地位和影响。在文中,王心竹认为杨简思想对陆九渊既有继承,也有超越。超越之处在于,杨简在强调本心的同时还突出了心"澄莹清明"和"寂然不动"两种特性;杨简阐述了"性""道"等范畴,并由此解释了"性即心"和"吾心即道",从而使其与"心"获得了同等的地位;杨简还提出了"一",此概念亦与"心"具有同样的地位;杨简提出了"求放心"的方法,反对"收拾精神"等与心本体不一致的方法,从而达到了本体与方法的一致。此外,王心竹还认为杨简的思想上承陆九渊而下启王阳明,然而作者只是说杨慈湖思想与王阳明思想存在近似之处,得出了结论性的见解,并未在思想本身的相似性乃至一致性上作出具体分析,忽略了作为思想影响之可能的最基本的文献材料传承,显然同样是一种思想上的建构。

张念诚《杨简心、经学问题的义理考察》一文,提出以"生命之学三进路"的解释架构来说明杨简的思想。该文包括绪论和总结共计六章内容,其余四章分别为杨简"心善意害说"系统性析论、杨简心学儒佛定位之全盘考察、杨简心学问题在"生命之学"场域的义理考察、杨简心学"证量解经"问题的义理考察。正如张念诚自己所言,"儒佛之辨""生命之学""证量解经"三个部分是本书的重点内容。张念诚认为,杨简所理解的本心清明之性,确然远异于孟子、象山所言具有主体能动性、德性心、良知善性的心学本意,通过与佛经文字的比较,可以显见杨简心学部分借鉴、融摄着佛禅思想的形迹;在解释杨简的"生命之学"时,张念诚提出了"中门之路""内门之路"和"上门之路"的"生命之学三进路"的解释架构,说明杨简心学如何在儒家原有"中门""内门"二路的基础上,进一步融摄了佛家"内门之路"的境界与方法。不论这种区分是否符合杨简思想的实际,但确实经过如此解释,我们对杨简思想的细微和深刻之处才看得更加清晰;张念诚把杨简的经学思想称为"证量解经型"经学发展的类型,认为其"尽管未必切合传统经学发展常模,但就坚实掌握儒学免于质变的本质特性来说,此种端赖证道儒者悟道体验在先,再将证道体验与六经本质直接照会的言经模式,却才是最能开启儒家生命活水的经学典范,此也才是'如其所如'地真正'尊经主义'"。该文引用文献丰富,知识信息量大,分析精准,对中国思想史个案研究该采取什么样的方法颇具启发意义。

赵灿鹏《"精神"与"自然":杨慈湖心学研究》一文包括导论、家学篇、成学篇、道心篇、"心之精神是谓圣"疏解、"不起意"疏解、覆论篇、结语八个部分。总体看来,赵灿鹏的文献功底深厚,对杨慈湖思想中重要观点如"心之精神是谓圣""不起意"等内容在文献来源方面的考察十分精细,尽管我们无法证明杨慈湖的思想一定就来源于作者所说的那些文献,但是起码从词语使用的相似性角度而言,结论是无法辩驳的。该文在杨慈湖思想研究中的重要贡献之处在于,它凸显了杨慈湖的家学在慈湖思想形成过程中的重大作用(确实杨慈湖的父亲杨庭显深刻地影响了他的思考方式和思维习惯);对慈湖思想与道家和道教的关系给予足够的关注;对杨慈湖著作的刊刻、流传和现存情况作了极为精致的辨析,并且补充了一些散落在其他文献中的慈湖自己的文字,这对于研究杨慈湖思想所起到的重大作用是不言而喻的。

以杨简、杨慈湖、"甬上四先生"及相关术语等为关键词在国家哲学社会科学文献中心搜索,得到论文约 130 篇,尤其自 2010 年以来,这方面的研究成果增长幅度较大,说明了杨慈湖思想愈发受到关注。

日本学者在近一个世纪以来也时有慈湖研究的著作和文章,根据目前掌握的汉语文献,能见全文的有:岛田虔次著《杨慈湖》。该书收入"中国思想史研究"丛书,标记为岛田虔次著,邓红译,上海古籍出版社 2009 年版。

在文中岛田虔次认为:"慈湖既是陆象山学派最重要的人物,同时断送陆象山学说的也正是他本人。对于陆象山来说,慈湖与既是王阳明门人同时又极左地歪曲了王阳明学说的王龙溪完全一样,而后人最终也是这样评价的。"荒木见悟著《陈北溪与杨慈湖》,载 1956 年广岛大学《哲学》6,后收入福冈《中国思想史的诸相》(中国书店 1989 年版)。《陈北溪与杨慈湖》一文已经由中国学者路浩宇、陈碧强译出,发表于《贵阳学院学报》2019 年第 5 期。在文中,荒木见悟认为慈湖的重要作品《己易》具有极大的创造性和深刻性,与慈湖的思想相比,陈北溪的思想就显得固化呆板了无生气:"从笔者的视角观察慈湖学说最为明显的缺陷并追问之,再深度挖掘慈湖最根本的立场后会发现,北溪是攻陷不了其阵营的。这也就是与慈湖相比,北溪哲学并无大的飞跃的原因。哲学史的问题点时常移动和变换,像北溪那样站在固定概念的立场上,其影响力就会逐渐刻板化与薄弱化;相反,慈湖会时常在指摘其偏向与缺陷的同时,积极参与新哲学立场的创造,无论顺缘或逆缘,都能助一臂之力,这一点值得我们注意。"仅见题目未见全文的有牛尾弘孝著《杨慈湖的思想》(载九州大学《中国论集》1,1975 年版)。与杨简思想有相关性的研究著作,代表性的包括:三宅雪岭著《王阳明》(1893);高濑武次郎著《日本之阳明学》(1898),是关于日本阳明学的第一部专著;井上哲次郎著《日本阳明学派之哲学》;岛田虔次著《朱子学与阳明学》;楠本正继著《宋明时代儒学思想的研究》;冈田武彦著《王阳明与明末儒学》;荒木见悟著《明代思想研究》;等等。

2 杨慈湖学行述论

　　一般而言,杨慈湖在中国思想史上的地位主要通过他是陆九渊的弟子且扩大了陆氏思想的影响、光耀了陆氏门楣而凸显出来的,因此学界对慈湖思想的解读也主要是以"心学"定义的方式来进行,将杨慈湖置于陆九渊思想的继承者的角度考察他的思想,这样的沿袭从思想史传承的一般意义来说,具有师承关系、具有思想之间的启发性和发展性,容易构建思想传承的谱系。但是如此一来,却有可能忽视慈湖本身独特的个人生活经验及其政治活动在其思想形成过程中的巨大影响,进而遮蔽慈湖思想的其他面向及其独特性。

　　实际上,杨慈湖的生活世界及其颇为特别的家学可被看作是慈湖思想形成发展的最初动因,其思想的独特性和思考的广度及深度也在这一时期建立了基本的根基。作为其思想物质载体的较其他思想家为多的解释、注疏儒家经典的流传至今的多部著作,则是我们了解慈湖思想不可或缺的物质材料。杨慈湖连续多年的基层政治实践尤其是他中进士以后做地方官员的施政方略及其产生的实际影响,更是其将思想转化成现实效果的有益尝试,为我们提供了一个独特的以"心"行政的极好案例。本章拟对慈湖时代思想界的一般状况及其从政前的生活、慈湖的家学及著作和慈湖的政治活动与政治主张三个方面作出探讨,使之成为我们解读慈湖思想的基本出发点,正是在"理论"与"实践"的有效互动中,他的思想得以不断深化并展示出了自身特色。

2.1 慈湖时代思想界的一般状况及其从政前的生活

　　任何时代的人,总是在一定的自然场域和社会场域中展开并且实现自己的生活,今人如此,古人亦然。杨慈湖所生活的世界的一切呈现无疑会成为慈湖之思考的生长点和出发点。仅仅从字面意思来说,不考虑复杂的术语概念和深层次意义的话,我们"生"并且"活"在其中的世界即是"生活世界"。如此,则时代、生命、事件与思想即成为某一个人具体"生活世界"的主要内容。慈湖的人生经历了从南宋高宗绍兴十一年(1141)到理宗宝庆二年(1226)的整个时代。就这一时期时代思潮的代表人物而言,朱熹、陆九渊几乎是和杨慈湖"同住一世"的,他们生活在共同的年代,因此慈湖思想的崛起就不得不面对与二人在思想上的交汇激荡以及陆、朱离世后思想界的变化,并从而显示出慈湖思想自身的独特面貌。就慈湖本人而言,他个人的生命历程、经历的重大生活事件和思想的突破理应成为慈湖思想发展历程中的几个关键点。

"宋明理学的兴起与繁荣,作为中国历史上规模最为宏大的一次哲学运动或思想文化运动,其最终结果是重新追回了作为传统文化之核心支柱的儒学的道统,并在此基础上实现了其价值的创造性转换。理学哲学运动的完成时期,大抵说来,盖在南宋乾道、淳熙之际,并且基本上形成了三种形态的思想成果。一是以朱熹为代表的理学,二是以陆九渊为代表的心学,三是以吕祖谦为代表的历史哲学。这三种理论形态,在整体上均为理学哲学运动所达成的思想成果,亦可视为在不同的思想维度上对儒学进行重建而实现出来的三种形式。"①这次思想文化运动的重要结果,就是儒家学说在吸纳佛道思想之后推陈出新,实现了"创造性转化和创新性发展",杨慈湖生活的时代,思想界理学、心学与历史哲学三者并存显然已是不争的事实。对于朱、陆之学在当时学术界的一般状况,方回回忆王应麟曾作出这样的评价:"朱文公之学,行于天下而不行于四明;陆象山之学,行于四明而不行于天下。"②王应麟所言大体不错,只是细节之处尚需仔细思量。朱熹之学不行于四明,直接原因是陆象山之学风靡于此。陆象山之学流行于四明,这便与杨慈湖等"甬上四先生"的学习、提倡、传播有莫大的关系,时人及后世均把慈湖当作是象山之学的直接继承发扬者,与"甬上四先生"一道而在四明地区广泛地传播了陆学。然而,如此却容易忽视慈湖思想之不同于象山处。按照一般的观点,慈湖思想成为象山思想的"附庸",这也可算是慈湖之学在后世始终不显的一个重要原因。杨慈湖在南宋后期的思想界居于"泰山乔岳"的地位,四库全书馆臣言其思想"足以笼罩一世"(《钦定四库全书总目》),因此,我们必得对慈湖的思想作出一个合理的定位,显然慈湖思想除

---

① 董平:《王阳明的生活世界》,中国人民大学出版社 2009 年版,第 1—3 页。
② [宋]方回著:《桐江续集》卷三十一《送家自昭晋孙自庵慈湖山长序》,文渊阁四库全书本。

了对象山学术的所谓继承之外,其不同于象山的独特之处需要我们特别发掘。

庆元党禁(1195—1202)作为南宋时期的一件特殊政治事件,其影响却不仅仅局限在政治方面。韩侂胄当政时期,对学术思想的打压封禁也是显而易见的,凡与他意见不合者都被称为"道学之人",斥"道学"为"伪学",禁毁理学家《语录》一类的书。科举考试中,稍涉义理之学者,一律不予录取。这一绵延数年的政治斗争,对南宋后期思想格局所带来的影响同样巨大。由于朱熹之学被定为"伪学",朱学一派的人物及其同情者不被允许参加科举考试和做官,因此这一事件在思想上造成的直接影响便是朱熹之学的信奉者减少,故此江浙地区出现"盖自淳熙以后,庆元一路悉宗陆子之学。名公卿良士,莫非杨、袁、舒、沈四君子之弟子"[1]的局面也就在情理之中了。1200年,一代大儒朱熹在其家乡福建建阳与世长辞,朱熹以其艰苦卓绝的努力,遍读群经,综罗百代,遂称儒家思想的集大成者。此前,陆九渊也早已于1193年离开了人世,陆九渊、朱熹的相继离世使得南宋的思想界一时有些不知所措,进入了"低迷"的时期,全祖望所谓的"乾淳(1165—1189)诸老"等重要人物在此时几乎都已过世,思想界似乎需要新的人物出现来改变这一群龙无首的窘境。然而,历史的真实情况是,南宋的思想界自此以后,儒家思想发展呈现出一股多元的面貌,人们纷纷表达自己的主张,除开陆学与朱学,另有其他学者渐渐为人们所倚望,全祖望尝言:"乾、淳诸老既殁,学术之会,总为朱、陆二派,而水心断断其间,遂成鼎足。然水心工文,故弟子多流于辞章。"[2]尽管全谢山在此处的本来意思是对叶适的思想及其弟子作出评价,但是他同时向我们呈现了一个基本事实:当时在朱、陆之外,永嘉叶适一派也已经声名鹊起并为人们所接受。魏了翁的弟子刘漫堂曾如此评价其师曰:"天下学者,自张、朱、吕三先生之亡,怅怅然无所归。近时叶水心之博、杨慈湖之淳,宜为学者所仰。而水心之论,既未免误学者于有;慈湖之论,又未免诱学者于无。非有大力量如侍郎(指魏了翁)者,孰能是正之!"[3]刘漫堂以朱学的眼光打量当时学术,认为魏了翁可以纠正其他学问之弊端,这或许因为弟子觉得其师学问好、官阶又大。弟子评师难免感情用事,不够客观,但是刘漫堂在此同样给我们提供了一个重要的信息,那就是在当时

---

① 〔清〕李绂著,杨朝亮点校:《陆子学谱》卷十七《门人下》,商务印书馆2016年版,第415—416页。

② 〔清〕黄宗羲原著,全祖望补修,陈金生、梁运华点校:《宋元学案》卷五十四《水心学案序录》,中华书局1986年版,第1738页。

③ 彭东焕编:《魏了翁年谱》,四川人民出版社2003年版,第31页。

"宜为学者所仰"的学问之中,除叶水心之学以外,杨慈湖之学已经赫然在列了。综合全祖望与刘漫堂所言,两人都提到了叶水心之学在当时为学界所推重,不难发现的一个基本事实是,叶适(1150—1223)比其他的思想家年寿更长。然而较之叶水心,杨慈湖(1141—1226)则年寿更高。寿长当然只是水心与慈湖之学问获得学界承认的表层原因。我们尤其需要特别注意的是,此处刘漫堂用"淳"和"无"标出慈湖之学的特质,这就需要我们作仔细分析。

关于杨慈湖自幼的生活经历以及其人生中重大的生活事件,在他的学生钱时(号融堂)为其撰写的《宝谟阁学士正奉大夫慈湖先生行状》中以及冯可镛、叶意深所辑《慈湖年谱》中,都有详细的记载。慈湖的出生同许多重要的儒家人物一样,充满了神秘和天启的色彩。对于慈湖诞生时的情形,钱时写道:

> 先生生有异禀,清夷古澹,渊乎受道之器。诞降之夕,犹居鄞,祥光外烛,亘天而上,四厢望之,以为火也,辄集众环向。①

也许是觉得这样的记述还不足以突出杨慈湖降生时的异象,就连附近的一座山也表现得不同寻常,在慈湖出生的时候,山上升起了五彩祥云,所谓:

> 县东一百里为瑞云山,杨文元公生于此。始生时,有五色云起山上,乡人异之,因名瑞云山。②

无论是祥光天外还是五色云起,都意在表明杨慈湖出生时的祥瑞预示着慈湖在以后的人生道路上会大放异彩,实际的情况似乎也是朝着这个预示的方向发展的,慈湖的确自幼无论在思考问题还是行事方式上都与众不同。慈湖八岁始入学读书,对于当时慈湖读书的情形,《慈湖年谱》载:

> 入小学,便俨立若成人。书堂去巷陌,隔牖一纸,凡遨游事呼噪过门,听若无有。朔望例得假,群儿数日以俟,走散相征逐,先生凝静如常日课未尝投足户外。③

---

① [宋]钱时:《慈湖先生遗书》卷十八《宝谟阁学士正奉大夫慈湖先生行状》,《杨简全集》第九册,浙江大学出版社2015年版,第2266页。

② [清]冯可镛、叶意深:《慈湖先生遗书》卷二十二《慈湖先生年谱一》,《杨简全集》第十册,浙江大学出版社2015年版,第2358页。

③ [清]冯可镛、叶意深:《慈湖先生遗书》卷二十二《慈湖先生年谱一》,《杨简全集》第十册,浙江大学出版社2015年版,第2360页。

照常理而言,如此年幼是不应该有"俨立若成人"的表现的,然而这就是杨慈湖。也许他的定力确实好于一般儿童,当他的小伙伴们还在嬉戏玩闹、无忧无虑地度过自己的童年的时候,慈湖就已经在专注于自己所思了,以至于有人呼噪过门他都可以不闻不问。慈湖如此这般行事,终于在他年龄稍大以后养成了自己独特的学习方法。慈湖20岁时:

> 既长,任干蛊,主出入家用外,终日侍通奉公旁。二亲寝已,奔灯默坐,候熟寐,始揭帘占毕,或漏尽五鼓为文,清润峻整,务明圣经,不肯规时好,作俗下语。①

在这时,杨慈湖做学问已经有了很强的自主性。就学习的方式而言,他始终侍奉在父亲身旁,待双亲熟睡后才展书阅读;就学习内容而言,主要是儒家的"圣经";就学习的结果而言,则是不肯随俗,常出己意,黯然有见。这里我们有必要对慈湖的"默坐"加以留意,似乎这样的学习方法会引导出不同的治学趋向和思考结果,"默坐"静候"心"完全沉寂安静以后,慈湖自会体察到仅仅靠向外求索知识所不能得的感受,也因此慈湖处理具体的考试答题事务的方式也迥异于人。慈湖21岁时:

> 谕弱冠,入上庠,每试辄魁,闻耆旧言先生入院时,但面壁坐,日将西,众哄哄竟寸晷,乃方舒徐展卷写,笔若波注,无一字误。写竟,复袖卷,舒徐俟众出,不以己长先人。②

杨慈湖对于试题的答案似乎早已经了然于心,因此他并不急于提笔写就答案,而是花大部分时间"面壁坐",当别人都急得不行生怕时间不够的时候,慈湖才"舒徐展卷",提笔落就,但是结果却是出奇的好,"笔若波注,无一字误"的境界,并不是谁都可以达到。此处的"面壁坐"与上文的"默坐"在形式上看都是一致的,而其效果也并无不同,那就是能够按照己"心"之思来应对客观的世界,处理具体事务,得到的结果,其实是事物之本质的自然流出。

到了杨慈湖26岁时,他遇到了人生中的几个极为重要的朋友,"甬上四先生"的初次聚首,大约就在这时。《慈湖年谱》载真德秀之言曰:

> 乾道初,燮入太学,陆九龄为学录,同里沈焕、杨简、舒璘亦皆聚于

---

① [清]冯可镛、叶意深:《慈湖先生遗书》卷二十二《慈湖先生年谱一》,《杨简全集》第十册,浙江大学出版社2015年版,第2361页。

② [清]冯可镛、叶意深:《慈湖先生遗书》卷二十二《慈湖先生年谱一》,《杨简全集》第十册,浙江大学出版社2015年版,第2361页。

学,以道义相切磨。①

　　这时杨慈湖已经是一名太学的生员,同里的其他三人袁燮、舒璘和沈焕(后世称慈湖与此二人为"甬上四先生")每日与他讲学论道、互相切磋琢磨,慈湖受益匪浅,学问因此大进。太学生员的这段求学经历使慈湖成长不少,他因遇到了志同道合、谈论相契的同乡好友,方才"始闻正论"。他尤其对与沈焕的交游切磋记忆深刻。在沈焕去世时,杨慈湖充满真情地写道:

　　　　及入太学,首见吾叔晦,始闻正论,且辱告曰:此天子学校,四方英俊所萃,正当择贤而亲,不可固闭。简遂从求其人,遂得从其贤游,相与切磨讲肄,相救以言,相观而善,皆吾叔晦之赐。②

　　此时太学的学录是陆九龄,杨慈湖从这时候开始更为直接地听闻了陆氏兄弟的思想,也可算是己"心"之思与陆氏之学的一次正面碰撞,然而在这时我们并不能看出杨慈湖与陆九龄或陆象山之间产生了怎样的思想火花,慈湖与象山二人之间真正的思想交流,要等到几年后二人的第一次见面。

　　前文已经提到,杨慈湖经常"默坐"或"面壁坐",通过向内反观、收摄己"心"的方式来应对外部事务。然而,这一观"心"方式之于慈湖而言,只是慈湖"用心"的一种方式而并非其思想的全部,"心"体验或者发现了什么,对他而言才是更为重要和有决定意义的。因此,当慈湖经过了这么多年的对"心"的观照体察之后,他终于在 28 岁时迎来了生命中至关重要的"大觉",这对于他自己而言真实不虚,丝毫谈不上是神秘的特殊体验,这也就是学界所谓的"循理斋之悟"。这次体悟发生的前提,慈湖同样是先"坐于床"或"燕坐"。对于这次体验,无论弟子钱时还是慈湖本人,都用"觉"这个字来描述。钱时记此曰:

　　　　初,先生在循理斋,尝入夜,灯未上,忆通奉公训,默自反观,已觉天地万物通为一体,非吾心外事。③

　　杨慈湖通过静坐反观,体悟到了天地万物通为一体、心外无事。或是没有意识到这次"大觉"对杨慈湖的重要性,或是弟子非常熟悉其师这样的修

---

① 〔清〕冯可镛、叶意深:《慈湖先生遗书》卷二十二《慈湖先生年谱一》,《杨简全集》第十册,浙江大学出版社 2015 年版,第 2363 页。

② 〔宋〕杨简:《慈湖先生遗书》卷四《祭沈叔晦文》,《杨简全集》第七册,浙江大学出版社 2015 年版,第 1899 页。

③ 〔宋〕钱时:《慈湖先生遗书》卷十八《宝谟阁学士正奉大夫慈湖先生行状》,《杨简全集》第九册,浙江大学出版社 2015 年版,第 2267 页。

养方式和思考方式,抑或是真的没有更多的线索记述清楚,钱时对这次慈湖觉悟记载得有些简略。而慈湖自己则描述得较为具体清楚,并且不止一次提到,慈湖曰:

> 少年闻先大夫之诲,宜时复反观,某后于循理斋燕坐反观,忽然见我与天地万物,万事万理,澄然一片。向者所见万象森罗,谓是一理通贯尔,疑象与理未融一,今澄然一片,更无象与理之分,更无间断。①

> 某之行年二十有八也,居太学之循理斋,时首秋,入夜,斋仆以灯至,简坐于床,思先大夫尝有训:"宜时复反观。"忽觉空洞无内外,无际畔,三才万物,万化万事,幽明有无,通为一体,略无缝罅。畴昔意谓万象森罗,一理贯通而已,有象与理之分,有一与万之异。及反观后所见,元来某心体如此广大,天地有象有形,有际畔,乃在某无际畔之中。《易》曰"范围天地",《中庸》曰"发育万物",灼然灼然,始信人人心量皆如此广大。②

> 某二十有八而觉。③

从以上的几次自述来看,杨慈湖 28 岁之"觉"对他本人而言至关重要,这种重要性不仅在于它向我们表明了慈湖此次之"觉"并非无中生有,而是有"先大夫"(其父杨庭显)的教导在前,从而说明慈湖家学对他的影响至深至巨。同时,更为关键之处在于我们看到了慈湖此次大"觉"之成果,如"天地万物通为一体""我与天地澄然一片""三才万物,万事万化,幽明有无,通为一体"等。慈湖用"一体""一片"等词语描述"觉"了以后的世界是整全一体的,是完整一片的,是昭明融一的。概括言之,杨慈湖之"心""觉"到了作为世界本相的"一",这也就是杨慈湖哲学思想"'一'—'心'—'觉'"动态结构的雏形在他思想中的首次呈现。我们甚至可以说,慈湖的思想到了他 28 岁的这次"大觉",已经基本定型。当然,"一""心"与"觉"等概念在慈湖的思想中体现为不同层面,在保持其基本含义不变的同时,还有多层次多层面的

---

① [宋]杨简:《慈湖先生遗书》卷十五《家记九》,《杨简全集》第九册,浙江大学出版社 2015 年版,第 2267 页。

② [宋]杨简:《慈湖先生遗书》卷十九《炳讲师求训》,《杨简全集》第九册,浙江大学出版社 2015 年版,第 2289 页。

③ [宋]杨简:《慈湖先生遗书》卷二《永嘉郡治更堂亭名记》,《杨简全集》第七册,浙江大学出版社 2015 年版,第 1866 页。

含义拓展,这一点我们在后文中会详细论及。慈湖生命中的"觉",在他以后的生活历程中也不断地显现出来,比较著名的有见象山之后的本心之觉、31岁之觉、母丧之觉、夜宿山谷之觉等,关于这些内容我们会在接下来的行文中,结合不同材料的记述加以详细讨论,此处从简。

以上主要依据《慈湖先生年谱》的记载,简单勾勒了杨慈湖 28 岁前所经历的对其思想形成起重要作用的生活事件,在以往的宋明思想家著作或宋明思想的研究成果中,并未见到像杨慈湖这样大量的"静坐反观"方法之使用的记载。杨慈湖之所以经常采用这样的方法,一方面是受他父亲的影响,另一方面或许来自他自主阅读时从佛教思想和佛教修行法门中吸收的营养。佛教教人静坐,要能够"心心相契,念念相续,由心而出,莫令间断,果能如斯,则更无余缘杂入矣"。慈湖的特别之处在于,他用这种方法最后没有见到"佛",却如实证得了儒家之理。我们以为,这些生活中颇具代表性意义的事件或是促成了慈湖对于"心"的思考,或径直就是慈湖之"心"思考结果的直接呈现,它来源于慈湖真正的生命体验和对学问的深切卓明的追求,其思想也因此展示出了迥异于人的特别之处。

2.2　慈湖的家学及其著作

就如原生家庭在一个人成长过程中起到决定性的作用一样,在杨慈湖思想的形成过程中,父亲杨庭显对他影响极大,因为杨庭显的所思所行实在不同于当时一般的儒者,陆九渊对杨庭显也是赞誉有加。父亲的独立思考和特立独行对杨慈湖产生了潜移默化的影响,对于慈湖之思想特质的形成来说不可或缺。

关于杨慈湖本人及其家世,《宋史·本传》中这样记载:"杨简,字敬仲,慈溪人。"《慈湖遗书·广居赋》中称:"四明杨子,家本三江之口。"全祖望撰《甬上望族表》说:"三江口杨氏,慈湖先生生于此。"钱时撰写的《宝谟阁学士正奉大夫慈湖先生行状》记曰:"先生家世天台,十世祖自宁海徙明之奉化,后又徙鄞。曾大父宗辅,大父演。考庭显,故任承奉郎,累赠通奉大夫。妣臧氏,硕人。"陆九渊为慈湖的父亲杨庭显撰写的《杨承奉墓碣》中称:"其先居台之宁海黄坛,九世祖徙明之奉化,其子又徙鄞。绍兴末,北虏犯淮,又徙慈溪。曾祖伦,祖宗辅,父演,皆隐德不仕。"①综合上述几则记载来看,钱时提到的"十世祖自宁海徙明之奉化",结合陆九渊的说法,杨慈湖先世当是从宁海黄坛迁徙到了奉化。然陆九渊说"其先居台之宁海黄坛",钱时说"先生家世天台",杨家是否有个从天台迁居宁海的过程,准确情况目前是无法得知的,只能作出初步的推论,或许曾经有这一过程。在漫长的不断迁居的生活中,慈湖的祖上"皆隐德不仕",并未得官,慈湖的父亲杨庭显获封承务郎和承奉郎也是因为慈湖为官。也许是因为没有那么多的官务缠身,杨庭显才有更多的时间钻研学问,一生不辍,实际上也成就极大。陆九渊对杨庭显的为人和为学极为赞赏,他评价道:"年在耄耋,而其学日进者,当今所识,四明杨公一人而已。公长不满五尺,蔼然臞儒,而徇道之勇,不可回夺,血气益衰,而此志益厉,贲育不足言也。"②短短数语,一个清介自守、勇猛精进、一往直前的儒者形象已经跃然纸上。陆九渊称杨庭显"四明之一人而已",已经是较为高调的评价,可见杨庭显的学问确实非同一般。慈湖幼受庭训,对父亲的教导记忆尤为深刻,以至于杨慈湖在年少时就直上超悟天下惟道,慈湖言:

> 某自总角,承先大夫训迪,已知天下无他事,惟有道而已矣。③

然而我们了解杨庭显学问思想的材料却并不多,主要依靠《杨承奉墓碣》和在《慈湖先生遗书》卷十七中保留的《纪先训》。对杨庭显的思想历程作一番考察,对于我们了解慈湖思想的形成有莫大帮助。

杨庭显年少时颇为自负,只看到自己的优点,看别人都是缺点,很有点天下唯我一人而已的意思。但是他又是极其聪明、心量宽阔和善于改过的,一旦意识到自己在思想上的不足之处或者错误之处,会很快予以纠正,并因此而获得学问上的进益:

> 少时盖常自视无过,视人则有过。一日,自念曰:"岂其人则有过?"旋又得二三,已而纷然,乃大恐惧,痛惩力改,刻意为学。读书听言,必以自省,每见其过,内讼不置,程指精严,及于梦寐,怨艾深切,或至感泣。积时既久,其工益密。念虑之失,智识之差,毫厘之间,无苟自恕。④

---

① [宋]陆九渊著,钟哲点校:《陆九渊集》卷二十八《杨承奉墓碣》,中华书局 1980 年版,第 327 页。
② [宋]陆九渊著,钟哲点校:《陆九渊集》卷二十八《杨承奉墓碣》,中华书局 1980 年版,第 325 页。
③ [宋]杨简:《慈湖先生遗书》卷九《家记三》,《杨简全集》第八册,浙江大学出版社 2015 年版,第 2069 页。
④ [宋]陆九渊著,钟哲点校:《陆九渊集》卷二十八《杨承奉墓碣》,中华书局 1980 年版,第 326 页。

认识到自己有错误就马上改正，并非任何人都能真正做到，而杨庭显不但能做到，甚至到了"感泣"的地步，其收获就不可能不大了。杨庭显一生如此精进向学，给杨慈湖带来了深刻的影响，以至于慈湖到了老年时对父亲的评价颇高："我宋邵康节、程明道至矣而偏，象山陆夫子生而清明，某先大夫颠沛而拱如初。"①此处所谓某先大夫"拱如初"的"拱"，当是指"先公平时常拱手，拱而寝，拱而寤。一日偶跌仆，拱手如故，神色不动"②。此处提到的"拱"，实际即"拱手"之礼。在杨慈湖的眼里，父亲的学问为人与有宋以来的大学者们相比丝毫不逊色。然而慈湖认为邵雍和程颢都失之偏颇，陆象山与其父亲杨庭显则较为妥帖，并且，父亲"颠沛而拱如初"几乎已经得了孔子真传了。当然，在他眼中父亲是完美的，但是慈湖此评也并非感情用事，而确实是杨庭显之真学问的写照。"甬上四先生"之一的舒璘自评己学时言"吾学南轩发端，象山洗涤，老杨先生琢磨"③便是明证。在舒璘求学的路上，张楠轩启蒙，陆象山纠偏，杨庭显打磨，杨庭显同样居于宋明思想大家的第一序列。然而，慈湖和舒璘的评价尚不足以显示杨庭显思想的倾向和全貌。本节以下依靠《纪先训》的记载，对杨庭显的思想作个简单的分析，从而看出其对慈湖的影响。依照慈湖的记录，杨庭显的思想确然无疑是儒家思想，如杨庭显尝言：

圣贤垂训，盖使人求之己也。

娶妻生子，学周公、孔子；衣服饮食，学周公、孔子。

孔子拱而尚右，载之古书，则知夫子常拱。今人多忽之。吾家当习熟。

慈爱恭敬，可以修身，可以齐家，可以治国，可以平天下。安富尊荣，由此而出。④

---

① [宋]杨简：《慈湖先生遗书》卷十九《宋杨公伯明封志》，《杨简全集》第九册，浙江大学出版社2015年版，第2317页。
② [宋]杨庭显：《慈湖先生遗书》卷十七《纪先训》，《杨简全集》第九册，浙江大学出版社2015年版，第2263页。以下所引《纪先训》的原文，均出自《杨简全集》第九册，第2232—2265页，不再一一注明页码。
③ [清]黄宗羲原著，全祖望补修，陈金生、梁运华点校：《宋元学案》卷五十八《象山学案》，中华书局1986年版，第1921页。
④ 《慈湖先生遗书》卷十七《纪先训》。

　　上述几例,便可看出儒家思想和孔子言行对杨庭显的深刻影响,在杨庭显这里,儒家之观念可以成为思想信仰,也能转化为具体实践而开出修齐治平的宏大境界和功业。在日用常行之间,杨庭显把儒家思想融进了自己的一"心"之见,他尤其对"心"特别提点注意,对"心"的关注和体悟,见之于他日常生活的方方面面。另外,"我""道""一""觉"等都是杨庭显关注的概念,都有不同层面的论述,具体包括如下几个方面。

　　其一,"心"本清明,澄然自灵,万古同心,无心不善。杨庭显对于"心"的态度是颇为特别的。他强调"心"的共在性和一致性,万古之人心至灵、澄然、同善,如他言:

> 人之本心,本自寂然。

> 人心本自清明,本自善。

> 人心至灵,惜乎错用却。

> 吾之本心澄然不动,密无罅隙。时人自己尚不识,更向何处施为?

> 大舜之心,即瞽瞍底豫之心;瞽瞍底豫之心,即大舜之心。[①]

　　其二,"心"动则容易流于"恶","心"动的结果不但影响动心者,甚至影响家庭。治"心"的关键在于于事上不动心,此心不动则毫发无伤。杨庭显说:

> 不善之心起,则一身不及安,一家不及安。
> 为物所逆而动心,此怨天也。
> 忍耐之语,起于心已失道矣。
> 心无所求则乐生。此非亲到者,有所不知。
> 好学之心一兴,则凡在吾身之不善自消,至于面目尘埃亦去矣。
> 好学之心,人皆有之,其间所以不成就者,有待来年之失也。
> 因及娄师德唾面自干,语曰:"且道唾面从那里来?"有对者,俱未当意,徐曰:"从动心处来。此心缠动,唾即劈面而来也。"
> 智我所自有,何患无智?此心不动,日用常情,物至自明,事至自

---

① 《慈湖先生遗书》卷十七《纪先训》。

应,如明镜止水,毫发无差。

当被窃盗,其明日,食罢,从容曰:"吾夜来闻婢惊告有盗,时吾心止如此。已而告所亡物多,吾心亦止如此。"

外事不可深必。凡得失,奉天命可也。动心则逆天命,祸将至矣。

今吾心亦止如此。近世有以小道,与其门人讲习,学者宗仰,语录流行,人服其笃行,遂信其说。其说固多矣,而害道者亦多,遗患颇深。①

其三,此"身"非我有,在人与周围世界的关系之中,因为有"我"而不能自由,因此人应该去"我",追求"无我"之境并由此达于至善。杨庭显讲:

此身尚非我有,外物亦何足道。

此身乃天地间一物,不必兜揽为己。

处高堂则气宽,居茅屋则气隘,对风月则气清,当晦昧则不爽。类皆如此,以其有我也。

人心本自清明,本自善。其有恶,乃妄心尔。因其不达,执以为我,被客来作主,迷失本心。达"血气"二字,则无我矣。

吾深究无我已二十年,今日见此患犹如山岳,殆有甚焉。吾乃自觉,多以为幸。

人皆有一我,故不见道,虽名士难逃此患,遂以聪明为道。释氏谓之认贼为子。夫尧舜为天下后世知其名,而尧舜所以为善,今人点妆贤者之名归己,于尧舜有异矣。傥得尧舜之心则无我,无我则自然日进,不待修为。②

其四,"道"在事中,语言本身不能表达出"道"的全部,"道"不远人,行住坐卧、喜怒哀乐都含至"道",不必离开日用常行求"道"。杨庭显说:

道非言语之所及,非思量之所至。

大中至正之道,近在日用,见于动静语默,不必他求。

吾家当行七事:好善、平直、谦虚、容物、长厚、质朴、俭约。此可以成身,可以成家,而道在其中。

道无大小,何处非道?当于日用中求之。衣服饮食,道也;娶妻生子,道也;动静语默,道也。但无所贪,正而不邪,则道不求而自得。③

---

① 《慈湖先生遗书》卷十七《纪先训》。
② 《慈湖先生遗书》卷十七《纪先训》。
③ 《慈湖先生遗书》卷十七《纪先训》。

其五,万事万物,皆本于"一",皆汇归于"一"。人"心"的根本作用即在于认识这个"一",守定了这个"一",则无事不办。杨庭显说道:

> 贤者干事,谨终如始。一事未毕,彼事不为。彼事功虽倍,亦不顾。十百千万,皆本于一。一事办,则十百千万存乎其中。
>
> 此心即道,一体二明。
>
> 古制散亡,因论丧礼曰:五服一也,知一乃能知五。知五知一,乃能分别等差而不乱。
>
> 实心无所往而不可。盖实心,一也,可以应天下之万变。
>
> 人关防人心,贤者关防自心。天下之心,一也。戒谨则善,放则恶。
>
> 君子有所养,处富不骄,处贫不忧,无得失,无逆顺,其心常一,应酬不乱,无所不容。①

其六,学贵求"觉",重在反省,"固执己见"无法进步,读书做学问应向内求索,而非逐于外物,一旦自"觉",则境界大进。杨庭显说:

> 自觉之功大矣!虽不善,一能自觉,亦难停留矣。
>
> 吾往者尽恃思量与夫言语。今日顿觉前非,盖以驰求于外而不反本也。
>
> 学者以平昔所见置之千里之外,故能舍己从人。舍己从人未易见,以己见根固而不自觉也。
>
> 学者以所得填塞胸中,中毒之深,复不自觉。颜子屡空,还有此否?
>
> 吾往日常在昏昏中而不知,衣服时亦不知,饮食时亦不知,行住坐卧时皆在不知中。自谓吾了了惺惺,后因觉此不知即非不知。②

综合上述对杨庭显思想的分析研判可知,杨庭显思想中有着明显的佛、道痕迹,其思考方式受到佛道思维的影响较大。然正如我们在这一部分的开头所言,杨庭显的思想总体而言是儒家的,这不仅表现在他尽量避免提到佛与道的书及术语,还表现在他使用儒家的处事方式教导家人以及族里,希望他们都要有一颗成圣成贤的心并且在日常的生活中不断打磨,最终成为儒家思想所塑造的样子。杨庭显关于"一"的思想,对待"心"的方式以及对"觉"这一目的认肯追求之为学路向深刻地影响到了杨慈湖。我们接下来可以看到,"'一'—'心'—'觉'"的动态结构在杨慈湖的思想中是不断被阐明

---

① 《慈湖先生遗书》卷十七《纪先训》。
② 《慈湖先生遗书》卷十七《纪先训》。

的,慈湖这种思考问题的方式最初的来源就在杨庭显这里。杨慈湖即使到了老年,仍然觉得自己的学问修养赶不上自己的父亲,对此,陆象山曾经如此记述:"四明士族,多躬行有闻。公家尤盛,阖家雍雍,相养以道义。仲子简尤克肖,入太学,治《易》,冠诸生。既第,主富阳簿。访余于行都,余敬诵所闻,反复甚力。余既自竭,卒不能当其意,谓皆其儿时所晓,殆腐儒无足采者。此其腹心,初不以语人,后乃为余言如此。又一再见,始自失。久乃自知就实据正,无复他适。自谓不逮乃翁远甚,恨其未闻余言。"①陆象山在此处特别描述了杨简自幼的生活和受到家庭影响教育的情况,陆象山教授给杨慈湖的一些思想,杨慈湖的回应大多是"儿时已晓得",只是开始时并没有明白直截地讲出来。而杨慈湖所晓得的道理,都来自其父杨庭显,随着慈湖跟陆象山学习的深入,他也逐渐认识到了自身思想的不足之处并能够加以改正。这段文字足可以看出杨慈湖对父亲的尊崇以及慈湖本人所受家学影响之深。杨庭显以自己的学识修为而名重乡里,并且其治家的实际效果是"阖家雍雍",这就使得我们不得不对杨庭显的思想予以特别的留意。

要完整地了解杨慈湖的思想,慈湖本人流传下来的著作是不可或缺的物质材料,慈湖的全部著作并没有都流传下来,这显然与其思想在其逝世后传播不广有关。"就作为哲学家而言,朱熹曾指责杨简倾向禅宗。清朝四库全书目录曾谓象山之学近于禅,但并非禅者,杨简则全为禅者,由于这种指责以及其他类似的指责,中国学者很少读杨简的著作,因此,他的部分著作便不幸散佚了。"②张先生指出了杨慈湖著作不被关注的重要原因在于慈湖被批评为"禅",关注的人少,著作慢慢散佚也就不可避免。关于杨慈湖的著作以及版本刊刻情况,钱时在《行状》中有所提及,但是不够完整。近人张寿镛著《慈湖著述考》考订较为详细,从中我们可以了解大部分慈湖著作的基本情况。今人赵灿鹏著《宋儒杨慈湖著述考录》是目前所见慈湖著作之整体情况研究最为详细者。③ 经过赵灿鹏的考订,到目前为止,慈湖的著作应该有 45 种(作者在文章开头中说经考订可以分为正编和外编共计 44 种,然正文中却列举正编 37 种和外编 8 种,故开头所言"44 种"当是行文小疵),其中包括存世、可能存世以及亡佚文献。赵灿鹏的这篇文章与其博士学位论文《"精神"与"自然":杨慈湖心学研究》一文的附录部分内容基本相同,不同的是博士论文的附录部分辑佚了几篇慈湖的奏札,补充上了钱时《行状》中未

---

① [宋]陆九渊著,钟哲点校:《陆九渊集》卷二十八《杨承奉墓碣》,中华书局 1980 年版,第 326 页。
② 张君劢:《新儒家思想史》,中国人民大学出版社 2009 年版,第 229 页。
③ 赵灿鹏:《宋儒杨慈湖著述考录》,台北《书目季刊》第 39 卷第 4 期。

曾录入的文字,为我们研究慈湖思想提供了新资料。今人董平前后历时十余年,广泛搜罗杨慈湖遗留下来的全部著作,其中包括他在美国哈佛大学图书馆等地搜集的不同版本著作,资料丰富翔实可靠,又从各书新辑杨简散佚诗文若干篇,前人关于杨简诗文之题跋若干篇及论慈湖之语等,重新编排整理,成《杨简全集》,是目前所见关于杨慈湖研究最基础性的、最权威的文本文献依据,足以嘉惠学林。

2.3　慈湖的政治活动与政治主张

杨慈湖在 29 岁中进士以后,除了中间有 14 年的时间赋闲在家以外,一生都在辗转做官,尽管他并未获得太多的实权高位。杨慈湖勤政爱民,得到百姓拥戴,有"杨父"之誉,《宋史》为其立传。在他的传记中,处处体现了慈湖是如何"以人民为中心",如何尽己所能施展自己的政治理想的。比如他在地方上任官,俸禄不少,对此他常说:"吾敢以赤子膏血自肥乎!"他因升官要离开原驻地,当地老百姓"老稚扶拥缘道,倾城哭送"。还有一事,南宋与金朝长期对峙,有一年,金朝发生饥荒,"来归者日以数千、万计,边吏临淮水射之",慈湖以为"得土地易,得人心难",这些逃难而来的百姓,都是"中土故民",怎么可以吝啬粮食而以武力对待呢? 慈湖"即日上奏",言辞哀痛至极。老百姓也因此给慈湖以极高极庄重的回应:"民爱之如父母,咸画像事之。"《宋史》对他的政绩作出高度评价:"尽扫喜顺恶逆之私情,善政尽举,弊政尽除,民怨自销,祸乱不作。"慈湖的施政风格和施政理念,完全是儒家"仁政"这一套学说。

考察杨慈湖的政治活动对于我们了解慈湖的思想是有益的,因为慈湖总是将他的所学所思付诸实际的政治活动,而并非仅仅依照一般的政治活动原则来开展政事活动,有时候慈湖的一些政治主张在当时看起来显得有些迂腐、不合时宜,然而这并不是慈湖的政治主张本身有什么问题,而只是在那时顽固不化、不接受新思想已是官场的常态。杨慈湖在当时高标一帜的思想并不能为所有人接受,他由己思出发而提出的一些政治主张不被理解也就在情理之中。"杨简之学,非世儒所能及,施诸有政,使人百世而不能忘,然虽享年,不究于用,岂不重可惜也哉?"①《宋史》中的这段话,对杨慈湖

---

① ［元］脱脱等著:《宋史》卷四百〇七《列传第一百六十六》,中华书局 1977 年版,第 12299 页。

的思想与政治活动作出了合理的评价,其学非一般儒者所及而高标一时,其政非一般政务可比而恩泽后世。仅仅是这一评价,就足以使我们对慈湖的政治活动予以特别重视。并且,单纯讨论慈湖的政治主张显然不能完全展示出慈湖政治活动的意义所在,慈湖将其用"心"的思考成果付诸政治实践,在当时有限的范围内产生了绝好的效果,对我们如今之政治实践也深具启迪之意义。

杨慈湖在 29 岁时,也就是乾道五年(1169),登郑侨榜进士。时儒薛季宣在第一时间就写信给慈湖,祝贺他获登进士榜。尽管季宣较慈湖年长,但是信中对慈湖的赞赏之情是"溢于言表"的,信中回忆了两人的匆匆一面,称慈湖"义命之重,非仁贤恶所望之",薛季宣写道:

> 季宣景向有年矣。侄子每自庠序归省,辄能具道问学之妙,行谊之美,及所以提诲之甚宠,顾以未尝识面为恨。乡来幸会,获合并于武林,虽承教匆匆,弗及详款养养之至,然一面而悔吝释,接奉面群疑亡,所得固已多矣,幸甚幸甚! 分决之后,窃审擢荣上第,虽为宏材本分内事,然而蕴蓄之富,可以次第见诸施为,未能绝意于时,尤为善类喜也。占贺方阻,乃蒙尺书下问,情亲意厚,愧荷兼之。宠谕不可晓知之言,足验天有显道,义命之重,非仁贤恶所望之! 雨晦鸡鸣,乃今见其人矣。侨居荒僻,新除尚未知何地何日之官。有家侄便,可寄声,时蒙发药是幸![①]

薛季宣在信中回忆了两人的一次见面,对杨慈湖的才学内蕴赞赏有加,认为他考中进士实在是情理之中的事情,中进士后也可以将自己的所思所想付诸为政的实践。薛季宣写信给慈湖时尚且不知道慈湖于何地做官,不久后,慈湖即授官迪功郎,主富阳簿,开始了政治生涯。在富阳主簿任内,慈湖表现出了出众的行政能力,并且通过不懈的努力,使得富阳一地民风大振,风动教化之弦歌不绝。钱时在《行状》中如此描述慈湖的富阳行政过程:

> 先生之至富阳也,阅两月,无一士来见。怪问之左右,曰:"是邑多商人肥家,不利为士,故相观望,莫之习也。"先生恻然。即日诣白宰,谓兹壮邑,于今为赤县,而土俗荼陋。学道爱人,宰其职矣,且僚佐系衔,例主学事,无以风动教化之弦歌,吾邑子坐靡廪稍,效尤俗吏,束湿程赋,役事答捶,吾食且不得下咽,奈何? 宰唯唯。遂破食补生徒,文理稍优,即收之。先生日诣学相讲习,又约宰凡称进士,优以示劝。秀民由

---

① [清]冯可镛、叶意深:《慈湖先生遗书》卷二十二《慈湖先生年谱一》,《杨简全集》第十册,浙江大学出版社 2015 年版,第 2365 页。

是欣奋,恨读书晚。①

杨慈湖上任之时,富阳一地俗薄简陋、重商抑学、学风萎靡,以至于到任两月有余竟无一士子来见。慈湖并未"新官上任三把火",而是从细微处着手,开始他的为政生涯。慈湖的这次行政活动是通过与人"谈心"的方式来实现的,他首先使主事者明白,所谓"宰"的作用就是"学道爱人",因此兴学收徒是教化地方必备的步骤。接下来慈湖亲自作出表率,讲学于县里,县人因此受到鼓舞,读书者增多,士风大振。也许任何一位其他的官员在面对这样的状况时都会采取与慈湖大同小异的办法,但慈湖自有其独特之处,即慈湖本人先由自我做起,践行儒家的行为规范,并且亲自讲学,且方法与众不同:"先生诚以接物,众畏信之,相戒奉约束惟谨。走吏持片纸入市,可质数千。日讽咏《鲁论》《孝经》,堂上不动声色,民自化乎。"②用今天的话说,慈湖真是做到了以身作则,用自己的"诚意"打动了一县人民,因此慈湖的这些办法受到了时人发自内心的拥护,大家都踊跃效仿施行,富阳境内读书讲学之风从此为之一变。

在富阳,杨慈湖的教人之方并不拘泥,他也曾用父亲最常用的办法教化时人:

> 有自山出者,犹朴茂,来问学。先生曰:子姑学拱。既数月,曰:可矣。与之语,孜孜穷日夜不厌。先生忧去,辄提篚以随,愿卒学。后擢第为名儒。邑人争相慕效,文风益振。③

这里杨慈湖所用的"拱"的方法,就是他的父亲杨庭显的日常生活中最常用的与人交往的手势语。拱手礼直到百多年前都是中国人相见行礼的方式。行拱手礼时,有直立行礼和向前躬身行礼两种。直立拱手如《礼记·曲礼上》载:"遭先生于道,趋而进,正立拱手。"又如《论语·微子》载:"子路拱而立。"是说行拱手礼时,身形直立,不仰不俯。古代拱手礼还可拱手至额,俯身向前。由此可见这一日常交往方式在历史上较为普遍。而杨慈湖专门以此教人,可以想见于日常生活的实践中教人反复用力于一件具体的事务,同样可以达到化民成俗的效果。行礼时升起的恭敬心、谦卑心、真诚心,本

① [宋]钱时:《慈湖先生遗书》卷十八《宝谟阁学士正奉大夫慈湖先生行状》,《杨简全集》第九册,浙江大学出版社2015年版,第2268页。
② [宋]钱时:《慈湖先生遗书》卷十八《宝谟阁学士正奉大夫慈湖先生行状》,《杨简全集》第九册,浙江大学出版社2015年版,第2267页。
③ [宋]钱时:《慈湖先生遗书》卷十八《宝谟阁学士正奉大夫慈湖先生行状》,《杨简全集》第九册,浙江大学出版社2015年版,第2268页。

身就是对"心"进行磨炼的好时机和好手段,这一做法十分符合杨慈湖的"心思"。

在富阳主簿任内,杨慈湖 32 岁时第一次见到了陆象山,二人的这次见面有点官方政治活动的意味,当然更主要的是出于慈湖在内心深处对象山的敬仰之情,故此在象山赴考进士道过富阳时,慈湖便亲去迎见,二人相与讨论学问之余,慈湖仍着意于一县的行政事务。叶绍翁曾记此事曰:"慈湖第进士,主富阳簿,象山陆氏犹以举子上南宫,舟泊富阳。杨宿闻其名,至舟次迎之,留厅舍。晨起,挹象山而出,摄治邑事。"①叶绍翁对这次见面的记载类似于"账簿",时间地点人物事件一应俱全,但并没有提到杨、陆二人在思想上的碰撞和讨论。不记载却并不意味着没有,陆象山的声名比杨慈湖大,但在此时,慈湖已经高中进士,象山尚在赴考途中,比慈湖晚两年象山才考中进士。二人终于有机会得以相见时,不相互切磋学问是不可能的。

杨慈湖为官富阳时,还有一件小事值得我们留意,他自己是这样记述的:"尝官富阳,始至钱塘,潮惟至庙山而止。他日,与同官俱出西郊,至看潮村,皆讶村何以得此名。越二年,潮忽过邑而西,喷浪如岸雪,声如震雷,宛然与钱塘相似,于是悟看潮村得名之由,古亦以此记异。"②慈湖尽管有繁忙的政事需要处理,但并未由此影响到他对生活中一些具体事件的思考。钱塘江边一个村子的名字引起了慈湖的思索,当他看到真正的钱江潮时,恍然了悟了村子何以得名"看潮村"。这似乎是很小的一件事,但是从中我们可以看出,人们从自然现象的消长变化中得到启发,将之与自身的生活结合起来。这实际上是自然以其自己的本来状态启发人们思索,此正是"天有四时,春秋冬夏,风雨霜露,无非教也"的儒家之思在人们实际生活中的具体落实和体现。故此慈湖才会特别加以留意。也是在这些政事与生活的事务之间注意联想思考,慈湖的思想才逐步触及更多领域,有了更为深厚丰富的内涵。慈湖的这次做官经历对他来说至关重要,他在这一任上积累了将儒家思想落实于政治生活的经验,如仁政爱民、劝人读书、事必躬亲、以身作则等等,逐渐养成了自己的行政风格。这为他后来继续在上饶、乐平施政奠定了初步的基础。

淳熙三年(1176),杨慈湖 36 岁,自此任绍兴府司理长达七年。为官期间,慈湖的行政风格与他在富阳期间的风格并无太多变化,只是变得更加勤政、事必躬亲与唯理是从。《慈湖先生行状》记载了这样一件事:杨慈湖"受

---

① [宋]叶绍翁:《四朝闻见录》,中华书局 1989 年版,第 6 页。
② [宋]杨简:《石鱼偶记》,《杨简全集》第三册,浙江大学出版社 2015 年版,第 967 页。

绍兴府理掾,犴狱必亲临,端默以听,使自吐露。越陪都,台府鼎立,简中立
无颇,惟理之从。一府使触怒帅,令鞫之,简白无罪;命鞫平日,简曰:'吏过
讵能免? 今日实无罪,必摘往事置之法,简不敢奉命。'帅大怒,简取告身纳
之,争愈力"。慈湖是如此不畏权贵与秉公执法,让他的"异见者"们也毫无
办法,最后,"帅知不可欺,遂已"①。同样,另一位"异见者"也因慈湖据理力
争而没有达到目的,反倒给慈湖赔了礼:"一宪使尝举职官,一日缘两造是
非,压先生就己意,先生趋庭抗辩,捧还削,宪莫能夺,改容谢之。"②我们并
不知道这位宪使到底造了怎样的是非,要求慈湖怎样地屈从于他的意思,但
可以想见的是在慈湖眼里,这位宪使的要求一定不合理,与慈湖的政见从根
本上是冲突的,故而遭到慈湖的严词拒绝。慈湖之所以如此,并非固执己
见,因为他的每个决定都是经过深思熟虑的,一旦确定下来,就难得变更了:
"每谓白事上官,必从容陈述,有不合即退思,思之而审,坚守无所挠,或大碍
不见听,则决去而已。"③思虑周翔、准备充分,在与不同意见的交换往复中
逐渐确定自己的主张,杨慈湖对自己的思考力和判断力足够自信,一旦确定
了的想法,就坚持到底,绝无更改。

杨慈湖在 41 岁和 42 岁时候因为学问醇正、品行高尚而两次被举荐做
官,且举荐者都是当时的名流,一位是当朝宰相史浩,另一位是大学者朱熹。
慈湖获得如此重要人物的举荐,足以证明他在当时已经享誉士林。关于当
朝宰相史浩举荐慈湖一事,下文可为例证:

> 太师史越王荐引诸贤,而先生居第二,谓性学通明,辞华条达,孝友
> 之行,闺内化之;施于有政,其民心敬而爱之。得旨,任满都堂审察,仅
> 一考,即移注。先生不欲,文安公书来勉之不可;亲庭有命,乃不敢违。
> 差浙西抚干。④

文中写杨慈湖居于被举荐者的第二位,并且评价非常高。同时被举荐
的人物,据《宋史·孝宗记》记载,还有陆九渊、叶适、袁燮等人,但都排在慈
湖之后,想必史浩以为慈湖堪当重任,并且在心理情感上更加认可慈湖,故

① [宋]钱时:《慈湖先生遗书》卷十八《宝谟阁学士正奉大夫慈湖先生行状》,《杨简全集》第九册,
浙江大学出版社 2015 年版,第 2268 页。
② [宋]钱时:《慈湖先生遗书》卷十八《宝谟阁学士正奉大夫慈湖先生行状》,《杨简全集》第九册,
浙江大学出版社 2015 年版,第 2268 页。
③ [宋]钱时:《慈湖先生遗书》卷十八《宝谟阁学士正奉大夫慈湖先生行状》,《杨简全集》第九册,
浙江大学出版社 2015 年版,第 2268 页。
④ [宋]钱时:《慈湖先生遗书》卷十八《宝谟阁学士正奉大夫慈湖先生行状》,《杨简全集》第九册,
浙江大学出版社 2015 年版,第 2269 页。

作出如此举荐。然而慈湖本人对于举荐的事情并未刻意求之,这种性格特点自慈湖当官从政以来一直如此,钱时尝言:

> 自入仕固未尝祈人举,亦不效尤称门生求脚色,状例逊谢不敢答,而诸公争推拥若恐后,辄从部中得去,剡章辐集,溢数削返之。①

杨慈湖不以举荐为意,但他高尚的人格和务实的政绩还是赢得了时人的广泛赞誉,朱熹在给滕德粹的信中说道:

> 大抵守官一以廉勤爱民为先。幸四明多贤,可以从游,不惟可以咨决所疑。至于为学修身,亦皆可以取益。熹所识者杨敬仲、吕子约,所闻者沈国正、袁和叔,到彼皆可从游也。②

也因此,淳熙八年(1181)朱熹在提举两浙东路常平茶盐公事的时候同样举荐了"勤政爱民""可与从游"的杨慈湖,并且慈湖的官阶也因此得以晋升:

> 朱文公持庚节,荐先生学能治己,材可及人,居无何,关升。③

另外,宋儒黄震(字东发)还记载了朱熹与慈湖之间的一次交往。黄东发与杨慈湖是浙东宁波同乡,是朱熹之学与陆九渊之学各自在浙东的代表性人物。黄震记述这件事比较简略,并未看出朱熹与杨简二人在思想上有什么交流,似乎是一次处理政事问题不同方法的记载:

> 朱子为浙东仓,有继母接脚夫,破荡其家业,子来诉其情,朱子遂委杨敬仲,敬仲以子告母不便,朱子告之曰:"父死,妻辄弃背,与人私通而败其家,不与根治,其父得不衔冤乎?"④

杨慈湖在处理政事问题的时候其出发点似乎与他对于"心"的体认有莫大的关系,在他44岁任浙西抚属和52岁知饶州乐平县时的两次为政活动恰好验证我们的这种猜想,这也可看作杨慈湖将思想落实于政治活动的两次颇为重要的尝试,有文记载曰:

---

① [宋]钱时:《慈湖先生遗书》卷十八《宝谟阁学士正奉大夫慈湖先生行状》,《杨简全集》第九册,浙江大学出版社2015年版,第2269页。
② [清]冯可镛、叶意深:《慈湖先生遗书》卷二十二《慈湖先生年谱一》,《杨简全集》第十册,浙江大学出版社2015年版,第2374页。
③ [宋]钱时:《慈湖先生遗书》卷十八《宝谟阁学士正奉大夫慈湖先生行状》,《杨简全集》第九册,浙江大学出版社2015年版,第2268页。
④ [清]冯可镛、叶意深:《慈湖先生遗书》卷二十二《慈湖先生年谱一》,《杨简全集》第十册,浙江大学出版社2015年版,第2374页。

大尹张构雅敬先生,先生亦渠渠与之尽。幕中本无事,及是多所委赖,吏牍日相衔在庭,天府澔穰,类多庋契聱牙,不易可办。先生雍容立决,的中腠会,莫不服为神明。畿甸灾意恟恟叵测,白尹宜戒不虞,遂委督三将兵,接以恩信,得其心腹,出诸葛武侯正兵法调肄习之,众大和悦。先生于是益信人心至灵,至易感动,亿万众之心,一人之心也。徒恃诈力相笼络,若虎豹然,日忧其将噬,大不可。故每论元帅当以四海为一家,抚士卒如室中人。习正兵,不可败,先生之规模也。①

千头万绪、难度巨大的事情,到了杨慈湖这里逢难必解,还能人心诚服。通过政务活动的不断加深和处理,杨慈湖越发相信一人之"心"即亿万人之"心",人同此心心同此理,既然"亿万众之心即一人之心",则处理外部事务只要合了己"心",事情也就办成了。杨慈湖对人"心"广大、至灵至善的相信,在执政乐平时尤甚:

宰饶之乐平,故学宫逼陋甚危,朽相支柱,苟旦暮。先生曰:教化之原,可一日缓乎?撤新之。首登讲席,邑之大夫士咸会,诲之曰:"国家设科目,欲求真贤,实能共理天下。设学校,亦欲教养真贤,实能使进于科目,非具文而已。然士之应科目、处学校,往往谓取经义诗赋论策耳,善为是,虽士行扫尽,无害于高科,他何以为?持此心读圣人书,不惟大失圣人开明学者之意,亦大失国家教养之意。人性至善,人性至灵,人性至广至大,至高至明,人所自有,不待外求,人所自有,不待外学。孩提之童,无不知爱其亲,及其长也,无不知敬其兄。见牛觳觫,谁无不忍之心?见孺子匍匐将入井,谁无往救之心?是谓仁义之心,是谓良心,即尧、舜、禹、汤、文、武、周公、孔子之心,即天地日月鬼神之心。人人皆有此心,而顾为庸庸逐逐、贪利禄、患得失者所熏灼。简切惜之,敢先以告。"每谓教养兹邑,犹欲使举吾邑人皆为君子,况学者乎?诲之谆谆不倦,铲除气习,脱落意蔽,本心本自无恙。其言坦易明白,听之者人人可晓。异时汩于凡陋,视道为高深幽远,一旦得闻圣贤与我同心,日用平常无非大道,而我自暴自弃,自颠冥而不知,有泣下者。入斋舍昼夜,忘寝食。远近为之风动。②

———————

① [宋]钱时:《慈湖先生遗书》卷十八《宝谟阁学士正奉大夫慈湖先生行状》,《杨简全集》第九册,浙江大学出版社2015年版,第2269页。

② [清]冯可镛、叶意深:《慈湖先生遗书》卷二十二《慈湖先生年谱一》,《杨简全集》第十册,浙江大学出版社2015年版,第2385页。

杨慈湖在乐平县任内颇有政声,被时人认为学问深厚、操行高洁。并且因人举荐被召为国子博士,慈湖此时趁宁宗即位之初,向宁宗大讲他的学问、政治之道,认为自古及今,只要人"心"光明,皇帝能够以身作则,上行下效,从来都可以实现所谓的"三代之治",这种看法和做法无论在当时还是今天,似乎都逃不掉"迂腐"的评价:

> 准尚书省札子奏圣旨,令侍从两省台谏各举通亮公清不植党与曾任知县人二名者。右臣伏睹奉议郎知饶州乐平县事杨简,学问深淳,操行介洁,议论坚正,皆有本原,爱民之政著于剧邑。是臣乡人,素为畏友,非敢私荐,公论所推。朝请郎监登闻鼓院刘仲光,纯粹而能刚,疏通而有立,曾知隆兴府奉新县,甚有政声,又有关决之誉。此二人者,实可应通亮公清不植党与之选。①

> 未三考,以国子博士召。绍熙五年,宁宗即位之初年也,既赴监,讲《乾》䷀,反复数千百言,发人心固有之妙,欣欣然人自庆幸,谓先圣赞《易》后未之闻也。御笔遵孝宗成规,复三年之制,先生奏:"陛下此举,尧舜三代之举;此心,尧舜三代之心。顺此心以往,则尧舜三代之盛复见于今日。但臣深恨上行而下未效,群臣衮服之余,常服则紫绯绿,大非礼。虏人曩日尝叹孝宗复古,且谓金主亦欲依仿而行。今陛下顺圣心行之,破群臣非礼久例,亦当溥及四夷,心悦诚服,岂不益光明伟特,为万世法欤!"②

杨慈湖在55岁时因为宰相赵汝愚被斥而上书抗辩,但落得个被贬的下场,从此闲居在家长达14年。在居家这段时间,慈湖将主要精力放在了读书撰文上,而且几乎注遍了"五经",这种做法颇不同于一般所谓的心学家之读书态度,是很特别的,杨慈湖几乎是第一个遍注群经的"心学家"。当然这期间慈湖也曾几次上书朝廷,对当时的一些政治事件发表看法,但多数时候其言论都不被采纳,并且遭到更为严厉的打击。

> 会斥丞相赵汝愚,祭酒李祥抗章辨之。简上书言:"昨者危急,军民将溃乱,社稷将倾危,陛下所亲见。汝愚冒万死,易危为安,人情妥定,

---

① [清]冯可镛、叶意深:《慈湖先生遗书》卷二十二《慈湖先生年谱一》,《杨简全集》第十册,浙江大学出版社2015年版,第2392页。

② [清]冯可镛、叶意深:《慈湖先生遗书》卷二十二《慈湖先生年谱一》,《杨简全集》第十册,浙江大学出版社2015年版,第2395页。

汝愚之忠,陛下所心知,不必深辨。臣为祭酒,属日以义训诸生,若见利忘义、畏害忘义,臣耻之。"未几亦遭斥,主管崇道宫。①

杨慈湖 70 岁时出知温州;72 岁时候迁驾部员外郎;73 岁轮对时以"择贤久任"为言,转朝奉大夫:

> 简知温州,善政毕举,采士民善行集曰《乡记》,镂版于学以劝民。②

> 《遗书》续集有《知温州到任谒社稷文》,又有《谒宣圣文》《到任谒诸庙文》,又有《诸庙祈雨文》《祭社稷文》《奉安圣水文》《祭海神祠山文》《永嘉季春祈雨碧玉醮青词后雨作改用》文,《禳火青词》《上元设醮青词》诸作,俱守温州时事。自《到任谒社稷》《谒先圣》《谒庙文》外,皆不能定其年。③

> 五年,除驾部员外郎,去之日,老稚累累争扶拥缘道,曰:"我阿翁去矣,将奈何!"倾城出,尽哭。有机户尝遭徒,亦手织锦宇,为大帷,颂德政。叶侍郎适书别先生云:"执事二年勤治,公私交庆,惠利所及,戴白老人以为前此未有,载于竹帛,形于图绘,云聚山积,欢沸井里。"此实录也。后十余岁,上庠知名士犹极谈邦人去思未艾,且谓当时真有三代之风。④

> 六年,轮将对,先生谓"五十年深思熟虑,无出择贤久任之上策,既累告于上矣,他何言?即此说行天下,事自无不治,此而未竟,又将旁举细务,姑尝试具奏牍,简不能是也。君子于其言,无所苟而已,况告君乎?"复详札申斯旨。⑤

杨慈湖 74 岁主管成都府玉局观,后归乡里,远近邻居、妇女老幼,都知

---

① [清]冯可镛、叶意深:《慈湖先生遗书》卷二十二《慈湖先生年谱一》,《杨简全集》第十册,浙江大学出版社 2015 年版,第 2397 页。
② [清]冯可镛、叶意深:《慈湖先生遗书》卷二十二《慈湖先生年谱一》,《杨简全集》第十册,浙江大学出版社 2015 年版,第 2427 页。
③ [清]冯可镛、叶意深:《慈湖先生遗书》卷二十二《慈湖先生年谱一》,《杨简全集》第十册,浙江大学出版社 2015 年版,第 2428 页。
④ [宋]钱时:《慈湖先生遗书》卷十八《宝谟阁学士正奉大夫慈湖先生行状》,《杨简全集》第九册,浙江大学出版社 2015 年版,第 2280 页。
⑤ [宋]钱时:《慈湖先生遗书》卷十八《宝谟阁学士正奉大夫慈湖先生行状》,《杨简全集》第九册,浙江大学出版社 2015 年版,第 2281 页。

道有个慈湖先生,此后慈湖的门人愈加炽盛:

> 其领玉局而归,门人益亲,逮方僻峤,妇人孺子亦知有所谓慈湖先
> 生,岿然天地间,为斯文宗主,泰山乔岳,秋月独明。始传《古文孝经》,
> 传《鲁论》而厘正其篇次。①

杨慈湖 79 岁时升直宝文阁主管明道宫;81 岁除秘阁修撰,主管千秋鸿
禧观;82 岁特授朝请大夫、右文殿修撰,主管鸿庆宫,赐紫衣金鱼;84 岁进宝
谟阁直学士,赐金带;85 岁转朝议大夫、慈溪县男,寻授华文阁直学士,提举
佑神观,奉朝请,诏入见,屡辞;86 岁授敷文阁直学士,累加中大夫,仍提举
鸿庆宫,寻以太中大夫致仕,卒,赠正奉大夫。杨慈湖在 86 岁时结束了他荣
耀的一生。

杨慈湖的政治活动已经如上所示,仔细分析起来,慈湖的政治活动与其
政治主张是紧密联系在一起的。慈湖既以其政治主张来指导他的政治活
动,同时他的政治活动本身又加强了他对自己政治主张的认同,从而更加坚
持自己的政治主张,尽管其主张并未得到广泛的认可。杨慈湖的政治主张,
以他对"心"的分殊理解为基本前提,慈湖以为,人人都有"心",因此"合天下
人之心,则合天心",政治活动若是能够从这个"天心"出发,就会无往而不
胜,实现政治之"常"。慈湖说道:"人心即道心,心本常。故合乎天下之公心
而为政为事,则其政可以常立,其事可以常行。不合乎天下之公心而为政为
事,则其政不可以常立,其事不可以常行。"②慈湖此处所说的"公心",其最
初的构成即是个体之心,只不过"公心"是对个体之心共同价值的抽象而已,
因此在某种意义上可以说只要合乎一切个体之心的政治活动,就都是可以
体现"公心"的政治活动。然而,需要指出的是,并非所有合乎个体之心的政
治活动的结果都是善,都是值得追求的,在慈湖看来,"政事不出于德,非德
政也。政非德政,苟非安即危乱矣","为政之道,无出于德"③。若不仔细分
辨,慈湖在这里似乎是主张"德治主义"的政治,然而慈湖所理解的"德",其
伦理道德性的内涵意义并不明显,却是从"心"出发,从人人共有的一种心理
情感出发。如果发挥这种情感的正面价值,则由此出发的一切政治活动的

---

① [宋]钱时:《慈湖先生遗书》卷十八《宝谟阁学士正奉大夫慈湖先生行状》,《杨简全集》第九册,
浙江大学出版社 2015 年版,第 2285 页。
② [宋]杨简:《慈湖先生遗书》卷八《家记二·论〈诗〉》,《杨简全集》第八册,浙江大学出版社 2015
年版,第 2026 页。
③ [宋]杨简:《慈湖先生遗书》卷十《家记四·论〈论语〉上》,《杨简全集》第八册,浙江大学出版社
2015 年版,第 2082 页。

结果就都是善的。慈湖说道："得其所同然者谓之德,同然者天下同此一心,同此一机。治道之机,缄总于人君之一心,得其大纲,则万目必随一,正君而定国矣。"①杨慈湖的这一政治主张,既是最安全的,同时又是最危险的。如果真的有仁君,或者君心真的"正"了,则慈湖的这一思想无疑会发挥出最大的效果。但若是相反,结果就是另一番场景。过往历史的事实提醒我们,儒家知识分子总是难以"得君行道",君心不正,慈湖的这一思想便无落脚之处。可以看出,慈湖在此所主张的"德政",其最为根本的在于人"心",靠"心"的自我发动流行和其"善"的本质的自我表达,并没有诸多的道德条目在里面,因此实行起来难度巨大。

以上杨慈湖是就个体之善如何转化为公共生活之善而言,主张善之本心发动而成善治。若是就国家层面而言,"择贤久任"是他所认定的最好治理方法,他自称积五十年之功不出"择贤久任"四个字,因此在轮对时也没有提出超越这四个字的对策。按照今天看法,这几乎就是"贤人政治",这也是自《尚书》以来的传统。其艰难之处在于,"贤"如何择?"任"如何久?追求"贤人"却很难在现实政治中找到贤人,期望"久任"却在历史上出现频繁的朝代更替,不能不说这是个千古难题。

在"心"之"善"的自我表达这个意义上,杨慈湖也表明了他对历史上"王道"与"霸道"之分的看法。慈湖以为若从"心"出发,人心悦服,就会天下无敌,他说道:"汉宣曰:汉家自有制度,本以霸王道杂之,自汉迄唐一律也。本以霸道,本以利也。以利为本,虽杂以王道,人心岂服?人心不服,危乱之道也。诚纯于王道,则人心毕服,四海之内仰之若父母矣,夫谁与之敌?"②杨慈湖观察了中国历史,认为以"霸道"为主行统治之术是自汉唐以来之传统,而他对此颇有微词。杨慈湖主张政治活动之根本处乃在于"王道",并且是"纯于王道",不能像"霸道"那样掺杂一些"王道",而是必须是只实行"王道",才能获得政治治理和行政的最高目的。我们要说,这一主张抛却了外在制度名物设施的建立与布置,忽视了人作为社会群体存在的类属性,一本于为政主体之"心",故其在历史上得到实施的机会便少之又少。应然的理想状态和实然的现实状态之间才是真实的社会生活,在这个复杂的社会生活场景中,必须考虑所有人"心"发动后的任何可能性,实际上大部分人最终

① ［宋］杨简:《慈湖先生遗书》卷十《家记四·论〈论语〉上》,《杨简全集》第八册,浙江大学出版社2015年版,第2083页。

② ［宋］杨简:《慈湖先生遗书》卷十六《论治道》,《杨简全集》第九册,浙江大学出版社2015年版,第2219页。

无法找回"本心",自然也就带不来"善政"。极少数人"心"发动能带来"善"的结果,但我们却不能精确地找出那些极少数,因此这就无法成为公共生活的一般出发点,也不能将之作为政治生活的起点,而应该作为政治治理之目标。在目标实现的过程中,需要辅以各种制度安排来规避人"心"因"起意"而生出的各种"过"。当前学界有以杨慈湖之"心政"为文者,提出:杨简"治世"思想表现为"心政",即由"本心"出政。"心政"源于本善之心,外推为治灾以治人心为先、治民以治君心为要、治政合乎天下之公心。此"心政"进而由"克艰""知恤""敬信"等向度展开,并最终落实为具体的政治实践。杨简的"心政",由善心开始,以德行政,泽及于民,民心感应,从而在杨简与民众之间实现"本心"贯通无碍。杨简"心政"在造福于民实践中形成了一种儒家心学孕育的政治景观,其理论价值与现实意义可资当世借鉴。① 这一主张的核心思路还是由善心而行善政,由善政而实现"仁"之理念,可备一说。

① 李承贵:《杨简"心政"理念与实践——杨简治理思想及其特质》,《浙江社会科学》2014年第5期。

3 杨慈湖哲学思想溯源

按照通常的观点,杨慈湖的思想向被认为是"心学",因此在讨论慈湖思想的渊源问题时,人们总会不约而同地提到孟子、陆象山等人,并且认为慈湖之思从孟子和象山这里一路下来,是对前贤思想的进一步深化。在谈到杨慈湖思想的影响时,总是讲到他对王阳明本人的思想产生了启发。但是我们前面提到过,仅仅用"心学"这一概念来指称慈湖之学,并不能显示出慈湖之思想的全部面貌。综合地看,慈湖对孟子并非完全接受,而是有所批评和保留。即便是对慈湖自己非常尊崇的陆象山的学问,他也绝非沿着象山的路数继续向前推进,而是在经过了陆象山的"本心"回答以后,除了确证对"心"的伦理本质的理解以外,又开发出了新的有关"心"的认识领域,这些领域是陆象山心学所少谈甚至未谈的。也正是因为这些领域的开拓,才显示出了慈湖之不同于象山的根本之处。

本章拟就杨慈湖思想的来源问题作个重新探讨,杨慈湖的哲学思想,就对孟子之学而言,除了在有关人性本善的问题上与孟子持相同意见而外,基本上是批评孟子的。杨慈湖一生敬重陆象山,称其为师,但是这并不妨碍慈湖在思想上另辟蹊径而比象山走得更远。更进一步讲,慈湖的思想,受之于家学,启发自象山,并且于静观中自得。明人周广这样说道:"先生之学,受之庭训,悟之善讼,而大有得于静观体会之余。求诸心之精神,则曰圣在是;见孔子'绝四'曰'无意',则欲不起念。自谓学者舍是,皆第二意也。故鞭辟处如捍强敌,一至融液脱落,殆晴云丽空,舒卷自如,而光风化日,有莫测其端倪者。"[①]这可以说是对慈湖思想渊源见识最深的评价了。周广以为杨慈湖的思想已臻化境,因此他还说:"未至慈湖者,当自考矣。"意思是如果不能理解慈湖的思想,只能从自己身上找原因,而不是慈湖思想有什么不足之处。尤其重要的是,杨慈湖重新注疏了儒家典籍,其思想是建基于对圣人学

---

① 周广:《慈湖先生遗书后序》,《杨简全集》第十册,浙江大学出版社 2015 年版,第 2509 页。

问——孔子之学的重新阐发之上的,慈湖心目中的孔子形象万世无弊,他由此而开发出的一条通往圣人境界的通达之路,可以成为我们理解慈湖思想的一种新尝试。

3.1 与孟子、陆象山思想渊源重考

作为杨慈湖的同乡,宋儒黄震曾经这样评价慈湖之学:"余虽生慈湖先生之里,而慈湖以觉为超悟,与孟子言先觉觉后觉、主于开晓后进之觉不同。以道心为道即在心,与《帝典》人心惟危、道心惟微礼欲对言之道心不同。故惟敬其人,而未尝究其学。"① 黄东发点出了慈湖思想与孟子之思的不同之处,也指出了其对"道心"的解释与《尚书》之传统不一致的地方。作为朱熹之学的后继者,与陆九渊一派之学问是有一定的距离感的,因此黄东发只好对杨慈湖的思想不作评论。但是对今天的我们来说,从中国思想史发展演变的历史进程来讲,却需要对杨慈湖思想的渊源问题有个比较明晰的结论。

在之前对杨慈湖的研究中,研究者们对于慈湖思想与孟子和陆象山思想之间的关系的定位并不是十分清楚,只是笼统地说慈湖的思想对孟子和陆象山都有继承,尤其是对陆象山思想,更是在很大的程度上有所发展,持这一观点的研究者为数不少。② 然而,事实真的如此吗?"心学"的谱系竟然简单到直接从孟子到了陆象山再加一个杨慈湖?儒家学说之创立者孔子之思想的地位何在? 从孟子到陆象山1400多年,这中间的思想由谁传承? 还是说只有陆象山才发明了孟子之学的真蕴? 1000多年的思想史作这样简单的理解,并不符合历史真实,而只是一种思想建构的真实。

当然,如果先下个结论说杨慈湖的思想也是"心学",那么在谈论杨慈湖思想来源时,孟子和陆象山就是绕不过去的话题。但是我们已经讨论过,仅仅用"心学"来衡论慈湖的思想是不够的,说心学思想的主要特征在于"以心为本"③更是大而化之的看法,我们要问的是,"以心为本"是什么意思? 以"心"为本源,以"心"为本体还是以"心"为根本? 这些问题仔细推敲起来都

---

① [宋]黄震:《题石门李县蔚一可所作》,《杨简全集》第十册,浙江大学出版社2015年版,第2493页。
② 郑晓江、李承贵著《杨简》,王心竹博士论文《杨简哲学思想研究》,刘宗贤《陆王心学研究》均持此观点,然在具体的论述上却都语焉不详,未能真正揭示出慈湖在哪些方面"发展"了象山的思想。
③ 王心竹:《杨简哲学思想研究》,中国人民大学博士论文,2002年,第40页。

有很多疑问。"心"作为学问的本源,一切学问的成立都要借助于"心"的思考功能,这应该是一切思考的出发点,是个普遍性的命题,而不应被称作慈湖思想的特色所在;若是以"心"为本体,那就是得出这一结论的研究者根本没有仔细阅读慈湖的原著,慈湖在自己的作品中并未主张人心有个"体";若是以"心"为根本,则更加说不通,慈湖思想的根本处不在于一"心",而在于"'一'—'心'—'觉'"的动态结构。因此,在我们认真重新讨论慈湖思想之前,有必要对慈湖思想与孟子和象山思想的关系问题给以一个清楚的回答,以便澄清学术史上的一段误会。

陆象山的思想主要从孟子那里受到了巨大的启发,确是实情。这一点连象山自己也不否认,他曾言:"窃不自揆,区区之学,自谓孟子之后,至是而始一明也。"①在陆象山看来,从孟子到他之间并非没有思想传承和前后相续,而只是隐约不明。到了陆象山自己这里,就大"明"了,陆象山思想气象的宏大由此可见一斑。在他的眼中,孟子死后儒家的学问湮灭不彰,非要等他出来光大方始见得儒家学问本色,因此象山的担当意识非常明显,他说:"韩退之之言:'轲死不得其传。'固不敢诬后世无贤者,然直是至伊洛诸公,得千载不死之学。但草创未为光明,到今日如不大段光明,更甘当甚事。"②陆象山认可韩愈关于儒家道统之说,并且也未曾忽略程颢、程颐等人在儒学史上的重要地位,可是他仍然相信儒家学说只有到了自己这里才真的被发扬光大。那么,象山之于儒学或者之于孟子之学的光大之处,到底在什么地方呢?这首先得看孟子之学的主要之处是什么,他都谈论了哪些问题。

孟子作为孔子死后八家儒者之一,除了继承孔子思想以外,又发展了民贵君轻、仁政王道、性善、守夜气、四端之心等思想或观点。其中重要内容之一,便在于孟子对人之"心""性"与"天"的分析和建构上。在孟子的思想中,"心"的观念具有重要的地位,学界一般认为"心学"根源在孟子这里。孟子谈"心",最著名的莫过于下面两段话:

> ……恻隐之心,人皆有之;羞恶之心,人皆有之;恭敬之心,人皆有之;是非之心,人皆有之。③

> ……无恻隐之心,非人也;无羞恶之心,非人也;无辞让之心,非人

① [宋]陆九渊著,钟哲点校:《陆九渊集》卷十《与路彦彬》,中华书局1980年版,第134页。
② [宋]陆九渊著,钟哲点校:《陆九渊集》卷三十五《语录下》,中华书局1980年版,第436页。
③ 杨伯峻:《孟子译注》,《孟子·告子上》,中华书局1960年版,第259页。

也;无是非之心,非人也。①

孟子首先肯定了人人皆有"心",并且这个"心"主要指的是一种人与生俱来或曰先天的心理情感和分辨是非的能力,离开了"心"的这个基本功能,人也就不成为人了。就是说,人之为人的根本所在即在于人人都有一颗能够喜怒哀乐、分辨是非的"心",在这一点上人和人之间没有差异,只要有"心",就都可以思考。在上述孟子之言中,人"心"的诸种功能还只是从本能的情感上说,并未涉及伦理道德的领域,然而孟子论"心"并不止于此,孟子又说:

> 恻隐之心,仁之端也;羞恶之心,义之端也;辞让之心,礼之端也;是非之心,智之端也。②

这就涉及伦理道德的问题了。在孟子看来,人人本有之"心"的四种功能,与伦理道德是联系在一起的,其粘连处就在于这个"心"是"仁义礼智"四德的根基所在,没有人"心",伦理道德便无从谈起。但是,孟子在用词时也是十分小心的,他讲人"心"与伦理道德的关系时只是用到了"端"这个词,"端"有开端、萌芽、起始的意思。也就是说,孟子认为人"心"中潜藏着伦理道德的一切可能性,它内蕴于人的本有之"心"中,在适当的条件和环境下,就会流溢出来而在公共生活中表达自身,成为社会生活的规范。由此,伦理道德的根据或者标准从来都不是外在的而是内在的,也因此孟子说:"仁义礼智,非由外铄我也,我固有之也。"③这是一个由内而外还是由外而内的问题,孟子坚定地认为伦理道德的根据是与生俱来的、内在的而非外在的。

"性"是孟子思想中另一个十分重要的观念,谈到孟子论"性",最为著名的是孟子主张的"性善论"。孟子从"性善"这一根本思想出发,认为实行"仁政"的最重要的动力,完全仰仗于君子大发"仁心"。这种"良知""良能"需随时守护,其"操之则存,舍之则亡",主要靠"养"。孟子表达其关于"性善"的主要观点,基于下面这段与告子的著名对话:

> 告子曰:"性犹湍水也,决诸东方则东流,决诸西方则西流。人性之无分于善与不善,犹水之无分于东西也。"
>
> 孟子曰:"水信无分于东西,无分于上下乎? 人性之善也,犹水之就

---

① 杨伯峻:《孟子译注》,《孟子·公孙丑上》,中华书局 1960 年版,第 80 页。
② 杨伯峻:《孟子译注》,《孟子·公孙丑上》,中华书局 1960 年版,第 80 页。
③ 杨伯峻:《孟子译注》,《孟子·告子上》,中华书局 1960 年版,第 259 页。

下也。人无有不善，水无有不下。今夫水，博而跃之，可使过颡；激而行之，可使在山。是岂水之性哉？其势则然也。人之可使为不善，其性亦犹是也。"①

告子此处的主张非常明显，他认为人的本性不可以用"善"或者"恶"来规定，这就好像水的本性不能用东和西来规定一样。然而孟子的高明之处在于，他看到了水之性不但在于它不分东西，更在于它可以通过人为的力量而对它的存在状态做出一定程度的改变，这种改变并不是水自身的本质，而只是因为外力的介入从而导致其存在状态的变化。也就是说，在孟子这里，他承认水不分东西这一本质规定。但问题在于，在这个本质之外，水仍然可以有其他的存在方式，这一存在方式并非水的本质状态。所以他认为人之性也和水一样，其"善"的方面就好像水不分东西的本质，人性的其他存在状态如"恶"或者"非善非恶"等，并不能否定人本性为"善"这一本质规定。至于人性在本质上为什么是"善"的而"人之可使为不善"的"恶"就不是人的本质或者说不是人之本质规定性的一个方面，孟子似乎并未讲清楚，他只是结论性地说明人性本质为善。如果如孟子所言，人性在本质上是"善"的，那么"恶"从何来呢？社会生活中恶的事实提醒我们，恶也是伴随人类发展的始终的。

在孟子这里，恶之所以产生，可以解释为人们本然善心的丢失，或者说它是因为不知道自觉扩充本然善心而造成的恶果。因为从根本处讲，在孟子这里人人都有四端，若是知道时时维护并保有这四端，则社会生活一定是积极和正面的，否则便是消极和负面的，对此，孟子曾经如此提醒我们："凡有四端于我者，皆知扩而充之，若火之始燃，泉之始达。苟能充之，足以保四海；苟不充之，不足以侍父母。"②就如火开始燃烧的时候，泉开始流淌的时候，在仁义礼智这四端刚刚萌生时就不断修养扩充使之日益充盈，逐渐充塞宇宙，就可以达到在上保国安民、在下护佑家庭的效果。这乍听起来觉得不可思议，然而我们看看历史上那些在民族危难之时、国家存亡之际挺身而出，以一己之力力挽狂澜的仁人志士，他们赖以成就功业的力量，就是这气贯长虹穿透宇宙的大我之仁和浩然之气。从这个意义上说，孟子造就并提升了民族的精神力量，这种力量确实因为典型人物的发挥弘扬而在实际社会生活中产生了重大影响，其带动性、榜样性和激励性的特征使得其成为一

① 杨伯峻：《孟子译注》，《孟子·告子上》，中华书局 1960 年版，第 254 页。
② 杨伯峻：《孟子译注》，《孟子·公孙丑上》，中华书局 1960 年版，第 80 页。

座延绵不绝傲然屹立的精神丰碑,每每在中华民族危难之际展示出拯救万民于水火的巨大力量。由此也可以说,"心"量广大,确乎可以包容宇宙、纵横四海,其最初之起点,只在于那小小的、微弱的、芽苗般的一心之"善"念。"孟子的性善论肯定了内在于吾人的生命中超越的禀赋,为吾人行善或向善的根据。吾人是否真能发挥这样的禀赋,则存乎其人,不能不讲做修养的工夫。由为己之学开始,己立立人,己达达人,由内圣以向往外王,这是儒家思想一贯的襟怀。"①可以说,孟子将儒家思想的最重要追求发挥到了极致,对个人而言可以激发出最大的行动力量,对国家社会而言,则积累、潜藏了巨大的正义力量和保护力量,一旦时机成熟,它就会磅礴地奔涌出来。

"天"的概念也是孟子思想中一个主要方面,含义相对广泛一些,可以从不同层次加以理解。比如孟子说:"天油然作云,沛然下雨,则苗浡然与之矣。"②此处的天是自然界之天。孟子还说:"……苟为善,后世子孙必有王者矣。君子创业垂统,为可继也。若夫成功,则天也。"③此处的天是命运之天。孟子又说:"……如此则无敌于天下。无敌于天下者,天吏也。"④此处的天似乎又有主宰的含义了。孟子还说:"诚者,天之道也,思诚者,人之道也。"⑤此处天人贯通,"天"为人的社会生活提供了最高依据。孟子发挥孔子的天命思想,祛除其中人格神含义,把"天"想象成为具有道德属性的精神实体,把"诚"这个道德概念规定为"天"的本质属性,认为"天"是人性固有的道德观念的本源。根据上述引文可知,自然之天、命运之天、主宰之天、道德依据之天等等都是孟子之"天"的含义。"天"的含义的多重性决定了我们在理解其具体含义时必须结合当时的语境,而不能从今天所理解的天的含义出发。

如果只是分别地、独自地看"心""性""天"三个概念,就会比较凌乱,形不成系统性看法,其思想性和解释力就大为削弱。对于三者之间的关系,孟子有一个比较系统又相对深刻的看法,就是他说的:"尽其心者,知其性也。知其性,则知天矣。存其心,养其性,所以事天也。夭寿不二,修身以俟之,所以立命也。"⑥同样,仅仅单独看这段文字,它又颇为难解。然而若是我们

---

① 刘述先:《孟子心性论的再反思》,载江文思、安乐哲编,梁溪译《孟子心性之学》,社会科学文献出版社1997年版,第187页。
② 杨伯峻:《孟子译注》,《孟子·梁惠王上》,中华书局1960年版,第13页。
③ 杨伯峻:《孟子译注》,《孟子·梁惠王下》,中华书局1960年版,第49页。
④ 杨伯峻:《孟子译注》,《孟子·公孙丑上》,中华书局1960年版,第77页。
⑤ 杨伯峻:《孟子译注》,《孟子·离娄上》,中华书局1960年版,第173页。
⑥ 杨伯峻:《孟子译注》,《孟子·尽心上》,中华书局1960年版,第301页。

联系上述孟子对"心""性"和"天"三者的看法,会有利于我们更好地理解孟子这段话的含义。实际上,孟子在此处要表达的意思,就是尽心—知性—知天这一逻辑系统,既然三者之间有个顺序,就表明三者之间是有内在联系的,这个内在联系的中介,在孟子思想体系中只能是"善"。依据上述,"心"所具有的恻隐、羞恶、辞让和是非的属性,其发用和表现毫无疑问不会导致恶的结果,而只是人之正常心理情感的积极表达;人性在本质上而言又是善的;对于所谓的"天","苟为善",就可以即人心而上达天心。所以孟子的这段话是想告诉我们,基于"善"的方面而言,三者实际上是一体的,人可以根由于自己的本有之心而发挥自身的善性,从而与天相合,达到某种意义上的天人、物我之间的贯通,甚至与天同寿。人也因此而获得来自天的傲然挺立于天地间的合法力量。以上便是孟子思想中最为梗概的方面(此处不讨论孟子思想中义利关系和民贵君轻等方面的思想)。

按照陆九渊的看法,孟子上述方面的思想在后世并未广泛地流行和产生影响,光大孟子之学的任务还得由他陆九渊本人来完成。根据学界一般的观点,陆九渊的思想最主要的一个方面便是论"心",如朱熹曾说:"陆子静之学,只管说一个心,本来是好底物事,上面著不得一个字,只是人被私欲遮了。若识得一个心了,万法流出,更都无许多事。"①朱熹认为若是能抛却私欲负累而能直指心源的话,便是最好和最简单的事了。问题就在于"心"太难了解,上面着了哪怕一个字,也会离其本意越来越远。因此,学问不能只顾着"超上"一路,而必须抓住枝节和具体问题一个一个克服。"心"在孟子那里被认为是人人具有的,即所谓的"人皆有之",然而说法却有点笼统。到了陆象山这里,他则明确说人们为学的目的,只要管好这个"心"就足够了,象山把孟子的话具体而丰富地表达为:"心,只是一个心。某之心,某友之心,上而千百载圣贤之心,下而千百载复有一圣贤,其心亦只如此。心之体甚大,若能尽我之心,便与天同,为学只是理会此。"②陆象山认为,每一个活生生的个体,"心"的功能和作用一样,真正体现出差别的,在于能否"尽我之心"。这段话的意思完全是孟子尽心、知性、知天思想的翻版。然象山之不同于孟子处,在于象山所指的"心"含义更加清晰具体,而不似孟子之"心"的含糊,孟子的"心"与"四端"似乎有着那么一层不够明确的关系。但是象山却认为,"四端"实际上就应该是人的"本心"。比如当杨慈湖向象山请教"如

---

① 〔宋〕黎靖德编,杨绳其、周娴君点校:《朱子语类》卷一百二十四《陆氏》,岳麓书社 1997 年版,第 2690 页。

② 〔宋〕陆九渊著,钟哲点校:《陆九渊集》卷三十五《语录下》,中华书局 1980 年版,第 444 页。

何是本心"时,象山就曾直言:"恻隐,仁之端也;羞恶,义之端也;辞让,礼之端也;是非,智之端也。此即是本心。"①这里直接讲仁义礼智"四端"即是"本心"。另外,象山也确曾十分明确地说过什么是"本心",他曾说道:"道塞宇宙,非有所隐遁,在天曰阴阳,在地曰刚柔,在人曰仁义。故仁义者,人之本心也。"②这是明确地说仁义礼智等"四端"就是人的"本心",与孟子说"四端"只是人心的某种功能是大为不同的。也就是说,"心"到了陆象山这里获得了"本心"的地位,其内容就是仁义礼智。基于这样的判断,陆象山又提出了著名的"人皆有是心,心皆具是理,心即理"③之命题。那么,在象山这里,"心"到底是什么样的"理"呢?象山对此说得亦同样明确,他讲道:"古圣贤之言,大抵若合符节。盖心,一心也;理,一理也。至当归一,精义无二,此心此理,实不容有二。故夫子曰:'吾道一以贯之。'孟子曰:'夫道一而已矣。'又曰:'道二,仁与不仁而已矣。'如是则为仁,反是则不为仁。仁即此心也,此理也。求则得之,得此理也;先知者,知此理也;先觉者,觉此理也……见孺子将入井而有怵惕恻隐之心者,此理也……内此理也,外亦此理也。"④不难看出,象山此处的"理"从根本上而言就是伦理道德规范,这一规范万古不变,不论何时何地,这个规范都会发生作用,这也就是象山所说的"东海有圣人出焉,此心同也,此理同也。西海有圣人出焉,此心同也,此理同也。南海北海有圣人出焉,此心同也,此理同也。千百世之上有圣人出焉,此心同也,此理同也。千百世之下有圣人出焉,此心同也,此理同也"⑤。因此,象山所言的"心即理"完全可以理解为"心"就是"理",只不过对此"心"到底是什么样的"理"我们要作出明确的判断。依前文,象山所言的理,主要指的是一种伦理道德上的规范或者约定,即他所说的"仁即此心也,此理也"。

可以看到,陆象山通过"心即理"这一命题,将"理"深深地植根于人的内心,从而消除了"理"所可能具有的外在超越之属性;同时,这一命题也赋予了"心"以新的意义,那就是在象山这里,"心"的含义不再模糊,而明确地就是伦理道德之心,是"本心"。这一判断就与孟子所谓的"人皆有之"的"心"不同了,孟子之心主要是从人的本能情感的角度而言的,但是象山却给了它以具体的伦理道德内涵,这不能不说是象山接受孟子思想而又对之进一步

① [宋]陆九渊著,钟哲点校:《陆九渊集》卷三十六《年谱》,中华书局1980年版,第487页。
② [宋]陆九渊著,钟哲点校:《陆九渊集》卷一《与赵监》,中华书局1980年版,第9页。
③ [宋]陆九渊著,钟哲点校:《陆九渊集》卷十一《与李宰二》,中华书局1980年版,第149页。
④ [宋]陆九渊著,钟哲点校:《陆九渊集》卷一《与曾宅之》,中华书局1960年版,第4—5页。
⑤ [宋]陆九渊著,钟哲点校:《陆九渊集》卷三十三《象山先生行状》,中华书局1960年版,第388页。

发展了。因此象山就更加明确地说只要有"心"存在,那么这个"理"就会自然而然地展示出来,他说:"苟此心之存,则此理自明。当恻隐时即恻隐,当羞恶时即羞恶,当辞让时即辞让,是非至前,自能辩之。"①按照这个观点,一心发动则万理自明。但我们必须同时看到,在象山的思想中,当他说"心即理"时,主要的意思是指在人的内心中就包含了伦理道德规范,这个规范是不必求之于外而只需向内用功便可得到的,也仅仅是在这层意思上,"心"才是这个"理"。但是,象山所说的"理",却并非只有伦理道德规范这一层意思,在另外的层次和言说环境中,象山之"理"便有其他的含义了,他并非没有理会"理"的多层次含义。

陆象山讲"理",除了"心即理"这一命题中的含义而外,他觉得世界上的"理"太多了,无法穷尽,我们即使尽一生的努力,也不见得能把世界上的"理"全部搞清楚,他说:"天下之理无穷,若以吾平生所经历者言之,真所谓筏南山之竹,不足以受我辞。然其会归,总在于此。"②因此,"理"在陆象山的思想中就毫无疑问地具有多重层次,有时可以用来说明自然事物的规律,如象山言:"涓涓之流,积成江河。泉源方动,虽只有涓涓之微,去江河尚远,却有成江河之理。"③有时它又用来指《易》之理,如象山说:"此理塞宇宙,谁能逃之?顺之则吉,违之则凶,其蒙蔽则为昏愚,通彻则为明知。昏愚者不见是理,故多逆以致凶;明知者见是理,故能顺以致吉。说《易》者谓阳贵而阴贱,刚明而柔暗,是固然矣。今《晋》之卦,上离以六五一阴为明之主;下坤以三阴顺从于离明,是以致吉。二阳爻反皆不善。盖离之所以为明者,明是理也。坤之三阴能顺从其明,宜其吉无不利。此以明理顺理而善,则其不尽然者亦宜其不尽善也。不明此理,而泥于爻画名言之末,岂可以言《易》哉?阳贵阴贱刚明柔暗之说,有时而不可泥也。"④陆象山在这里认为,作为《易》之理,要成为我们生活的指引,人的吉凶祸福都出于此,并且对这个"理"的把握还要灵活灵动而不可拘泥,否则又会因为不明"理"而带来负面影响。有时"理"又用来指天地之间的无私公理,如象山说:"此理充塞宇宙,天地鬼神,且不能违逆,况于人乎?诚知此理,当无彼己之私。善之在人,犹在己也。故'人之有善,若己有之','人之彦圣,其心好之,不啻若自其口出','胥

① 〔宋〕陆九渊著,钟哲点校:《陆九渊集》卷三十四《语录上》,中华书局 1980 年版,第 396 页。
② 〔宋〕陆九渊著,钟哲点校:《陆九渊集》卷三十四《语录上》,中华书局 1980 年版,第 397 页。
③ 〔宋〕陆九渊著,钟哲点校:《陆九渊集》卷三十四《语录上》,中华书局 1980 年版,第 398 页。
④ 〔宋〕陆九渊著,钟哲点校:《陆九渊集》卷三十四《语录上》,中华书局 1980 年版,第 418 页。

训告,胥保惠,胥教诲',此人之情也,理之所当然也,亦何嫌何疑?"①上述仅举三例说明象山思想中"理"的不同含义及其多层次性,当然若是继续如此举例,我们还可以发现象山之"理"的其他一些含义,但那并非此处要讨论的主要问题。

在解释了陆象山之"理"的多层次性之后,我们才能更为清楚地看出象山"心即理"命题的重大意义。如果依照朱熹的观点,世间万物都有个理,为学的目的即在于弄懂万物之理而去"格物致知",那毫无疑问人生的负担就太重了,也同样会出现"伐南山之竹不足以受我辞"的情况,这样的人生还能快乐吗?还有吸引力吗?人还应该孜孜以求为之奋斗吗?我们还有可能穷尽万事万物之"理"吗?故此,象山找了一个简易的办法,就是在承认万物之理无穷无尽以后,独标"心即理",从而将人从纷繁多变的万物中解脱出来,直指心源,确立"本心"在人生中的至高无上地位,人生只要是握定了这个"本心",全部的生活意义也就可以从中流出了。也因此"发明本心"在象山那里才殊为重要。

按照陆象山的理解,心中本来就含有伦理道德之规范,故"发明本心"的一个含义就是使人心之中固有的道德规范显现出来,指导人自身的社会生活,确保人生在世的合理性和社会性存在的合法性。这种自我激励和自我向上的能力本来人人本有,但是人们往往不自知不自信,因此象山教人,往往先从此处入手,教人依靠自己的力量立定跟脚:"先生居象山,多告学者云:'汝耳自聪,目自明,事父自能孝,事兄自能悌,本无少缺,在乎自立而已。'学者语词亦多兴起。"②此处所谓"自立",也无非就是教人明了事父从兄等伦理道德的观念本就在人心之中,不必一心向外再求索个什么事父孝亲的道理。故当有人能够真正认识到心中本有的伦理道德规范并以此来劝世的时候,象山当然非常高兴:"有学者因事上一官员书云:'遏恶扬善,沮奸佑良,此天地之正理也,此理明则治,不明则乱,存之则为仁,不存则为不仁。'先生击节称赏。"③象山对于自己要求学者"自立"的教法十分自信,即使有人批评他手段单一,他也不加掩饰地承认他就是手段单一,甚至他还引以为豪,他说道:"吾之学问与诸处异者,只是在我全无杜撰,虽千言万语,只是觉得他底在我不曾添一些。近有议吾者云:'除了先立乎其大者一句,全

---

① [宋]陆九渊著,钟哲点校:《陆九渊集》卷十一《与吴子嗣(八)》,中华书局1980年版,第147页。
② [宋]陆九渊著,钟哲点校:《陆九渊集》卷三十四《语录上》,中华书局1980年版,第408页。
③ [宋]陆九渊著,钟哲点校:《陆九渊集》卷三十四《语录上》,中华书局1980年版,第409页。

无伎俩。'吾闻之曰：'诚然。'"①被人评为"全无伎俩"，陆象山非但不反驳还大大方方承认，只能说明他确实对这个"伎俩"足够自信。另外，陆象山还特别强调，他除了这个办法而外确实不曾有其他手段，他说："我与学者说话，精神稍高者，或走了，低者至塌了，吾只是如此。吾初不知手势如此之甚，然吾亦只有此一路。"②这真是"以不变应万变"，不管别人如何，象山教人只一个办法，把根本的办法贯彻到底，效果反倒会更好。比之于今天各种教育手段层出不穷，各种管理办法目不暇接，各种方案预案花样迭出，象山的办法真不知省了多少工夫、省了多少精神和笔墨。我们应该说，基于对根本人性的认识而采取的办法才能从根本上解决问题。

陆象山讲"发明本心"，还有另外一层意思。人之"心"除了本来含有伦理道德规范而外，它还极容易受到外界的污染而丧失自身的本质状态，故此"发明本心"的另一层重要含义，就是指祛除人心因外物或欲望之践踏而蒙蔽上的"灰尘"。陆象山如此谈到"心"受蒙蔽的状态："有所蒙蔽，有所移夺，有所陷溺，则此心为之不灵，此理为之不明，是谓不得其正，其见乃邪见，其说乃邪说。一溺于此，不由讲学，无自而复。"③当"心"受到蒙蔽时，"心"与"理"俱被掩盖，不复本来模样。另外，"心"还容易受到欲望的主宰而丧失其应有的善良状态，象山尝谓："夫所以害吾心者何也？欲也。欲之多，则心之存者必寡，欲之寡，则心之存者必多。故君子不患夫心之不存，而患夫欲之不寡，欲去则心自存矣。然则所以保吾心之良者，岂不在于去吾心之害乎？"④面对人"心"被蒙蔽或受到"欲"的干扰而脱离于其本质状态的情况，象山的方法就是在立定跟脚的基础上反复用功去找回那个"心"，从而使人重回人之为人的本然状态。

陆象山把人心受到污染的情况称为"人心有病"，治病的方法是"剥落"。他说："人心有病，需是剥落。剥落得一番，即一番清明。后随起来，又剥落，又清明，须是剥落得净尽方是。"⑤在此处，象山所谓的"剥落"之方法含义深刻。首先在于，尽管象山找到了简易直接地"发明本心"的方法，但这并非意味着对方法的使用也是简易的，相反在象山看来，"剥落"的方法恰恰需要反复使用、多次使用，因为人"心"一旦陷溺，要想再重回清明的状态就十分困

① ［宋］陆九渊著，钟哲点校：《陆九渊集》卷三十四《语录上》，中华书局1960年版，第400页。
② ［宋］陆九渊著，钟哲点校：《陆九渊集》卷三十四《语录上》，中华书局1980年版，第404页。
③ ［宋］陆九渊著，钟哲点校：《陆九渊集》卷十一《与李宰（二）》，中华书局1980年版，第458页。
④ ［宋］陆九渊著，钟哲点校：《陆九渊集》卷三十二《养心莫善于寡欲》，中华书局1980年版，第380页。
⑤ ［宋］陆九渊著，钟哲点校：《陆九渊集》卷三十五《语录下》，中华书局1980年版，第458页。

难,可能今天刚把迷失了的"本心"找回来,明天却又不见了,因此象山提醒人们反复"剥落"己心,直至"心病"不复存在。其次,这个所谓的"剥落"方法,包含内、外两个方面,既可以是发现了"心病"而自己反复用力"剥落",这一点实际上也等同于象山教学者"自立",又可以是在外力的帮助下不断改过迁善从而使"心"获得清明,也就是象山所谓的"人资质有美恶,得师友琢磨,知己之不美而改之"①。即是说人可以在老师、朋友的帮助启发下而"剥落",这正是师友切磋琢磨的意义所在。最后,象山所谓的"剥落",实际上即是象山的修养工夫,这一看似简易的方法要真正实行起来却殊为不易,需要长期坚持,直到发明了人之"本心"。象山对于坚持"剥落"这一方法的难度有足够的判断,他说:"心不可泊一事,只自立心。人心本来无事,胡乱被事物牵将去。若是有精神,即时便出便好。若一向去,便坏了。"②故此,象山主张人应该收拾精神,使之含摄于心,从而保有人的良善,此即他所言的"人精神在外,致死也劳攘,须收拾作主宰。收得精神在内时,当恻隐即恻隐,当羞恶即羞恶。谁欺得你? 谁瞒得你? 见得端的后,常涵养,是甚次第"③。也就是说,象山"发明本心"之最终目的,即在于使人真正地成为一个人,"上是天,下是地,人居其间。须是做得人,方不枉"④。陆象山教人顶天立地做个好汉,才不枉生于天地间,这是象山"心学"的重要旨归。陆象山认为治学为人的方法主要是"发明本心",不必多读书外求,"学苟知本,六经皆我注脚"⑤。他自称这种方法为"简易功夫",为学要"立乎其大者",要"知本",最终能够"明本心"。但是象山也并非教人全不读书,至于读书,他最重视《大学》《论语》《孟子》《中庸》,要能够在日用常行之间讽咏自得,反对以注疏章句谋求利禄。以上便是陆象山思想的梗概。

在讨论了孟子与陆象山的思想梗概之后,我们再回过头来看杨慈湖对二人的看法以及慈湖与二人在思想上的关联性。如果预设性地认为杨慈湖的思想同样是"心学",毫无疑问对慈湖思想与孟子和象山思想不同之处的讨论就会大打折扣了。实际上,慈湖对孟子及其思想的批评与反驳之处并不在少数;对于陆象山,慈湖除了经象山"本心之问"的回答而更加确证其已有的答案而外,慈湖论"心"的方式和慈湖之"心"的范围也大大超过了陆象

① [宋]陆九渊著,钟哲点校:《陆九渊集》卷三十五《语录下》,中华书局1980年版,第470页。
② [宋]陆九渊著,钟哲点校:《陆九渊集》卷三十五《语录下》,中华书局1980年版,第456页。
③ [宋]陆九渊著,钟哲点校:《陆九渊集》卷三十五《语录下》,中华书局1980年版,第454页。
④ [宋]陆九渊著,钟哲点校:《陆九渊集》卷三十五《语录下》,中华书局1980年版,第450页。
⑤ [宋]陆九渊著,钟哲点校:《陆九渊集》卷三十五《语录下》,中华书局1980年版,第395页。

山。并且,慈湖对"心"的多个层次的思索,实际上是他自幼受到家庭教育的影响和他自己多年勤学苦思的结果,与象山本人的关系并不大。即便是二人之间的"本心"之问,在面对象山的答案时,慈湖开始时是不以为意的,因为他觉得象山的答案在自己儿时便已经知晓,后又经过慈湖本人之"觉",方始明其旨。

再来看杨慈湖对孟子思想的批评。前文我们已经讨论过,杨慈湖的思想中,他因为受到其父的启发而特别重视"一",因此他对于任何人,凡是违背了"一"之规律或者说将本来是一回事的事物硬要分作两个方面的做法便十分不满。在慈湖看来,孟子对"心"的讨论就多次犯了这样的毛病。慈湖尝言:"性即心,心即道,道即圣,圣即睿。言其本谓之性,言其精神思虑谓之心,言其天下莫不共由于是谓之道,皆是物也。孩提皆知爱亲,及长皆知敬兄,不学而能,不虑而知,非圣乎?人惟不自知,故昏故愚。孟子有存心养性之说,致学者多疑惑心与性之为二,此亦孟子之疵。"①在这段话中,慈湖似乎是不假考虑地把"性""心""道""圣"等概念搅和在一起使用,让人对四者之间的关系有点搞不清楚。实际上,慈湖对这几个概念也是分层次使用的,这一点我们下文还会详细讨论。慈湖此时已经开始批评孟子"存心养性"之说了,究其原因,在于慈湖以为孟子把本来是一体或者本来是"一"的东西当成了两个,弄得分裂,并且对后世学者产生了误导。孟子之所以将"心"与"性"分裂为二,其原因即在于他尽心—知性—知天的逻辑系统。上文已经讨论过,孟子通过"善"这一本质而将人与外物、自我与宇宙统一起来,借用"性"的先天纯善本质沟通己与物。作出这样的分殊,逻辑上即在于孟子已经预设了人己、物我之分,沿着慈湖的思路,孟子这一系统实际上确实有二分的嫌疑。因此慈湖对孟子进行严厉批评,他说:"孟子道性善,心未始不正,何用正其心?又何用诚其意?又何须格物?"②在慈湖看来,人"心"本正,"正心"的方法本来就是错误的方法。不但如此,"诚意"与"格物"的方法也被慈湖一并取消,因为在慈湖眼中"心"与"性"本来就是一体的,二者只是名称不同或者说只是从不同角度对同一本质的观察结果而已,不必强作区分,强做区分便又是错。

按照这样的逻辑,杨慈湖对孟子的"养心"之说、"存心养性"之说的批评

---

① [宋]杨简:《慈湖先生遗书》卷八《家记二》,《杨简全集》第八册,浙江大学出版社 2015 年版,第 2020 页。

② [宋]杨简:《慈湖先生遗书》卷十三《家记七》,《杨简全集》第八册,浙江大学出版社 2015 年版,第 2156 页。

尤为着力。慈湖尝言:"孟子曰:'养心莫善于寡欲,虽有不存焉者,寡矣。'且心非有体之物也。有体则有所,有所则可以言存。心本无体,无体则何所存?孟子之言'存',乃存意也,存我也。有存焉,有不存焉,非其真者也。人心即道,喜怒哀乐,神用出入,初无体之可执,至虚至明,如水如鉴,寂然而变化,万象尽在其中,无毫发差也。彼昏迷妄肆,颠倒万状,而其寂然无体之道心自若也。道心自若,而自昏自妄也。一日自觉,而后自信吾日用未始不神灵也,未始动摇也。不觉其未始动摇者,而惟执其或存或不存者,是弃真而取伪也。此不可不明辨。"①慈湖花了大量篇幅对此加以辨析。在这里,慈湖以为"心"并非有体之物,故此孟子说"存心"就不对了,无体之"心"怎么存呢?这就好像镜子照物,镜子本身是不会有任何变化的,但是它却可以遍照万物,毫厘不爽。就是说,镜子照物这一功能你怎么去谈它是否有"体"?而"心"的喜怒哀乐、神用出入等功能,也如同镜子照物功能一样,"体"从何来?"心"之所以会颠倒,其原因在于它"自昏自妄",就好像镜子被蒙上了灰尘,它的照物功能自然会受到损害,故此本不必存"心",而只要自己"觉"到"心"的这个特性和功能,才是真的,否则便都是假的,也极容易陷入此"心"是存还是不存的尴尬境地。

依照这样的思路,杨慈湖对孟子的"求放心"之说也作出了相当细致的分析和批评。在慈湖看来,后世学者所理解的孟子"求放心"之说,用今天的话来说就是基本上处于盲人摸象的状态,大家都知道那有个大象,但是却因为被受损的视力所障碍,根本就不知其所以然,无法获知整体的大象到底什么模样。故此,慈湖用了大段的文字来谈"心",在下述所引文字中,慈湖以为人心本来状态之一种事实就是人心本善,伦理道德之心即是人的本心,而与之相反的悖乱、奸诈等状态即是人心之"放",一旦人心到了"放"的状态,再要找回可就难上加难了。而所谓"求",实际上也就是找回吾人本有之善心的过程,但这个找回过程绝对要向内用工夫,而不在于"求之他",否则越求越乱。且看慈湖之言:"孟子曰:'学问之道无他,求其放心而已矣。'学者皆知所以求放心,而不知何者为心,何者为放,何者为求也。'不明乎善,不诚其身矣',要先明吾之本心,然后能知放,知放则知求之矣。吾之本心,无他妙也,甚简也,甚易也,不损不益,不作不为,感而遂通,以直而动,出乎自然者是也。是心与天地同功用,与四时同变通,喜怒哀乐无不中乎道,则亦更何求也?惟蔽于物而动其心,于是始放而之他矣,故于是贵于求。然人心

---

① [宋]杨简:《慈湖先生遗书》卷十四《家记八》,《杨简全集》第八册,浙江大学出版社2015年版,第2164页。

至于放,鲜有知所以求之者。彼且以为为悖乱、为奸诈、为淫佚、为暴酷者,吾之本心然也,一旦欲使之勿如此,遂有束缚迫急之患,则曰殆不若姑纵之而聊以自适也。不知此心之放于外、离乎我而逐乎物者之妄心则然,吾本心何尝如此哉? 知吾本心广大虚明,直方刚健,外物举不可入其门,则苟求之,固在我矣,亦何惮? 惟其不知也,故天下之为小人者举不可深罪。人孰不欲为君子、为善人? 不知吾心之本善也,不知乍见孺子将入井,其怵惕恻隐之心即吾本心也,不知徐行后长者之心即吾所自有之良心,亦尧舜之心也。既不知吾良心本若此坦易,或求之,则又苦迫而求之他,既求之他,则无斯须安者,其必至之势也。”①这是杨慈湖又一次花大量笔墨专门阐述他对孟子之学尤其是“求放心”一说的看法。慈湖以为人心本善,对于流失了的“心”当然要“求”回来,但是不能“求之他”,一旦向外寻求,永无安宁而且求之不得是必然的结果。平民百姓也好,禹舜圣贤也罢,从根本处讲大家的“心”都是一致的,可以说是“万众一心”而没有例外,最重要的在于要知道吾人本有之善心清明广大、方正刚健,森然万物是否能够进入我的“心”里,主动权在我,起决定性作用的还在于人自己,“固在我矣”,于万物何干? 因此只能向内而无须向外,弄明白什么是“心”,“放”是什么意思,“求”又该如何求,才能长久地保有本然“善”性,这是杨慈湖一以贯之的主张。

上述引用杨慈湖之言数例,足可证明杨慈湖对孟子思想中关于“心”“性”等问题的不满与反驳之处,因此说慈湖的思想是对孟子之思的继承,也就值得我们重新加以思考。由于事实上的慈湖与陆象山之间的师徒关系,以及在慈湖的言论中并未见到他批评象山的话语,学界一般认为杨慈湖继承并发展了象山之学。但是,这些表面上的事实不能作为慈湖思想继承了象山之思的证据,就好似一个听话的孩子与自己父亲的关系,他们有事实上的血缘关系,孩子处处尊敬他的父亲,未见一句忤逆的话。但是由此推导出孩子自己的思想与其父亲思想之间的继承性,在逻辑上讲不通,在事实上也未必真的如此,这是两个层面的问题。杨慈湖思想与陆象山思想之间的关系,亦可以作如是观。

要了解杨慈湖思想与陆象山思想的相同与不同之处,除了按照通常的二人之间的师徒关系以及为数不多的几次见面的情形加以推论外,最为根本的问题在于弄清楚学术史上有名的“本心之问”的确切含义和陆象山本人对杨慈湖的评价。“本心之问”似乎已经是一个不需要再讨论的问题,但是,

---

① [宋]杨简:《慈湖先生遗书》卷十四《家记八》,《杨简全集》第八册,浙江大学出版社 2015 年版,第 2166 页。

在为众多研究者所引用的杨慈湖与陆象山二人关于"本心"的问答之中,多数学者都忽略了一个慈湖在听到象山答案之后的细节之处,而恰恰是这一细节最能为我们重新审视二人的思想关系提供线索。为了方便言说,姑且不厌其烦,将三个不同文本对"本心之问"的记述分别引述如下,并从中得到一些关于"本心之问"的新见。

《象山年谱》这样记述"本心之问":"四明杨敬仲时主富阳簿,摄事临安府中,始承教于先生。及反富阳,三月二十一日,先生过之。问:'如何是本心?'先生曰:'恻隐,仁之端也;羞恶,义之端也;辞让,礼之端也;是非,智之端也。即此是本心。'对曰:'简儿时已晓得。毕竟如何是本心?'凡数问,先生终不易其说。敬仲亦未悟。偶有鬻扇者讼至于庭,敬仲断其曲直讫,又问如初。先生曰:'闻适来断扇讼,是者知其为是,非者知其为非,此即敬仲本心。'敬仲忽大觉,始北面纳弟子礼。先生尝语人曰:'敬仲可谓一日千里。'"[1]

《遗书·象山行状》的记述则如下:"简时摄事临安府中,始承教于象山。及反富阳,又获从容侍诲。简一夕发本心之问,先生举是日扇讼是非以答,简忽省此心之清明,忽省此心之无始末,忽省此心之无所不通。"[2]

《遗书·祖象山先生辞》中对此事则是如此记录:"壬辰之岁,富春之簿廨,双明阁之下,简问本心,先生举凌晨之扇讼是非之答,实触简机,此四方之所知。至于即扇讼之是非,乃有澄然之清,莹然之明,匪思匪为,简实有之。此岂惟简独有之?举天下之人皆有之。"[3]

"本心之问"在学界向来名声响亮、知者甚众。但是,"本心之问"的发生发展并非一次性完成的,它是杨慈湖等人与陆象山相互讨论交谈,集聚良久之后的产物。陆九龄在《与学者书》中记述了"本心之问"发生的前前后后:"子静入浙,则有杨敬仲、石崇昭应之、诸葛诚之、胡拱达材、高宗商应朝、孙应时季和从之游,其余不能悉数,皆亹亹笃学,尊信吾道,甚可喜也。象山六月二十九日复如富阳,七月初九日舟离富阳,以十六日至家。"[4]按照这一记述,杨慈湖与陆象山至少这次相聚了十余日,相与讨论辩难切磋学问自然无可避免。由此我们也可以确认,"本心之问"不是简单的一次性问答,而是在

① [宋]陆九渊著,钟哲点校:《陆九渊集》卷三十六《年谱》,中华书局1980年版,第487—488页。
② [清]冯可镛、叶意深:《慈湖先生遗书》卷二十二《慈湖先生年谱一》,《杨简全集》第十册,浙江大学出版社2015年版,第2367页。
③ [清]冯可镛、叶意深:《慈湖先生遗书》卷二十二《慈湖先生年谱一》,《杨简全集》第十册,浙江大学出版社2015年版,第2368页。
④ [宋]陆九渊著,钟哲点校:《陆九渊集》卷三十六《年谱》,中华书局1980年版,第488页。

足够"思想准备"和相互之间充分了解基础之上的"问"与"答"的升华。

回到具体的文献记载,若是我们不加以仔细判断,上述所引三处谈论"本心之问"的文字表面看来是在讲述同一件事情,但是实际的情况却远没有那么简单。《慈湖先生遗书·象山行状》《慈湖先生遗书·祖象山先生辞》两篇文献中的记录相对简略,而《象山年谱》的记载则比较详细,把慈湖与象山之间的思想交流和反复辩难作了清晰描述,也讲到了慈湖听闻象山的提点之后的最初反应,还谈了陆象山对杨慈湖学问的评价。对于《象山年谱》中的文字,有两处需要特别注意。其一在于慈湖听到象山回答"本心"之问以后的反应,所谓"简儿时已晓得。毕竟如何是本心?"这并非表明象山的回答不高明或者有什么不对的地方,而只是说明象山给出的答案在慈湖那里早就已经有了,甚至自其儿时便已经晓得。这不得不说慈湖实际上早就已经开始考虑"本心"这一问题,在见到象山之前便已经有了答案,只是他自己并不能完全肯定那一答案到底对不对。其二便是在象山反复用同样的答案来教导并经扇讼事件点拨以后慈湖的反应,即所谓"敬仲忽大觉",这表明慈湖认可象山关于"本心"的答案,是在慈湖"觉"了以后的事件,慈湖不"觉"则终不能向象山执弟子礼。考虑到了这两点,便不难看出,慈湖对于"心"之思考,实际上分了许多层次,对于如何是"本心",他接受了象山的"本心"是伦理道德之心的解释,但是对于"心"的其他层面的含义,慈湖显然比象山考虑得更为周全,范围更加广泛。"本心"之问只是慈湖对自己关于"心"之理解的一个层面含义的确认,他从此对"本心"便不复有任何疑虑。

但是杨慈湖的思考尤其是他关于"心"的考量绝非止于"本心"之伦理道德一个层面的含义,而是比象山又有所推进,这在我们引用的《慈湖先生遗书》之《象山行状》和《祖象山先生辞》中的两段文字中便可见到。一则谓"此心之清明""此心之无始末""此心之无所不通";二则谓"澄然之清、莹然之明、匪思匪为"。这是慈湖著作中对"心"的两处具有代表性的描述,此处慈湖所理解的"心",其范围广大,清明无际,甚至无所不知。对"心"的如此解释,我们在象山那里是绝少见到的,而且慈湖作出如此之思考,也并没有从象山那里获得什么提醒和启发。故此除去将"心"解释为伦理道德之心以外,单单就对"心"的理解和阐释发挥而言,慈湖比象山走得更远、理解更深,而且慈湖的脚步也并非步象山之后的,此为我们了解慈湖与象山思想关系时所应首要明了的一点。

就陆象山对杨慈湖的评价而言,他评价慈湖的话不多,可供使用的资料并不丰富,我们上文引用的"敬仲可谓一日千里"是较为重要的一个评价。

即使是这一句评价,似乎也足以证明慈湖在见到象山之前其思考的广度与深度,不然如何真的会一日千里?在"大觉"之前如果从未对相关问题做出任何思考,会有"觉"之成果吗?另外,学术界对杨慈湖思想的研究解读,不约而同地忽略了象山在评价慈湖之学时的另一句简短却有决定意义的话,即象山所言:"我不说一,杨敬仲说一,尝与敬仲说箴他。"①实际上,象山并非不说一,象山亦曾言:"盖心,一心也;理,一理也。至当归一,精义无二,此心此理,实不容有二。故夫子曰:'吾道一以贯之。'孟子曰:'夫道一而已矣。'又曰:'道二,仁与不仁而已。'如是则为仁,反是则为不仁,仁即此心也,此理也。"②陆象山在这里说"一",指的是东海西海、心同理同的那个"一",就是说陆象山觉得天下万"心"乃一心,世间万"理"为一理,在这里陆象山并没有将"一"作为万物本质和宇宙的终极实在,而只是数量上的"一"。如此看来,象山对慈湖之思想作出"杨敬仲说一"的评价是有原因的,其主要也是最重大的区别即在于慈湖确实反复谈"一",而且其含义与象山之所谓"一"大不相同。根据慈湖的著作,"一"在慈湖那里可被理解为整全性的存在者整体,这样一来慈湖的思想就根基牢固了。我们曾经谈到过,慈湖的"心"在许多时候"觉"到的就是这个"一"。而象山的"一"则只有"一个","不是两个甚或更多",不是"整体的一"的意思,这也是慈湖与象山思想的重大差别之处。

上文我们详细讨论了杨慈湖之学与孟子思想和陆象山思想之间的相似之处与相异之处。沿着杨慈湖与陆象山之间的相似之处,两人思考的问题和得到的答案差别并不明显。而若是看两人之间的相异之处,则杨慈湖思想的独特性就会充分地表现出来,这是我们重新理解慈湖的一个重要关口。经过上述分析,一方面我们会明了杨慈湖思想并非简单地重复陆象山的思想而是别有洞天,另一方面我们会提出新的疑问,杨慈湖花大力气批评孟子之思,难道他对原始儒家的思想就没有一点借鉴继承而全是自己的独创吗?在下文我们就会看到,在对儒家思想的解读和对儒学文本的解释上,慈湖不同于当时学者之最大处,在于他对心目中的圣人孔子之思想的独到理解。杨慈湖解释孔子思想,在今天看来显然属于义理派而不是考据派,尽管他偶尔也使用一些训诂的手段。经过杨慈湖的解释,我们便重新发现了孔子思想的另一种"世界",正是在解释孔子思想的过程中,慈湖展露了他鲜明的追随圣人脚步的思想轨迹,其著《先生大训》便为我们呈现了这个独特的意义"世界"。

---

① [宋]陆九渊著,钟哲点校:《陆九渊集》卷三十五《语录下》,中华书局1980年版,第459页。

② [宋]陆九渊著,钟哲点校:《陆九渊集》卷一《与曾宅之》,中华书局1980年版,第4—5页。

3.2　即孔子而思：圣人意义世界的开显

在杨慈湖流传下来的诸多著作中，《先圣大训》无论在内容上还是言说方式上都显得颇为特别，这部书是慈湖以"'一'—'心'—'觉'"之动态结构来重新解释儒学文本的重要著作，惜乎以往的慈湖研究者们对它重视不够，而只将它作为一般意义上的解经作品。明代张翼轸对此书褒扬有加："吾朝有《皇明宝训》，凡祖宗语无一不书，今慈湖有《先圣大训》，凡宣师语无一不备。得《宝训》而治统明，得《大训》而道统著。此于经世功相表里。非小补也。"①将《先圣大训》位列彰明儒家道统的重要地位，足见其重要性。

《先圣大训》共六卷55篇，钱时这样记述本书刊订的原委："其（杨慈湖）归自胄监也，家食者十四载。筑室德润湖上，更名慈湖。……始取先圣大训间见诸杂说中者，刊讹剔诬，萃六卷，而为之解。"②此处钱时不但解释了后世称杨简为"慈湖"的原因，也对《先圣大训》如何纂集作了说明。在这部书中，慈湖主要选取《孝经》《论语》《易》《春秋》《孟子》《中庸》《大戴记》《礼记》《孔丛子》《孔子家语》等文献中关于孔子之言语和行为的记录来加以解说诠释，尽出己意，尽管有些摘记在今天已经找不到其他的例证可以证明是属于孔子的言行，但是起码慈湖本人对此毫不怀疑。杨慈湖之《先圣大训》，我们加以总结概括，包含以下诸多内容。

在关于世界本质、万物根源的看法上，杨慈湖认为"道"通为"一"。慈湖此次所做的经典解释工作，其解释方式不同于前人和当时学者，慈湖由"一"这一观念出发，提出了"六经一经""六经一旨"的解释原则，并在此基础上全新疏解孔子之言，解释孔子之行，认为孔子之一切言语行为都没有任何问题，如果有错，那也只是后学解释和理解之错，孔子本人则是完全正确的。且看慈湖说道："圣言则一，而记者不同也，又无惑乎！承舛听谬，遂至于大乖也。夜光之珠久混沙砾，日月之明出没云气，不知固无责，有知焉而不致其力，非义也。是用参证群记，聚为一书，刊诬阙疑，发幽出隐，庶乎不至滋人心之惑。"③在慈湖看来，按照他本人的理解来诠释孔子之言行是他义不

---

① ［明］张翼轸：《先圣大训序》，《杨简全集》第六册，浙江大学出版社2015年版，第1808页。

② ［宋］钱时：《慈湖先生遗书》卷十八《宝谟阁学士正奉大夫慈湖先生行状》，《杨简全集》第九册，浙江大学出版社2015年版，第2284页。

③ ［宋］杨简：《先圣大训序》，《杨简全集》第五册，浙江大学出版社2015年版，第1357页。

容辞的责任,并且他确信自己对"圣言则一"的解释合乎孔子原意,足以解后世误解孔子之弊。慈湖对孔子言行的重新解释是否达到了他自己的预期,现在看来是有疑问的,我们并未见到这部作品在后世产生了多少大的影响,一般的宋明理学家在讲到自己的读书经历时,几乎未见有人提及这本书。不过即使到了清代,四库馆臣也还是对《先圣大训》给予很高评价:"然秦汉以来百家诡激之谈、纬候怪诞之说,无一不依托先圣为重,庞杂芜秽,害道滋深。学者爱博嗜奇,不能一一决择也。简此书削除伪妄而取其精纯,刊落琐屑而存其正大,其间字句异同、文义舛互者,亦皆参订斟酌,归于一是,较之薛据《集语》,颇为典核。求洙泗之遗文者,固当以是为骊渊矣。"①四库馆臣专门做整理文献的工作,对收录的典籍都仔细阅读过,对慈湖这部《先生大训》给予了较高评价。伪托先圣之言自古以来不是稀罕事,但是慈湖的《先圣大训》却可以在诸多的烦琐文字中除妄取精、祛邪留正,乃历史以来儒家遗文搜集整理作品中颇具价值的一部书。四库馆臣认为,《先圣大训》至少可以作为后世学者读书学习的一部基本文献,具有很高的可读性。

杨慈湖所称的"先圣",指的就是被看作中国文化圣人的孔子。对于"圣人",我们大约可做两个层面的理解:其一,圣人是古代历史上真实存在过的英雄人物,他因自身的学问、修养、品德和功业而在死后获得不朽。其二,圣人只是一个象征性的符号和最高理想状态,是人在具体的社会生活中对自身所要达到之人生境的一种对象性投射,是人应该为之不懈努力的目标,尽管不一定人人都能够达到。在杨慈湖的思维世界里,他心目中的圣人真实存在过。如《先圣大训》卷一言:"总要万物,穆穆纯纯,其莫之能循。若天之司,莫之能职,百姓淡然不知其善。若此,则可谓圣人矣。"慈湖对此段文字疏解曰:"圣人之事大矣,于事无所不尽,则于道无所不尽。贤人虽得道而未尽,故于事犹有未尽。贤人未能测万物之情性。事即道,名殊实一。人心自神自灵,自清明,自广大无际量,自无所不通,自无所不照。"②按照这里的解释,在慈湖看来,人大约可以分成圣人、贤人和一般人三类。圣人无所不知、无所不通、无所不能,功业煌煌但又不会以此居功。相比较而言,贤人就不那么全能了,顶多算是个半吊子的悟道者,于人之性未能窥测全部。一般人就是如你我这般的普通人。在杨慈湖看来,孔子已经是一个圣人,孔子悟

① 四库馆臣:《四库全书·先圣大训》提要,《杨简全集》第六册,浙江大学出版社 2015 年版,第1810 页。
② [宋]杨简:《先圣大训》卷一《五义第四》,《杨简全集》第五册,浙江大学出版社 2015 年版,第1412 页。

到了宇宙人生之真相,因此他的一言一行都是圣言圣行。慈湖以为,无论哪一类人,他们都有一个共同点,"心"本自神明妙用、清明广大而无所不通。他在这里谈论圣人、贤人、凡人的分别时,找到了"心"这个基础性的共同点,这与他一贯以来的思考一致,从"心"出发,万物归于一"心"。

《先圣大训》第一卷为名为《蜡宾》,这部分文字在内容上与《礼记》的《礼运篇》一致,是讲古礼、礼制等内容的结集。杨慈湖之所以不用《礼运》作为篇名而用《蜡宾》,是因为在他看来,《蜡宾》这个名字符合孔子的本意,他说:"孔子言礼本大一,分为天地,转为阴阳,变为四时,列为鬼神,行之以货力、辞让、饮食、冠昏、丧祭、射御、朝聘。又言夫孝,天之经,地之义,民之行,皆谓名殊而实一,道无精粗。今名《蜡宾》,庶不分裂害道。"①慈湖以为,从"道"的角度来看,称《礼运》篇为《蜡宾》才符合"道"的完整性,孔子所悟得的宇宙人生之道,从"道"的角度来看,总括而言就一个"一"字,故此连孔子在做完陪祭官后出游时的一声叹息,在慈湖这里都别有深意。慈湖说:"孔子曰:'吾道一以贯之。'孔子之心即道,其言亦无非道。举六合、通万古,一而已矣,无他物也。喟然而叹,叹道之不行也。后虽言鲁之郊禘非礼,亦所以明道也。为道而叹,非为鲁而叹。小戴不知圣人之心,今无取。"②孔子之叹,在于对"道"之不明的深深忧虑而非对"礼"之不行于天下的不满。杨慈湖对孔子"一贯之道"的理解显然有超迈前人之处,不再是什么"有个总的原则"之类的意思,而直接就是心灵存在状态在某一瞬间的整体直接呈现。在慈湖看来,"心"包含宇宙间一切的道理,所以"心即道"。基于这个基础,所谓"礼"的一切表现形式就只能是"心"之不同维度的展现,故此慈湖才会说:"孔子言礼本大一。""礼而著,其人心之本义,则礼非虚文,皆道心之正用。"③"礼即心,心即道,即大一,即天清明,无所不照。"④在慈湖这里,"心""道"与"一"是一回事,圣人依"心"而发的一切言论,一切行为,无非都是为了说明作为"一"的这个"道",因此慈湖说:"至哉圣言!其循循善诱,善启导人心如此。将发挥人与天地阴阳五行本一之妙,故言天阳地阴,同播五行于

① [宋]杨简:《先圣大训》卷一《蜡宾第一》,《杨简全集》第五册,浙江大学出版社 2015 年版,第1358 页。
② [宋]杨简:《先圣大训》卷一《蜡宾第一》,《杨简全集》第五册,浙江大学出版社 2015 年版,第1358 页。
③ [宋]杨简:《先圣大训》卷一《蜡宾第一》,《杨简全集》第五册,浙江大学出版社 2015 年版,第1361 页。
④ [宋]杨简:《先圣大训》卷一《蜡宾第一》,《杨简全集》第五册,浙江大学出版社 2015 年版,第1373 页。

四时,则天地一矣;五行和而后月生,即三五十五之数证月,即五行之和,则五行与月又一矣;木气动则水气竭尽,火气动则木气竭尽,五行虽相竭而回旋无穷,则知实不竭尽,继言五行、四时、十二月还相为本,则五行未始不一,而四时、十二月亦一矣。又推之于五声、六律、十二管还相为宫,则五声、六律、十二管又一矣;又推之于五味、六和、十二食还相为质,则五味、六和、十二食又一矣;又推之于五色、六章、十二衣还相为主,则五色、六章、十二衣又一矣。又言人者天地之心,则古志所云生天生地,于是益信矣!人者,五行之端。端,犹本也。自天地由我以生,而况于五行乎?继言人食味、别声、被色而生,则人又与五声、六律、十二管,五味、六和、十二食,五色、六章、十二衣,通合而为一矣。此皆助明乎一,循循渐诱至于此。自此而推,则万殊无不通一。呜呼!人自生而执如此者为我,如此者为物,如此者为天为地,自此纷然,牢不可解,不悟吾心之本无际畔,天地、日月、四时、鬼神、人物,万化万事,万理通一无二。"①杨慈湖在这里大加发挥,天地、五行、四时、十二月、五声、六律等等,都是"心""道""一"某一个方面的呈现或者在某一个时间段内的显现。按照慈湖的理解,人之"心"无遮蔽、无障碍而通于天地四时、万变万化,就这个角度而言,天下万事万物可以融通为"一",这种统一消弭了事物具体形态的千差万别,在人心所到之处便没有差别,而是"万物齐一"。然而这种"万物齐一"之整体感受的获得,并非一蹴而就,而是如慈湖所言"此皆助明乎一,循循善诱至乎此",也就是说,要把握"一",就要经历时间,是需要一个过程的。这个过程,也就是宋儒常说的工夫和修养过程,只不过修养的方法不容易把握,没有个固定的程式可供参考,全凭一"心"之力。但是只要人之"心"念始终着落于万事万物的整全之体而不是具体个别的事事物物,"自此而推",最终总可以获得那个作为存在者整体的"一",这是慈湖借由分析疏解孔子之言论而得出的一个结论,也是在这个结论的基础上,杨慈湖所理解的孔子形象并不同于历史上以往的圣人形象,让我们觉得很是新奇。

在关于语言、言说的理解上,杨慈湖重视圣人之言的神圣性并分析了言语的"能"与"不能"。在慈湖的思想中,圣人之教万世无蔽,后世学者因为不能深深体会圣人之意而离圣人之道越来越远。圣人的言语是圣人传授其道的载体,如果不能从根本上明了圣人言语的含义,那是无论如何也不会明白以至于最后通达圣人之道的。那么,在杨慈湖的理解里,"孔子之道"到底又

---

① ［宋］杨简:《先圣大训》卷一《蜡宾第一》,《杨简全集》第五册,浙江大学出版社 2015 年版,第1379 页。

是什么呢？

如前所述，即便是孔子的一声叹息，在杨慈湖的眼中也别有意味。慈湖认为，所谓的圣人之道、圣人之言，说到底都在表现圣人的"心"，只要是从圣人"心"中流出的，就无往而非"道"，这个"道"说到最后同样可以用"一"来描述，但是要明了"一"与"道"的关系，那可就太难了。因此孔子之叹，只在于喟叹忧虑"道"之不明不行，而不在于为鲁国感叹。慈湖如此注释孔子之叹，从根本上改变了历来儒家学者对孔子言语和行为的一贯看法，在慈湖的眼中孔子的言和行不仅具有具体行为的含义，更重要的是它们时时刻刻都在表现圣人之道，这就超越了历来关于孔子言行之具体语境中其含义的纠葛，而从根本上也就是从"心"上直接把握圣人的道，这样的做法简洁明了而又"直指人心"，从而也是把握圣人之道的最好方法，尽管不是最容易获得结果的方法。因此慈湖以为孔子批评小戴，只批评他不明了圣人之"心"，而并不在细枝末节或者文字训诂上多加描绘。

既然圣人之言是圣人之道的载体，要想在社会领域实现圣人之道，就必得有体现实现圣人之言的具体方式，在杨慈湖这里，这一具体的方式就是促使"君道"完全实现，否则圣人之道是无法落实于生活当中的，在《先圣大训卷一·蜡宾第一》中，有这样一段文字：

> 天生时，地生财，人其父生而师教之。四者君以正用之，所以立于无过之地。君者，人所明，非明人者也；人所养，非养人者也。

这段文字对天、地、人、君各自的地位及功能作出了解释，尤其指出"君"在社会共同体中所享有的独特地位。杨慈湖对此段作了这样的注释：

> 《易》曰"观民"，《书》曰"养民"，而此曰君者非明人，非养人，何也？此明乎君道也。人君清明在躬，无所不照，中心无为，而人民皆视上之所好恶而从之矣。君失其清明无为而汲汲乎外，则反不能观民养民矣。清明照临，自能观养。圣言当通其旨。

在此处，"君"处于天、地、人、师序列中的高端位置，"君"由众人所养，在社会共同体中对众人起到指引方向的作用。那么"君"怎样指引大众或者"君道"如何实现呢？杨慈湖同样并未纠缠于所谓"观民"与"养民"的具体行为上，而是从更高的层次直接诉诸"道"。为君者怎样才算有道或者说怎样才不偏离圣人之道呢？杨慈湖以为其根本之处还在于"不假外求"，即是说，为君者不必热衷于外在事功的追求与建立，而只要从内也就是从"心"上做到"清明在躬""中心无为"，君道就在其中，也就可以实现了。而因为"圣言当通其旨",圣人之言与君道之内在意旨具有高度一致性,君道实现的同时,便是圣人之道的实现和落实。如此看来,慈湖所主张的圣人之道的重要实现方式便是从"心"出发的君道的落实和实现,并非如一般儒家学者所主张的实行所谓的"仁政""善待百姓"等外在的手段。

　　表面看来,杨慈湖这样的方法似乎老旧迂腐而无甚新意,但是在慈湖这里,这种方式却并没有那么简单,因为慈湖这一主张或者思想的出发点在于:人人本有的"心"在根本上说,其未曾发动流行之时,本就与圣人之心或者圣人之道无异,之所以圣人的道是道而普通人远离了它,就在于普通人在后天的生活中不再具有保有本然之心的能力。这种能力的重新获得过程本身就是通往圣人之道的光明通途。在社会共同体中,君更有能力来回复到"心"的本质状态,一旦君做到了或者做得很好,其指引作用、示范作用就会大大地发挥出来,从而带动整个"普通人"群体,共同找回自己的本然之心。每个人本然之心的重新找回或者"自能观养"能力的获得,就是实现了圣人之道或在通往圣人之道的途中。因此,慈湖的方式是最简单的,即便对于君,套用今天的话来说,只要自己做得好,世上的事情就没有什么做不好。对于君来说,国家治理和社会治理,不必向外求索,只要追回自己的本有之心,使它如其所是地自然呈现,社会就治理好了,这样的话圣人之道难道还会不实现吗?因此,在慈湖的思想里,孔子之言体现了圣人之道,而孔子之言,也暗含了人人本有清明之心的意思,此即他所谓"此皆孔子之言,可以证吾心之同然。人皆有此至广至大至神至明之性,而自不知不信也!"[①]一旦人自知自信,发动了自身内"心"的神明广大之"性",圣人之道便立刻现前。也就是说,圣人之道不必向外求,只要向内寻找,因为圣人之道内在于每个人的内心,不在外物,不在周围环境,更不在外在事功。这一主张,没有点修为和反复用力体会琢磨,是无法提出的。后来,王阳明在学做圣人的过程中,最终体会到的是"圣人之道,吾性自足,不假外求"[②],与慈湖在此处的主张倒是颇为相似,很有点异曲同工之妙。

　　在杨慈湖的眼中,作为圣人的孔子就颇有启发君主甚至"得君行道"的本事,从而能使圣人之道就在君以及普通人的日常生活中展现表达出来。慈湖尝言:"至矣哉,孔子之善于启道其君也!惟其知道也明,故其告君也的。道在不远,人心之所自有,其发于夫妇、父子、君臣之间,甚著也。顾昧

---

① [宋]杨简:《先圣大训》卷一《蜡宾第一》,《杨简全集》第五册,浙江大学出版社 2015 年版,第 1378 页。

② [清]黄宗羲著,沈芝盈点校:《明儒学案》卷十五《姚江学案》,中华书局 1985 年版,第 180 页。

者日用而不知,夫妇之际,人多流于色,然有道焉。其相亲相爱,皆道也。其流入于色,则不敬矣。爱而敬,则不失其道,则夫妇者,天地之大义,政之大本。"①慈湖认为圣人之道离人并不遥远,就内蕴在每个人的"心"中,当社会生活和社会交往展开时,就在日常人伦之间。所谓的"夫妇、父子、君臣"之间,就是道德人伦的主要展现之处。任何符合于日常人伦的行为和活动在慈湖的眼中都符合道,当然此时的道不一定就是作为整体的"一",而应该是"道"之展现的其中一个方面或一个层次,这一个方面或者一个层次与"道"的关系,就好像一瓢水和大海里的水的关系。从总体上看,大海是一体的,是"一",任何从大海中舀取的一瓢水都是大海的一部分,但是当它被舀出以后,它又是相对独立的,倒回大海后又与大海融为一体。"道"与君道、"道"与日常生活之道之间的关系,便可作如是观。

尽管圣人之言是圣人之道的直接载体,但是杨慈湖以为如果盲目或者固执地执定执着于圣人之言也行不通,那样会离圣人之道越来越远,而不能得道。慈湖说:"圣人之言不可以一定论也,或曰礼乐之原,或曰五至,或曰三无,或曰致,或曰行,纵而言之,错而论之,无不可者。圣人曰五至虽益,而曰六曰七可也;圣人曰三无虽益,而曰四曰五可也。"②即是说,慈湖以为圣人之言随境所设,并不拘泥于特殊的形式和任何具体的文字,任何以圣人之言为定论,或者把圣人在此处所说之言放到彼处的想法和做法都与圣人之道相距甚远。这颇有点"一切以时间、地点和条件为转移"的味道。但不论如何,杨慈湖以为圣人之言传递了圣人之道,但是因为"道"之发用流行会呈现出众多不同的面相,故此不能拘执圣人之言的谆谆告诫也同样值得我们重视。

杨慈湖以为,圣人之言的另一个重要功能就在于它能破除人心固有的一些迷惑,从而使得本然清明之心显现出来,使人内在的光辉德性充分显扬出来,慈湖如此说道:"至哉圣言!其善于明德如此。于行当言贤不肖,于明当言知愚,今也反之,苟非洞达大通,奚以至此!所以洗人心之固碍也,曰道,曰中庸,姑假以启人心,皆所以去人之碍,破人之意。意破碍去,而吾本有清明、无思无为、无意无我之妙,昭昭矣!"③杨慈湖以为圣人之言可以明

① [宋]杨简:《先圣大训》卷一《哀公问第二》,《杨简全集》第五册,浙江大学出版社2015年版,第1398页。
② [宋]杨简:《先圣大训》卷一《孔子闲居第六》,《杨简全集》第五册,浙江大学出版社2015年版,第1422页。
③ [宋]杨简:《先圣大训》卷三《中庸第十九》,《杨简全集》第五册,浙江大学出版社2015年版,第1520页。

德,可以祛除人心之痼弊,破除私己之意。我们上文刚刚说过慈湖主张不能拘定于圣人之言,而此处慈湖似乎又在特别强调圣人之言的去疑破意之功能,看似矛盾,实则二者亦是一事。如果真的有人因一读圣人之言而悟道,那我们除了承认他是"上根之人"而外,就没有更好的解释了。但是对一般人而言,反复听到圣人的某句言语或者多次听到圣人的言说而悟道,则是相对而言比较正常的情况,这也应了"芸芸众生"这个词的意思,而这样的悟道方式就类似于佛教讲的"渐修"。"渐修"本身是一个循序渐进的过程,不可能一蹴而就。譬如要了解佛教,绝大多数人都是从认识开始,再到发愿、持戒、布施、修行、觉悟等过程,需要较长的时间。修行的本质,就是不断除污断欲,使"本来面目"显现的过程。神秀法师说得好:"时时勤拂拭,莫使惹尘埃。"在获得本相的路途上,要时时小心,步步在意。一不小心,就容易着相,就容易"误入歧途",佛教为此专门讲不着相的法门。而杨慈湖则认为圣人之言足以"洗人心之固碍""破人之意",可谓简易直截,直达本质,有点太过快速,在领会圣人之言而直指心源这一点上,确非常人能及。

另一方面,杨慈湖并没有认为所有的"言"都可以传达圣人之道。在一般的意义上而言,除了圣人之言,普通的言语并不具有传道的功能,这就涉及杨慈湖思想中有关言语、语言的"能"与"不能"问题。在慈湖看来,世界上的事物之所以千差万别,主要是因为千差万别的事物之名称给人们造成了理解上的隔阂。《先圣大训》卷一《孔子燕居》谈到言语问题时说:"是故古之君子,不必亲相与言也,以礼乐相示而已。"慈湖对此注解道:"言以启人,因言而后生名,而人以名而致惑。天下之名众矣,不可不思其故也。"①在杨慈湖的眼里,事物因言说而获得名称之后,反倒是造成了人们对事物做出如其所是之理解上的困难。比如说,所谓的道、德、仁、礼和乐,在慈湖看起来只是名言称谓上的不同,名称有别,而实际上是一回事。杨慈湖接着说:"曰道曰德,曰仁曰义,曰礼曰乐,悉而数之,奚有穷尽?所谓道者,圣人特将以言夫人所共由、无所不通之妙,故假借道路之名以名之,非有实体之可执也。所谓德者,特以言夫人之直心而行者,即道之在我者也,非道之外复有德也。所谓直心而行,亦非有实体之可执也。仁者,知觉之称。疾者以四体不觉知为不仁。所谓仁者,何思何虑? 人心虚明,如月之照,是亦非有实体也。礼者,特理而不乱之名。乐者,特和乐而不淫之名。以是观上数名者,则不为名所惑。不为名所惑,则上数名者,乃所以发明本无名言之妙,而非有数者

---

① [宋]杨简:《先圣大训》卷一《孔子燕居第五》,《杨简全集》第五册,浙江大学出版社 2015 年版,第 1416 页。

之异也。是故道即礼,礼即乐,乐即《诗》《书》《易》《春秋》。"①在这段文字中,慈湖除了表达了上文曾经提到过的万物为"一"的思考而外,又着重说明世间万物,"非有实体可执",就是说万物之不同乃在于人们从不同角度赋予了他们不一致的名称,言语或者名称的功能只在于让人们在具体对待事物时有个入手处,而并非要人们执着于此物或者彼物,就此而言,即便是被前人称为"六经"的《诗》《书》《礼》《易》《乐》和《春秋》,也无非都是一回事,名称有别,其本则一。

因此,杨慈湖以为从"道"的角度来说,六经是相通的,六经一旨,绝无二意,对此慈湖言:"某敬惟《易》《诗》《书》《礼》《乐》《春秋》,一也。天下无二道,六经安得有二旨?"②在杨慈湖看来,言语在某些情况下起不到任何作用,这一主张类似《庄子·秋水》中所讲:"可以言论者,物之粗也;可以意致者,物之精也;言之所不能论,意之所不能察致者,不期精粗焉。"庄子认为语言文字无法准确地表达、描述那个"道"。杨慈湖的这个观点也很像我们今天谈论的"语言的无能"之类的话题,语言应该对不可言说者保持沉默。但是我们又不能对外境、对外境之本质无动于衷,言语不能尽的地方,又如何领会事物,获得对事物一定程度的知解呢? 杨慈湖以为,就只有靠"心"通了。慈湖在注解"宾入大门而奏《肆夏》,卒爵而乐阕,孔子屡叹之"时说道:"此记与上章之旨同。此不可以言语解,惟心通者自知自信。"③又说:"言大小之不等尔,不以大易小,以为喻尔,非果弗与也。子曰:'吾无行而不与二三子者',但此道可以心通,不可以言授。"④慈湖在这里又一次引进了"心"无所不能的强大功能,在面对无法用言语表述清楚的仪礼之内在意义和价值的时候,只能发挥"心"的作用,这就有点只可意会不可言传的味道了。在不能解释或无法用语言传递清晰含义时,"心"以其无所不知的强大功能再次对事物有所体知。但是我们要说,这样的体认或体知,只具有千差万别的个体性,并不具有一般的公共性,这里只有个人体悟,而无法形成公共价值。作为公共生活的价值起点,只能从差别性中寻找共同性,而不是从共同性出

---

① 〔宋〕杨简:《先圣大训》卷一《孔子燕居第五》,《杨简全集》第五册,浙江大学出版社 2015 年版,第 1416 页。

② 〔宋〕杨简:《慈湖先生遗书》卷一《春秋解序》,《杨简全集》第七册,浙江大学出版社 2015 年版,第 1844 页。

③ 〔宋〕杨简:《先圣大训》卷一《孔子燕居第五》,《杨简全集》第五册,浙江大学出版社 2015 年版,第 1419 页。

④ 〔宋〕杨简:《先圣大训》卷六《子路问第四十七》,《杨简全集》第六册,浙江大学出版社 2015 年版,第 1743 页。

发推导出个体性。

在关于儒家的两个重要概念也是社会生活中两个核心概念"仁"与"礼"的理解上,杨慈湖认为圣人之"仁"与"礼",渊源有自并且实际上是一体的。这两个概念在杨慈湖的思想中也同样被重视,只不过,慈湖对此二者的解读,自有其渊源于本身思想的独特之处。在杨慈湖看来,孔子言礼,并非仅仅讲各种各样的具体的礼,而是会追问礼的根源,追问礼到底是怎样起源的,这个根源是什么呢?慈湖说:"孔子言礼本大一,分为天地,转为阴阳,变为四时,列为鬼神,行之以货力、辞让、饮食、冠昏、丧祭、射御、朝聘。"①慈湖认为在孔子那里,"礼"有本有源,这个本源慈湖称之为"大一",在"大一"的统摄之下,礼的具体方式和存在样态才是合理的。"大一"这个概念在慈湖的思想中谈到的并不多,慈湖倒是经常谈起"一"。我们可以推论,其实所谓的"大一",是对世间万物之最初存在状态的一种更加细致而深刻的描述。也就是说,慈湖在此处提醒我们,任何一种事物的存在都必定有它最初的根源,当我们来谈论或是使用它的时候,除了关注它的具体存在和运行方式而外,对其本源的着意与考量亦不可少,这倒不是因为对本源的关注比对具体方法的关注更加重要,而只是因为在慈湖的思想中,追寻本源之思考一直贯穿于他各个方面的思考当中,已经内化成慈湖自身的思维结构的一部分,在面对"仁"和"礼"时,"寻根究底"也就不可避免。

对"礼"的本源及其在社会生活中的展开的分析在杨慈湖这里是比较明晰的,那么,为什么人在生活中需要"礼",或者说"礼"是怎样产生的呢?杨慈湖认为,"礼"产生的根源在于人类社会保持正常生活秩序的需要。他说道:"自天下为家以来,风俗寝不如古,故礼制益立,以防民之非。圣王制礼,皆因人心着其本义,《纪》言其详矣。以其有不正不笃、不睦不和者,故立礼以正之、笃之、睦之、和之,以人欲滋炽,故制度滋设;以侵争者众,故立田里以息争。"②在慈湖看来,即便是圣王制礼,也同样有一个依据,这个依据便是人"心"。按照杨慈湖的观点,人心本善,本清明无体,本周流六虚。圣人制礼时依据的人"心"就是这个清明本善、人人自有的"心",否则的话人人都来遵守礼或者按照礼制的规定来行事就缺乏基础性共通性的根据。当然在此处,慈湖仅仅是就"礼"的息人欲、睦邻里的功能而言的,实际上"礼"一旦

---

① [宋]杨简:《先圣大训》卷一《蜡宾第一》,《杨简全集》第五册,浙江大学出版社 2015 年版,第 1358 页。

② [宋]杨简:《先圣大训》卷一《蜡宾第一》,《杨简全集》第五册,浙江大学出版社 2015 年版,第 1360 页。

被制定出来,其功能绝非仅仅局限在某一时某一处,故此慈湖会在不同的场合,谈到"礼"的各种功能。比如就整体的情况而言,孔子制礼的最大功能之处在于明本正心,慈湖有时也以"人性"一词来表达这层意思:"孔子以明礼之急。礼即天之道,人性之所同。有情动于邪,始失本有之正,故先王治之,使复其正。"①这段话虽然不长,但包含的意思十分丰富。慈湖说明了作为圣人的孔子看到了人类社会"无礼"的危害性,故此不得已制礼。而孔圣人制礼,其最终的根源乃在于天之道,这个天之道,由于人性或者人心的相同因而人人都能体会。社会或者个人"失礼",其原因在于"情动于邪"。本来在慈湖的思想中,人心若是不曾"起意",其存在状态就是清明、虚灵、本善的,但是为什么又会出现与此相疏离的状态呢? 由于"情动于邪",在面对纷繁复杂的外境之时,人之意念总会有所附属、有所挂碍、有所攀附,人心就不免于物欲了,正因为如此,"先王"之本职就在于正人心,使人从物欲当中超离出来,去找回那个本有之善"心",复归到清明状态。

杨慈湖之言"礼",在通常的情况下,经常把"礼"和"仁"放在一起来加以考察。众所周知,"礼"与"仁"乃是孔子学说中至关重要的两个概念,以至于到了今天人们对于孔学之核心概念到底是"仁"还是"礼"仍然没有达成完全一致的意见。实际上,简单地说,"仁"是内在属性,"礼"是外在规范。"礼"的遵守和通行,表达的是"仁",是"仁"在社会生活中的具体展开和展示。然而在杨慈湖这里,"礼"与"仁"之间的关系并没有像我们今天区分得那么明显,它们经常就是一体的,从根源处来看二者就是一回事。《先圣大训卷一·蜡宾第一》中关于"礼"曾有如下记录:

> 是故礼者,君之大柄也,所以别嫌、明微、傧鬼神、考制度、别仁义,所以治政安君也。

杨慈湖注释此条时说道:

> 礼即心,心即道,即大一,即天清明,无所不照。考制度,则是非自明至静,常明曰仁。其间固自有别等杀曰义,其间亦自有别。

在杨慈湖看来,如果一切社会生活都按照"礼"即制度的规定来展开,则社会生活的结果必然合乎道,必然会实现自明至静的整体至善状态。那么"仁"在哪里? 慈湖的回答是"仁"就在人们的生活中,按照"礼"的规定来生

---

① [宋]杨简:《先圣大训》卷一《蜡宾第一》,《杨简全集》第五册,浙江大学出版社 2015 年版,第1362 页。

活本身就是在通往"仁"的道路上,经常地葆有这种状态,便是"仁"的实现。因此在慈湖这里,"礼"与"仁"并非截然两分,实际上二者之间有点像目的和手段的关系,依照慈湖的意思,可以把"礼"当作是实现"仁"或者通达"仁"的一种手段,"仁"可以是目的。但是,又不能把目的本身当作目的,那样的话也容易犯从外境寻找"仁"的错误,既然"心本清明,常明曰仁","仁"从根本而言就不需向外寻求。但是,"仁"的这种融一性、内在性并非人人都能获知,而只有"觉者"才能从根本上了达这一道理,故此慈湖也说:"仁虽融一无间,而义有可否,礼有变常,参错似相反而实不相害。此妙用,惟明觉通达者自知自信。"①一般人只是无意识无自觉地感受到"仁"或者逐步接近"仁","仁"在与"义"和"礼"的循环往复间不断地表达着自身,或者局部地部分地表露自身。对于这三者之间的互动启发、互为表征的关系,只有"心"通者、明觉通达者才能体会,我们必须说这是非常高的要求。

杨慈湖之时去上古已远,在历史和人物的社会生活发生重大变化的同时,"礼"并非一成不变,而是有所损益,慈湖也看到了这一点,并且认为在圣人那里,圣人关于"礼"的看法本身就包含了对"礼"的变动性的确认。因此慈湖对经学大师郑康成违背圣训做出严厉批评,杨慈湖说:"古今异礼,衰世则异国异礼、异学异说,而康成必欲牵合而为一说,故反违圣人之旨。"②也就是说,不同时代的历史情形和具体的生活规范都是不同的,没有一成不变的"礼",因此强行把今礼与古礼统一起来就是错误的,如此来理解"礼",也就必然远离了"仁"的状态,使"仁"也变得越来越难以达到,结果反倒成了不"仁"。

即是说,"礼"尽管本源于"大一"处,但是"礼"的具体形态是千变万化的,万古不变的只有"礼"的那个根源,而其具体表现形式却可以随时代而变化。对于这一点,只有仁者才能看得清楚,故此慈湖说:"礼者,大道之文为,不可以同异丰杀言也。以同异丰杀言礼者,不知礼者也。是故礼本于大一,分而为天地,变而为四时,列而为三百之经,用而为三千之仪,又有三百三千所不能尽。心通此道谓之知,常觉常明谓之仁,故唯仁者为能制礼。"③在慈湖这里,仁者作为制礼的主体,其所懂得的"礼本于大一"中的"大一",其

① [宋]杨简:《先圣大训》卷一《蜡宾第一》,《杨简全集》第五册,浙江大学出版社 2015 年版,第1394 页。
② [宋]杨简:《先圣大训》卷二《檀弓第十三》,《杨简全集》第五册,浙江大学出版社 2015 年版,第1476 页。
③ [宋]杨简:《先圣大训》卷二《檀弓第十三》,《杨简全集》第五册,浙江大学出版社 2015 年版,第1486 页。

含义即通于慈湖经常谈到的"一""心"或者"性"。慈湖曾经说："夫贵贱、长幼、男女、内外、亲疏、远近，非人之所能为也，皆天道也，故天性之所自有也。天性中自有三百之经礼，自有三千之曲礼，是性至善、至正、至大。"①也就是说，尽管"礼"实际上是由仁者来制定，但是仁者制"礼"的根据还在于"心"或者"天性"，这个天性是人人都有的，其本质的特点就在于它"善、正、大"，因此依据这个共通的人性制定出来的"礼"才能得到人们的认可和遵守，才会在社会生活中表现出它应有的约束性从而规范人们的生活。对于这层意思，慈湖反复申说，在慈湖的话语系统和深入思考中，"心"与"性"在某些情况下具有同一含义，如慈湖曾言："礼本于义，礼义，人心之所自有，上之人举而导之，则人心之所有者自明，而况又行之以顺而不拂乎人？性有善而无恶，此心本清明无滓，因物有迁而动乎意，故流入于恶恶，非清明性中本有之物也。今善心兴起，则其非本有之恶自然消止矣。"②慈湖对社会生活中人们对"礼"的状态的疏离即"恶"的兴起当然是持否定态度的，而他却认为"恶"来源于人心或者人性对自身本质状态的反动，否则的话就无所谓"恶"，因为人心的本然状态根本就与"恶"无关。如此，则善心兴起处即是"恶"的消灭处，善心流行，充盈天下，恶行消失，则"天下归仁焉"。

但是问题是，在杨慈湖看来，"恶"产生的原因在于"因物有迁而动乎意"，故此怎样避免人心或者人性不为外物所累就是慈湖不得不面对的重大问题。人心因外物而动、而起意、而作出各种应机反应，这一点从古至今没有什么变化，慈湖本人也承认这一点，他说道："此心无体质，无乡域。忽焉思天，至于九霄之上，则即至于九霄之上；忽焉思地，至于九地之下，则即至于九地之下。其无思也，则无畔无际，无始无终，非内非外。既无体质，则千万载之已往犹是也，千万载之未来亦犹是也。思非动，无思非静，以此事亲，以此事长上，以此事君，以此与妻子，以此交朋友，以此莅官临民、应酬万务，何远之有？"③"心"无体无方、上天入地的本领超越往古来今和具体时空的这个特点被慈湖描绘得细致入微。这也是我们个人的生活经验，当我们想到月亮时，我们可以想象自己在月亮上，真是一刹那间就到了月亮之上。当我们想到遥远天空中的一颗星星时，我们也可以感觉当下就到了那颗星星

---

① 〔宋〕杨简：《先圣大训》卷二《檀弓第十三》，《杨简全集》第五册，浙江大学出版社 2015 年版，第 1505 页。
② 〔宋〕杨简：《先圣大训》卷三《主言第十七》，《杨简全集》第五册，浙江大学出版社 2015 年版，第 1511 页。
③ 〔宋〕杨简：《先圣大训》卷三《中庸第十九》，《杨简全集》第五册，浙江大学出版社 2015 年版，第 1519 页。

之上,也是须臾即至的,尽管事实上并没做到。可以说,在观念、意念、念头的世界里,我们拥有无限自由,我们可以在意念的世界里纵横四海。一念升起,就是整个世界。这类似于"我欲仁,斯仁至矣",也应了那句"想想可不犯法"的民间谚语。慈湖所言"思非动,无思非静",向我们表明人心的本质状态和人心的呈现状态本身就是与我们同为一体的,我们一切思考和行为的根据本不必要到外面去寻找,它就内在于每个人的心里,从未离开过我们。因此,就"心本善"而言,只要是出自内心的行为,就没有不善的。但是实际的情况却总是与这种真实的本质状态相去甚远,我们不得不面对自身思想中的不善的想法和社会生活中恶的行为,就此而言,每个人都是与他的本然存在状态相背离的,都是非我的状态。故而找回这种原初的本真状态,使人自己过上更加符合自身的生活,过上充满善意而不是恶意连连的生活,就成为杨慈湖思想中的另一个重大问题。

3.3 圣人境界的通达之路:《绝四记》释论

杨慈湖迭出己意的思想创见是通过对儒家经典的重新解释或创造性诠释展现出来的,其著《绝四记》就是慈湖之创新性思想的突出展示。《绝四记》曾被日本学者岛田虔次称为"中国哲学史上堪称屈指可数的杰作"①。岛田虔次是日本研究宋明理学的大家,这样的评价想必是有依据的。从文献来源上说,"绝四"之说出自《论语·子罕》:"子绝四:毋意、毋必、毋固、毋我。"用今天的话说,大致是如下的意思:孔子绝对不会犯下面这四种毛病,一是凭空猜测,主观臆断,这里的"意"通"臆";二是看事情绝对,想当然地以为会是怎样的;三是拘泥以往,固执己见,听不进别人的建议;四是以自我为中心,自以为是。自《论语·子罕》篇孔子将"毋意、毋必、毋固、毋我"作为教育弟子的具体手段提出以来,后世儒者除了谨遵夫子教导、时刻提醒自己在日用常行中不违圣训而外,便鲜有对"四毋"之说特别着意阐发者了。杨慈湖专作《绝四记》一文,深刻而又细致入微地阐述了孔子"绝四"的原因,"意""必""固""我"的明确含义,以及"四者"止绝对于弘扬孔门圣学的重大意义。此后,"四毋"之说才更加为学者们所重视,《绝四记》也被认为是杨慈湖遗留下来的最具特色的哲学文本之一。在这篇作品中,慈湖通过对"心""意"

---

① [日]岛田虔次著,邓红译:《中国思想史研究》,上海古籍出版社 2009 年版,第 282 页。

"必""固""我""过"等范畴分析和消解,明确了人心本应该处于至善、清明神灵的原初状态。基于不间断的"绝四"修养工夫对"心"之本然状态的回归,就是一条回到自身的本然状态,通达圣人之境的光明道路。

《子罕》篇对"子绝四"的记载,并无具体情景,而杨慈湖则试图"还原"出这一记载的可能情景,认为孔门弟子在日常生活之中,"意态万状,不可胜穷,故孔子每每止绝群弟子之意,亦不一而足。他日记者欲记,则不胜其记,故总而记之曰'绝四':'毋意,毋必,毋固,毋我。'"①这一说法未必为"实情",却成为我们理解慈湖《绝四记》的一般思想背景。正因慈湖认为"绝四"之说是孔子日常"止绝群弟子之意"的简要概括,所以他首先辨明:所谓"毋者,止绝之辞"②,而所谓"止绝",则四者起而"止"之、借止之进而"绝"之之谓也。它是作为一个心灵之自体澄明的完整过程而获得呈现的。

《绝四记》开篇便说:"人心自明,人心自灵,意起我立,必固碍塞,始丧其明,始失其灵。"③"心"与"意"的相互对举,表明心的本然状态原是以清明为其存在的自体特征的,而"意"起则使"心"丧失了它的本然清明状态。那么显而易见,在慈湖看来,"意"是使心灵自体之清明遭受障蔽的最为根本的非本质力量,"意"起则"我"立,"我"立则进而导致"必""固",原本明灵的"心",便因此而处于重重障蔽的碍塞之中。以"意"起为开端,"必""故""我"相继出现,使人远离了自身本质之清明。故"绝四"必以"绝意"为根本。然在慈湖那里,"心""意"究竟该当如何界定?其论"心"之说,有曰:

> 人心非气血,非形体,广大无际,变化无方,倏焉而视,又倏焉而听,倏焉而言,又倏焉而动,倏焉而至千里之外,又倏焉而穷九霄之上。不疾而速,不行而至,非神乎?不与天地同乎?学者当知夫举天下万古之人心皆如此也。④

> 人皆有是心,是心皆虚明无体,无体则无际畔,天地万物尽在吾虚

① [宋]杨简:《先圣大训》卷三《中庸第十九》,《杨简全集》第五册,浙江大学出版社 2015 年版,第 1520 页。

② [宋]杨简:《慈湖先生遗书》卷二《绝四记》,《杨简全集》第七册,浙江大学出版社 2015 年版,第 1856 页。

③ [宋]杨简:《慈湖先生遗书》卷二《绝四记》,《杨简全集》第七册,浙江大学出版社 2015 年版,第 1856 页。

④ [宋]杨简:《慈湖先生遗书》卷二《二陆先生祠堂记》,《杨简全集》第七册,浙江大学出版社 2015 年版,第 1864 页。

明无体之中,变化万状,而吾虚明无体者常一也。①

> 人心自善,人心自灵,人心自明,人心即神,人心即道。安睹乖殊,圣贤非有余,愚鄙非不足。何以证其然?人皆有恻隐之心,皆有羞恶之心,皆有恭敬之心,皆有是非之心。恻隐仁,羞恶义,恭敬礼,是非知;仁义礼知,愚夫愚妇咸有之,奚独圣人有之?人人皆与尧、舜、禹、汤、文、武、周公、孔子同,人人皆与天地同。②

又其论"意"云:

> 何谓意?微起焉,皆谓之意;微止焉,皆谓之意。意之为状,不可胜穷,有利有害,有是有非,有进有退,有虚有实,有多有寡,有散有合,有依有违,有前有后,有上有下,有体有用,有本有末,有此有彼,有动有静,有今有古。若此之类,虽穷日之力,穷年之力,纵说横说,广说备说,不可得而尽。③

> 孔子莞尔而笑,喜也,非动乎意也;曰"野哉由也",怒也,非动乎意也;哭颜渊至于恸,哀也,非动乎意也。日用平常,变化云为,喜怒哀乐,如四时之错行,如日月之代明,如镜中万象,实虚明而无所有,夫是之谓"时习而说"之学,夫是之谓孔子"为之不厌"之学。④

综合地看,杨慈湖所讲的"心",大致有以下几层意思:"心"并不是生理意义上的一团血肉,而是非形体所可拘限、具有存在上的无限性与永恒性,并且具有通达于人之类的普遍必然性,含摄万物,与天地同一;就其本然存在之用而言,则"心"为至灵至神,原本清明,无所束缚而具有自由的本质;就其存在的"性质"而言,则"心"为至善本身,故谓"本心"即是仁义礼智。在现实世界中的个体那里,"心"即体现为主体精神之全部活动的实际承担者,同时也是经验世界一切善恶价值的直接判断者。就"心"的本然实在而言,一

---

① [宋]杨简:《慈湖先生遗书》卷二《永堂记》,《杨简全集》第七册,浙江大学出版社 2015 年版,第1880 页。

② [宋]杨简:《慈湖先生遗书》卷二《二陆先生祠堂记》,《杨简全集》第七册,浙江大学出版社 2015 年版,第 1863 页。

③ [宋]杨简:《慈湖先生遗书》卷二《绝四记》,《杨简全集》第七册,浙江大学出版社 2015 年版,第1856 页。

④ [宋]杨简:《慈湖先生遗书》卷二《临安府学记》,《杨简全集》第七册,浙江大学出版社 2015 年版,第 1861 页。

切善恶判断皆是"心"的自明。而若有"意"之起,哪怕是"微起焉""微止焉",就皆不可避免地会造成对于"心"之本然实在状态的隔离或障蔽,在这一意义上,就几乎可以说凡"意"皆为"心之贼"。但若是"心"之本质是清明,作为心之贼的"意"又是从哪里产生出来的呢? 是独化出来的还是异化出来的? 这是个不小的问题。事情的另一方面是,按照杨慈湖的理解,若将"心"与"意"理解为两个完全不同的东西,则会产生更为严重的弊病。其论"心""意"之关系,曰:

> 然则心与意奚辨? 是二者未始不一,蔽者自不一。一则为心,二则为意;直则为心,支则为意;通则为心,阻则为意。直心直用,不识不知,变化云为,岂支岂离? 感通无穷,匪思匪为。孟子明心,孔子毋意,意毋则此心明矣。①

> 人心本善,起意生过,过去则本心自善自正自清明。②

这里表明,"心"与"意"虽然应当作出严格的区分,但就其本原而论,则其体本一。在杨慈湖那里,这一理解是重要的,它清楚地表明了这样一点,即所谓"意",实质上是"心"之本原状态的某种"误入歧途",或者是"心"在纷纭繁复的事物世界当中的一种背离其本身实在状态的"误用"。这种"误用"一旦发生,即是"起意",因"意"之起,"心"就不再完满,从而变得支离不通。所以慈湖说:"此心本无过,动于意斯有过;意动于声色故有过,意动于货利故有过,意动于物我故有过。千失万过,皆由意动而生。"③简单说就是"起意生过"。杨慈湖还说:"千失万过,孰不由意虑而生乎? 意动于爱恶,故有过;意动于声色,故有过;意动于云为,故有过。意无所动,本亦无过,先圣所以每每止绝学者之意,门弟子总计之曰'毋意',为是故也。"④慈湖解释先圣先贤主张"毋意"原因乃在于"意"实在不是什么好东西,一旦发动起来,便似一匹脱缰野马,沿途崎岖不平,所到之处泥泞满地,与之相关的似乎都是负面的东西。

---

① [宋]杨简:《慈湖先生遗书》卷二《绝四记》,《杨简全集》第七册,浙江大学出版社 2015 年版,第 1857 页。
② [宋]杨简:《先圣大训》卷一《蜡宾第一》,《杨简全集》第五册,浙江大学出版社 2015 年版,第 1390 页。
③ [宋]杨简:《慈湖先生遗书》卷二《临安府学记》,《杨简全集》第七册,浙江大学出版社 2015 年版,第 1861 页。
④ [宋]杨简:《慈湖先生遗书》卷二《乐平县学记》,《杨简全集》第七册,浙江大学出版社 2015 年版,第 1860 页。

照此看来,"心"与"意"的本体原是同一的,"意"不起时便无所谓"心"和"意"的区分。"心"未被"支离"而保持其自身存在之清明神灵的本然状态,即是人心的本来面目。在仪态万状的现实世界里,人心的本来面目不复存在,重新实现这一本来面目,便是杨慈湖哲学的根本目的。为了使"心"与"意"重新达到纯然一体的境界,最根本的办法即是去"过",而"去过"的手段就在于使"意"不起,"止绝"意之"微起",是即"毋意"。惟"毋意"才能找回"心"体自善自正自清明的状态。由此可知,慈湖所理解的"毋意"已经不再是单纯的启发弟子的手段和方法,而是根源于人的本然之心的一种长期修养工夫,"毋"不是一次性的,而是过程性、多次性的。通过这种功夫的不断积累,最终到达"吾虚明无体者常一"的境地,"杨简(慈湖)的'毋意'学说不仅要人去恶扬善,亦要人由动归定,以达到他所向往的'无思也、无为也、寂然不动、感而遂通天下之故'的境界"①。而这种境界的顿达,实际上也就是圣人境界的获得,或者说直接就成了圣人。

在杨慈湖看来,孔子要求学者所尽力避免的毛病,最为主要和最需要下工夫杜绝的,就是一个"意",那么,对于"子绝四"的其余三者"必""固""我",慈湖又是怎样看的呢?慈湖在详细讨论了"心""意"及其相互关系以后,在《绝四记》接下来的篇章中又分析了"必""固""我"三者,他说:

> 何谓必?必亦意之必。必如此,必不如彼,必欲如彼,必不欲如此。

> 何谓固?固亦意之固。固守而不通,其道必穷;固守而不化,其道亦下。

> 何为我?我亦意之我。意生故我立,意不生,我亦不立。②

总体而言,"必""固""我"在本质上都是一种"意",都是"意"所派生出来的不合于人"心"本然状态的一种支离形态。按照杨慈湖的理解,所谓"必",指人的一种不容变更的思维判断和行事方式,即判定某事一定如此而不是如彼,做事一定如此而不如彼;所谓"固",指人对既定思想和行为方式固守不变,在任何情况下都不变通;所谓"我",指人在一切活动中的自我意识和自我立场,"我"产生乃是由于人有"意"。"人之必、固、我之私,恒为常言之

---

① 陈来:《宋明理学》(第二版),华东师范大学出版社 2004 年版,第 166 页。
② [宋]杨简:《慈湖先生遗书》卷二《绝四记》,《杨简全集》第七册,浙江大学出版社 2015 年版,第 1857—1858 页。

私欲,此人所共知。然其根源,则在此心之于清明广大之中,有一微起微止之意。此一微起微止之意,即人心之自限于某一方向之开始。"①杨慈湖深信此三者的存在也和"意"的存在一样是对本然之"心"的清明圆融状态的疏离,因此慈湖亦同样主张人应该在日常的生活中尽一切可能"毋必""毋固""毋我"。在慈湖看来,三者不过是人由于对眼前事物的过于肯定而产生的一种执着和分别,从更广阔的意义上而言,三者的存在都是虚妄的、不真实的,慈湖说:"大道无方,奚可指定以为道在此,则不在彼乎? 以为道在彼,则不在此乎? 必信必果,无乃不可? 断断必必,自离自失……孔子尝曰:'我则异于是,无可无不可。'又曰:'吾有知乎哉? 无知也。'可不可尚无,而况于固乎? 尚无所知,而况于固乎? ……自幼而乳,曰我乳;长而食,曰我食;衣曰我衣,行我行,坐我坐,读书我读书,仕宦我仕宦,名声我名声,行艺我行艺。牢坚如铁,不亦如块? 不亦如气? 不亦如虚? 不知方意念未作时,洞焉寂焉,无尚不立,何者为我? 虽意念既作,至于深切时,亦未尝不洞焉寂焉。无尚不立,何者为我?"②如上所述,慈湖对三者的否定,其根本目的在于使人懂得所谓的"必""固""我"只是假象而已,真实的存在只有"心"。慈湖说孔子以后的儒家学者最大的弊病也就在于没有明了这个人人本有的至善清明之"心",并且他们的解释和传播导致了"万世之良心"的暗灭不彰,为了使得真实的人"心"重新被找回,慈湖不得已肩负起了这个重任:"先儒不自明己之心,不自信己之心,故亦不信学者之心。吁! 贼天下万世之良心,迷惑天下万世至灵至明之心,其罪为大! 某大惧先圣谆谆告诫切至之本旨隐没而不白,使后学意态滋蔓,荆棘滋植,塞万世入道之门,不得已故书。"③由此可知,杨慈湖作《绝四记》的真实心态,在于他想通过这种方式改变当时已经被先儒误解了的人"心"之迷惑状态,从而为人们优入圣域找到一条通达之路。

杨慈湖的"绝四"之说,既是一种启导弟子入于圣人之道的一种教育方式,更是一种从心之本原处着手的修养功夫;既清楚地体现了慈湖关于本体的观念,更清晰地阐明了他的工夫论。任何恶意恶念断灭的同时也就意味着善念善行由此而兴起,明了"意"之微起而予以自觉地"止绝",即是本心之清明的还归。"绝四"所达到的境界无疑是"与天地同为一体",但在现实生

---

① 唐君毅:《中国哲学原论·原性篇》,中国社会科学出版社 2005 年版,第 279 页。
② [宋]杨简:《慈湖先生遗书》卷二《绝四记》,《杨简全集》第七册,浙江大学出版社 2015 年版,第1858 页。
③ [宋]杨简:《慈湖先生遗书》卷二《绝四记》,《杨简全集》第七册,浙江大学出版社 2015 年版,第1859 页。

活世界之中,这一境界绝非一蹴而就,而是必须长期坚持"毋意"之方法,因为"毋意"在生活中的表现方式即是"去过","去过"必然体现出它的过程性。"毋意"看似简易直接,但这并不意味着对"简易"方法的运用也是简易的,对于一般人而言,"意"可以暂时止绝,但它总会反复兴起,因此要反复地"毋意""毋必""毋固""毋我",才有可能离其本然状态越来越近。也就是说,"绝四"只是"在路上"的过程,并非一条路的终点;而一旦到了终点并一直能够保持"不起意"的状态,也便是圣人之境的实现。慈湖对"绝四"的解释,实际上改变了自孔子没世以来儒者对孔子之学的误解,从人"心"上来认同圣人之学,以为圣人一切学问、行为方式、教导方法、均须发自人"心",而人心的本质状态的达成,也就是实现了圣人之道。在慈湖那里,在通往"存在的澄明"之境界的道路上,"心"是起点,同时也是终点,不同之处在于,"心"既是人认识世界和认识自我的起点,而认识世界和认识自己,其终点也就在于摆脱人"心"陷溺的非本质状态,归复到原初的"心"的存在之境,在此意义上,慈湖把人心从未被扰乱的状态称为"一",而把人"心"获得此"一"的能力和与"心"合一的状态称为"觉"。

杨慈湖《绝四记》中对"意""必""固""我"的阐释是伴随着对"一""心""觉"等概念的分析和运用的。他既认为"心"与"意""二者未始不一,蔽者自不一","一"即是本体,达本体即是"一贯",所以他曾说:"一犹赘辞,二何足论! 十百千万,至于无穷,无始无终,非众非寡,姑假以言,谓之一贯。"[1]如果不是不得已,可能连"一""一贯"也不用说了,但是又不能不说,说不可说之"神秘",就是人之所以为人的意义和价值所在。

慈湖又说:

> 此心之灵,明逾日月,其照临有甚于日月之照临。日月能照容光之地,不能照蔀屋之下。此心之神,无所不通;此心之明,无所不照。昭明如鉴,不假致察,美恶自明,洪纤自辨。

> 一日觉之,此心无体,清明无际,本与天地同范围,无内外,发育无疆界。[2]

杨慈湖以为,语言在面对世界的本相时明显有些"无能",即使用"一"来

---

① [宋]杨简:《慈湖先生遗书》卷二《绝四记》,《杨简全集》第七册,浙江大学出版社 2015 年版,第 1857 页。
② [宋]杨简:《慈湖先生遗书》卷二《绝四记》,《杨简全集》第七册,浙江大学出版社 2015 年版,第 1857—1858 页。

说明整个世界的存在状态,似乎也是多余的,但是又不能没有一个称谓来对之描述,因此只能"姑假以言"了;而"心"的各种发用功能如"灵""神""明",就如同镜子一般,任何事物在镜子面前都无法掩饰自己,都会在镜子中如实地显现自己,世间万物在人的"心"中,也同样地这般显示自己,无毫厘纤尘。当人自己明白了世界的本相也就是"觉"了以后,"心"的原初状态也就显现于前了。即是说,世界整体作为整全性的"一",只有主体的"心"介入并深入其中之后才会向我们显示其各个方向的意义,这种深入的最终结果即是"觉"主体之"心"与天地万物通为一体,中间没有任何阻碍,此为"'一'—'心'—'觉'"的动态结构在《绝四记》中的初步形态。

实际上,在整个的杨慈湖思想当中,"'一'—'心'—'觉'"的动态结构是不断被表达的,学界向以杨慈湖是陆象山高足这一事实上的师徒关系而认定杨慈湖沿着陆象山"心学"的路数一路下来,故而也从"心学"立场来研究杨慈湖。由我们的上述分析来看,"心学"不能概括杨慈湖思想的全部面向。

4　杨慈湖哲学思想"'一' —'心'—'觉'"的动态结构

　　上文已经提及,杨慈湖的哲学思想,是一个由"'一'—'心'—'觉'"三个概念构成的一个整体的动态结构,这一点在《绝四记》中已经有了初步的表达,成为我们重新理解杨慈湖思想的重要途径。更重要的是,综观慈湖遗留的全部著作,慈湖思想中另外一些如"意""性""永""光"等重要的概念也贯穿在这一动态结构的表达过程之中,或是独立使用,或是几个概念纠合在一起使用,使得杨慈湖的思想看起来殊为特别,其著作中概念多,概念的使用灵活。因此要准确把握杨慈湖之思想,这些问题必须梳理清楚,本章拟主要讨论这些问题。

4.1　"一"与"道""性"

4.1.1　"一"与"万物、万事、万理归一"

　　杨慈湖思想之特殊性的一个表现,即在于他使用了很多概念化的术语来表达自己的思考,这些术语有的是儒家传统中的词语,有的则是日常生活中的用语,杨慈湖赋予了它们以新的含义。如果不结合文本的上下文和语境来看这些术语,我们很难明了其中的含义。并且,慈湖对这些概念术语的使用,也并非在同一个层次上,而是有所区别,在某些意义上每个概念都是独立的,但是有时几个概念的含义却又被慈湖统一起来。总体来看,杨慈湖思想中最为重要的三个概念便是"一""心"与"觉",并且这三个概念构成了一个动态结构,在慈湖的思想中居于主要地位。"道""性""永""光"等概念居于次要的地位,起到辅助或解释的作用。相比较而言,"道"与"性"两个概念与"一"处于同一序列中,其统摄性及重要性较"一"为次;"意"是与"心"对举的概念;"永"和"光"概念是慈湖用来描述"觉"之状态的。

杨慈湖论"一",其重要性早已经被陆象山看到,这一点我们前文已经论及。具体地看,"一"这个概念实际上并不是慈湖的独特发明,在孔子、老子和宋代理学家的话语系统中,这个概念便早已出现,只是其含义都未脱离作为数字之"一"表示数量的内涵。如孔子讲"吾道一以贯之"(《论语·里仁》),此处孔子讲的"一"是总括性、总领性的一个原则的意思。老子曾言:"昔之得一者,天得一以清,地得一以宁,神得一以灵,谷得一以盈,万物得一以生,侯王得一以为天下贞。"(《老子·三十九章》)"道生一,一生二,二生三,三生万物。"(《老子·四十二章》)此处老子的"一"不是很好理解,有的学者将之解释为宇宙万化的总根据,也有学者将之解释为"道"的散落化和分裂化,居于"道"和"多"之间。我们认为将之理解为天地万物从中流出的总根源可能更合理,"一"在老子这里还不是"道"本身。周敦颐也曾说:"'圣可学乎?'曰:'可。'曰:'有要乎?'曰:'有。'请问焉,曰:'一为要。一者,无欲也。无欲则静虚动直。静虚则明,明则通;动直则公,公则溥。明通公溥,庶矣乎!'"(《周子通书》)周敦颐还说:"二气五行,化生万物。五殊二实,二本则一。是万为一,一实万分。万一各正,小大有定。"(《周子通书》)此处,周敦颐的"一"有两层意思,一层是具体的含义,是学习成圣的方法,是心思意念未曾发动的一种状态,另一层指的是宇宙万物的总根据。相比较而言,老子之"一"的含义更加深刻、统摄性更强。一般而言,一个概念意指越是模糊笼统,可再阐释的空间就越大,理论容受能力也就越强。这也是《老子》通篇思想的突出特点。

与上述不同的是,"一"在杨慈湖这里的使用更加频繁,含义也比较清晰明确。考察全部杨慈湖著作,我们发现杨慈湖论"一"是从解释《易》开始的,其中的原因,除了表面上乾卦画"☰"与"一"形似以外,更主要的原因可能还在于《易》的内容本身。《易》实际上讲了宇宙自然万物和社会人生的变化之道,能把人所存在和所能涉足的一切领域都包含殆尽。《易·系辞传下》中有"天下之动,贞夫一者也"的说法,慈湖说:

> 夏后氏之易曰《连山》,《连山》者,以重艮为首;商人之易曰《归藏》,《归藏》者,以重坤为首;周人之易曰《周易》,以重乾为首……合三《易》而观之,而后八卦之妙、大《易》之用、混然一贯之道,昭昭于天下矣!而诸儒言《易》,率以乾为大,坤次之,震、坎、艮、巽、离、兑又次之,噫嘻,末矣!一者,《易》之一也,--者,《易》之--也。其纯一者名之曰乾,其--者名

之曰坤,其--杂者,名之曰震、坎、艮、巽、离、兑,其实皆《易》之异名,初无本末精粗大小之殊也。①

乾坤之道,一也。分阴阳而言之,则乾为天,为君,为父,为夫;坤为地,为臣,为母,为妻……天地一气,乾坤一道,推本而言谓之元,即乾元也。而有"至哉""大哉"之异,称者姑以此著君臣夫妇之辨,其实一也。坤画即乾画之两者耳,未见其为异也。所谓乾之一画,亦非乾果有此象。象也者,象也,姑以象夫易道混沦一贯之妙而已。所谓乾者如此,所谓坤者亦如此。"至哉"者,极至之称,乾亦可以言至,坤亦可以言大。②

杨慈湖论"一",上述引文中的论述只是其中的一部分。慈湖以为夏后氏之《易》、商人之《易》与周人之《易》本是一回事,名称不同而已。八卦卦名各异,乾坤之道两分,而其本则一。在慈湖的眼中,万物无往而非"一",用现代的话来说,慈湖的"一"可以被理解为融一性的存在者整体。"存在者"一定存在,它既表现为千差万别的万事万物,也表现为万物之总根据或总的原理。杨慈湖说六经本一,三才本一,万事、万物、万理本一,如慈湖讲:

夫道,一而已矣。三才一,万物一,万事一,万理一。③

杨慈湖在这里直接用"一"统摄万事万物,现象世界再怎么森然万状,再怎么异彩纷呈,其背后总归有一个统一的根据或原理,这个根据是"一"。

慈湖说:

某敬惟《易》《诗》《书》《礼》《乐》《春秋》,一也。天下无二道,六经安得有二旨?以属辞比事为《春秋》者,国俗之所教习也,非孔子之旨也。故孔子曰:"属辞比事而不乱,则深于《春秋》者矣。"不乱者,不睹其为纷纷,一以贯之也。《春秋》之不乱,即《诗》之不愚,即《书》之不诬,即《乐》之不奢、《易》之不贼、《礼》之不烦也,一也。④

杨慈湖此处用推论的方式证明六经一旨、各经含义相通。从分别的角度说,他用"不乱""不愚""不诬""不奢""不贼""不烦"提示六经各自的主旨。

---

① [宋]杨简:《慈湖先生遗书》卷一《周易解序》,《杨简全集》第七册,浙江大学出版社2015年版,第1843页。
② [宋]杨简:《杨氏易传》卷二《坤》,《杨简全集》第一册,浙江大学出版社2015年版,第35页。
③ [宋]杨简:《杨氏易传》卷一《乾》,《杨简全集》第一册,浙江大学出版社2015年版,第12页。
④ [宋]杨简:《慈湖先生遗书》卷一《春秋解序》,《杨简全集》第七册,浙江大学出版社2015年版,第1844页。

从合一的角度说,六经各旨又是统一的。也就是说,六经各得"一"之一部分,从局部上或者某一个侧面体现了整全性的"一",而"一"则是对六经各自部分含义的汇集收摄和汇归融合。对六经作出这样的解释,只怕是中国思想史上仅见的。

慈湖又说:

> 吾未见夫天与地与人之有三也。三者,形也;一者,性也,亦曰道也,又曰《易》也。名言之不同,而其实一体也。故夫《乾·象》之言,举万物之流形变化皆在其中,而六十四卦之义尽备于乾之一卦矣。①

> 天人之道,一也。异乎天,无以为人。人心即天道,人自不明,意起欲兴,人心始昏,始与天异。意消欲泯,本清本明,云为变化,动者天之动也,静者天之静也,反复天之反复也。如是则全体天道,寂然而感通,无乾时之祸,无作意之咎。既复矣,则利有攸往矣。刚长,君子之道长,故君子利有攸往。此非君子之私意也,亦天道也。"复,其见天地之心乎!"三才之间,何物非天地之心?何事非天地之心?何理非天地之心?明者无俟乎言,不明而欲启之,必从其易明之所而启之。万物芒芒,万物循循,难于辩明。阳穷上剥尽矣,而忽反下而复生,其来无阶,其本无根,然则天地之心,岂不昭然可见乎!天地之心,即道,即《易》之道;即人,即人之心;即天地,即万物,即万事,即万理。言之不尽,究之不穷,视听言动,仁义礼智,变化云为,何始何终?一思既往,再思复生,思自何而来?思归于何处?莫究其所,莫知其自,非天地之心乎?非道心乎?万物万事万理,一乎?三乎?此尚不可以一名,而可以二名乎?通乎此,则变化万殊,皆此妙也。喜怒哀乐,天地之雷霆、风雨、霜雪也,应酬交错,四时之错行,日月之代明也。孔子曰:"哀乐相生,明目而视之,不可得而见也;倾耳而听之,不可得而闻也。"于戏,至哉!何往而非天地之心也!②

> 三才一气,三才一体,是故人与天地不可相违。腹脏作疾,则首足四体皆为之不安,为其皆一人之身也。人事与天地乖戾,感触上下,为灾为害,亦以三才一体故也。雷在地中,静,人事亦当静,亦以明人与天地一致。舜禹十有一月朔巡狩,往往于至日则不行耳,其前其后,无不

---

① ［宋］杨简:《慈湖先生遗书》卷七《家记一·己易》,《杨简全集》第七册,浙江大学出版社 2015 年版,第 1973 页。

② ［宋］杨简:《杨氏易传》卷九《复》,《杨简全集》第一册,浙江大学出版社 2015 年版,第 156 页。

可者。①

杨慈湖认为,从根本处看天、地、人"三才"最终也是一个"一",其表现为天、地、人,是外在现象、形体的呈现,而这三种形体的共同之处,是都可以归约为"一"的。就是说,天、地、人具体形象各自不同,这是我们能够观察和感知到的,而使天、地、人呈现为各自形象的"背后"的机制或者理路,是一致的。使天成为天、使地成为地、使人成为人的那个原则,就是慈湖所说的"一"。杨慈湖进一步将人的喜怒哀乐、交往应酬比附成风雨霜露、四季交替等自然现象的大化流行,这是另一种形式的"天地万物通为一体",或者说只有"天地万物通为一体",才能进行它们之间的比附。这就类似于从太空,从更高的高处俯瞰地球,地球上万物的差别就消失了,只有球一个,各个不同的山川江河、湖海树木以至每个生命个体,从更高更远的维度来看,是"一体"的,就是一个"一"。

慈湖还说道:

> 其可见者有大有小,有彼有此,有纵有横,有高有下,不可得而一;其不可见者,不大不小,不彼不此,不纵不横,不高不下,不可得而二。视与听若不一,其不可见则一;视听与噬臭若不一,其不可见则一;运用步趋、周流思虑若不一,其不可见则一。是不可见者,在视非视,在听非听,在噬非噬,在臭非臭,在运用屈信非运用屈信,在步趋非步趋,在周流非周流,在思虑非思虑。视如此,听如此,噬如此,臭如此,运用如此,步趋如此,周流如此,思虑如此,不思虑亦如此;昼如此,夜如此,寐如此,寤如此,生如此,死如此,天如此,地如此,日月如此,四时如此,鬼神如此;行如此,止如此,古如此,今如此,前如此,后如此,彼如此,此如此,万如此,一如此,圣人如此,众人如此。自有而不自察也,终身由之而不知其道也。为圣者不加,为愚者不损也。自明也,自昏也。此未尝昏,此未尝明也。或者蔽之、二之,自以为昏为明也。昏则二,明则一,明因昏而立名,不有昏者,明无自而名也。昏明,皆人也,皆名也,非天也。天即道,天即乾,天即《易》,天即人。天与人,亦名也。②

乍一看起来,这段话太啰唆,分明是在罗列人的感官功能的变化、自然现象的更替等等。而仔细分析起来,杨慈湖是想说,作为世界本源或万物本

---

① [宋]杨简:《杨氏易传》卷九《复》,《杨简全集》第一册,浙江大学出版社2015年版,第157页。
② [宋]杨简:《慈湖先生遗书》卷七《家记一·己易》,《杨简全集》第七册,浙江大学出版社2015年版,第1976页。

质的"一"在众生众人面前是平等一致的,不为圣者加益,不为愚者加损,这就是"天之道"。"天""道""易""人"等,其背后本质仍然是"一",只不过四者名称不同而已。这个道理杨慈湖确实反复申说,但理解起来并不容易。就好像眼睛只能看见,鼻子只能闻到、双手只能触摸。人因其"有限性"而只能对其所见有所想、对其所闻有所应、对其所触有所感,在应对外界万事万物的过程中,以为见到的、闻到的、触碰到的就是真实的。可以说,局部真实对局部来说就是全部真实,全部真实对局部来说就是真实的依据。像这样追问所有现象背后的统一本质,确实不是中国思想的主流传统。

就现实的层面来说,这个世界在表象上来说毫无疑问是纷繁复杂和凌乱片段的,进入人们意识之中的所有实物就其呈现样态而言就是"多"而并不是"一"。观杨慈湖上述所论,似乎与人们的常识背道而驰。宇宙和人生的本质到底是什么?我们面前的世界为什么是如此景象,这个世界的背后有一个真正的本质吗,我们能认识这个本质吗?我们要怎样去认识它呢?对于这些问题,自古以来哲人思想家们从未放弃过思考,中外思想史上也历来便有"一"和"多"的争论。实际上,若是不从根源处入手,不论说这个世界是"一"还是"多"都不能说没有道理,每天萦绕我们周围的,毕竟是一件件个体的事物和事件,"百姓日用而不知"就深刻地说明了人对于自身所遇所感的无意识性。但是究极地看,世间万物,总会有个共同的道理或者说共同本质,否则世界的呈现便就是一些单独因素的偶尔相遇而已,人生和社会的生活也便因此陷入无序之中。生活的经验告诉我们,生活的本相并非混乱和无序,这就更加确定了我们对世界本质之追认的意义。在杨慈湖看来,这个世界从本质上说可以用"一"来概括,并且,这个本质的"一"是我们可以把握的,它并非远离我们而是本身就和我们在一起,只是人由于受限于各种条件而意识不到这一点。杨慈湖这个乾坤之道、天人之道、三才之道的"一",很有点打破一切限制和隔阂而直指世界本质的意思。并且,慈湖之所以如此反复申说,并非他拍着脑袋空想出来,他是有亲身体证的,这个体证,慈湖经常用"觉"来描述,而且,他用来形容"觉"之状态或者"觉"之成果的概念,有时也用到"永"和"光",此容后文详述。

关于亲证世界本质的"觉",杨慈湖如此说道:"少年闻先大夫之诲,宜时复反观。某后于循理斋燕坐反观,忽然见我与天地万物、万事万理澄然一片,向者所见万象森罗,谓是一理通贯尔,疑象与理未融一,今澄然一片,更无象与理之分,更无间断,不必言象,不必言理,亦不必言万,亦不必言一,自是一片。看唤作甚莫,唤作天亦得,唤作地亦得,唤作人亦得,唤作象亦得,唤作理亦得,唤作万亦得,唤作一二三四皆得。"①这段慈湖的自述可以提供一些关于慈湖为学历程上的细节。我们前文已提到过,杨慈湖的思想受到其父亲之影响颇为巨大,其父杨庭显就对"一"特别偏爱。慈湖此次之"觉",即是遵照父命反复体验的一个结果。所谓"反观",宋儒邵雍《观物内篇》十二载:"夫所以谓之观物者,非以目观之也;非观之以目而观之以心,非观之以心而观之以理也……所以谓之反观者,不以我观物也。不以我观物者,以物观物之谓也,既能以物观物,又安有我于其间哉?"这个方法最大的特点,就是"不以我观物"。"我"跳出与外界事物的纠缠关联,静下心来观照自身之心,便可以得到以耳目口鼻观物所不能得的另一种结果。此时杨慈湖反观的结果之一,便是"忽见我与天地万物、万事万理澄然一片"。这种境界的获得怕不是在现实的层面上能够表呈出来的。杨慈湖所谓"向者所见万象森罗",用今天的话说,就是纷繁复杂的现象世界。在他未"觉"之前,他怀疑现象界的背后应该有"理",但是却始终觉得"理"与"象"是两回事。杨慈湖经过"反观"以后,情形就与之前大不相同了,他认为世界之本质并不是"理",而是"一"。虽然用"一"来描述他在当时的体悟状态也显得词不达意,但是终究不能没有一个概念或者词语来对世界本质进行描述,在更根本的意义上,"一"也是强为之说。

在杨慈湖这里,世间万物通体一片,完全融为一体,这实际上也就是儒家所追求的"万物一体"之境界。"万物一体"主要是说宇宙万物的本源和根基相同,人与人、人与自然息息相通,自然物与自然物息息相通。扩而言之,人类生命都可以说是"同根"的。再进一步,在本体层面,人与自然、人与物、物与物也都同根同源。对于真正体证到了这个境界的人来说,"万物一体"的境界毫无疑问是真实的,毕竟光凭想象而对之作出的描述不会那么感同身受,更叫人难以相信。就此而言,这种境界起码对于杨慈湖本人而言并不神秘,它是慈湖的真实感受和体验到的一种实存状态。因此,此处慈湖以己"心"之"觉"而体验到的"万物一体"之境界,实际上即是杨慈湖思想的终极指向和终极结果。但是,对于这种境界的获得本身并不是杨慈湖思想的主要目的,而是当慈湖作出如此这般思考时自然而然达到的一种境界,这种境界对于亲证了的人而言真实不虚,尽管慈湖也曾说过:"少读《易大传》,深爱

---

① [宋]杨简:《慈湖先生遗书》卷十五《家记九》,《杨简全集》第九册,浙江大学出版社2015年版,第2190页。

'无思也、无为也,寂然不动,感而遂通天下之故',窃自念学道必造此妙。"①
"感而遂通天下之故"这一境界的获得,绝不是把它当作追求的对象就一定
能够获得的,慈湖的意思只在于表达一种强烈的向往之心。我们要明了世
界原本一体,通过不间断的悟或者"觉",最终这种境界会自现眼前,否则即
便把它当作终身的目标也难以企及。

既然杨慈湖特别认肯"万物一体",那么包括人之生命在内一切宇宙间
的现象,从本质上说应该也是一体的。按照"万物一体"的观点,杨慈湖怎么
看待生命呢?慈湖对待生命和死亡的态度,既严肃而又潇洒,甚至是独特
的。慈湖以为,就人的生命体之产生过程来说,人的血肉之躯的最初来源,
与宇宙间的万事万物并没有什么两样,他说道:"吾之血气形骸,乃清浊阴阳
之气合而成之者也。吾未见夫天与地与人之有三也。三者,形也;一者,性
也,亦曰道也,又曰《易》也。名言之不同,而其实一体也。"②在杨慈湖的眼
中,所谓的天、地、人三者之区分,乃是从形态各异的角度而言的,从它们产
生的根源来说,三者都是"清浊阴阳之气"的和合,这就从根本处向我们表明
生命之产生的最初形态与宇宙间的其他事物的一致性。但是,尽管其根源
一致,而人之所以为人,它总有自身的特殊之处,在慈湖看来,那便是人在自
己的心中建立起了一个"我",这个"我"把自身与宇宙万物区分了开来。慈
湖说:"夫所以为我者,毋曰血气形貌而已也。吾性澄然清明而非物,吾性洞
然无际而非量。天者,吾性中之象;地者,吾性中之形。故曰'在天成象,在
地成形',皆我之所为也,混融无内外,贯通无异殊。"③他还说:"天,此物也;
人,此物也;地,此物也。无二一也,无二己也,皆我之所为也。"④慈湖以为
血气形貌肯定不能作为人之为人的独特之处,人之建立自"我"的一个重要
根据,就在于人之"性"有清明无际之特点,正因为如此,万事万物才无法限
隔人,"我"才可以衡量宇宙万物,这颇似陆九渊所说"宇宙不曾限隔人,人自
限隔宇宙"⑤。正因为人限隔了宇宙而非宇宙限隔了人,故此如果人自身主
动打破这种限隔,则生命的各种各样的状态实际上即可以理解为一回事,这

---

① ［宋］杨简:《杨氏易传》卷二十《易总论》,《杨简全集》第一册,浙江大学出版社 2015 年版,第 358
页。
② ［宋］杨简:《慈湖先生遗书》卷七《家记一·己易》,《杨简全集》第七册,浙江大学出版社 2015 年
版,第 1973 页。
③ ［宋］杨简:《慈湖先生遗书》卷七《家记一·己易》,《杨简全集》第七册,浙江大学出版社 2015 年
版,第 1973 页。
④ ［宋］杨简:《慈湖先生遗书》卷七《家记一·己易》,《杨简全集》第七册,浙江大学出版社 2015 年
版,第 1974 页。
⑤ ［宋］陆九渊著,钟哲点校:《陆九渊集》卷三十四《语录上》,中华书局 1980 年版,第 401 页。

一点似乎杨慈湖之子杨恪的妻子冯氏了悟得更为彻底,想来是受到了慈湖之思的影响,冯氏临终之前曾对其子野说过:"我虽病,实未尝病,生如死,死如生。"①这一面对生活的态度着实让人眼前一亮,真有点辩证法的味道。这么豁达地面对生死问题恐怕也非常人所能,就连孔老夫子对生死的态度,也不过是"未知生,焉知死"而已,难怪慈湖要对冯氏有一番褒扬了,慈湖对冯氏评价颇高:"呜呼冯氏! 死生一致,至哉斯言! 自古儒宗学子,不知其几千万,觉此者有几? 不谓妇人而有此!"②拿一妇人之言比较于自古以来儒学宗子是否悟"道",可算是儒学史上绝无仅有的行为。在杨慈湖的作品中,我们会发现有非常多的地方讲到了妇女的"觉",这在古代中国的男权社会形态下显得十分醒目,后文将对此问题详加讨论。

对于生死问题,杨慈湖自己的态度是:"德性虚灵,曩岂生,今岂死?"③这一观点似庄子,更似佛家。其子之妻受到慈湖的影响不足为怪。正因为对生死问题慈湖的态度是如此,所以在慈湖那里,孔子所不予理会的"怪力乱神",在慈湖看来也没什么不能谈论的,他的观点是大胆而超越前人的,慈湖以为"人鬼、生死实一",他说道:"人鬼、生死实一,非强一。盖人道之大,通三才,贯万古,分而言之有气有魄,合而言之一也。魂气轻清,其死也复于天;体魄则降而复于土,天地之分也。孔子曰:'人者,天地之德,阴阳之交,鬼神之会,五行之秀。'《中庸》曰:'天地之道,其为物不贰。'天者,吾之清明,非特吾之魂气归于天而已;地者,吾之博厚,非特吾之体魄复于地而已。人心广大虚明,变化万状,不出于中。其曰范围天地,发育万物,岂特圣人如此? 圣人先觉我心之所同然尔。德性无生,何从有死? 非二道也。"④杨慈湖以为人鬼、生死本是一回事,连圣人与普通人的区别也在这种同一性中被消泯掉了,慈湖如此之态度颇不似孔夫子"未能事人,焉能事鬼""未知生,焉知死"的观点。

实际上,孔子对待生死存而不论的观点算不得消极,他无非是想提醒人们,应该把更多的时间和精力花在"人"和"生"的问题上,而不必去汲汲于未

---

① 〔宋〕杨简:《慈湖先生遗书》卷五《墓志铭·冢妇墓铭》,《杨简全集》第七册,浙江大学出版社2015年版,第1920页。

② 〔宋〕杨简:《慈湖先生遗书》卷五《墓志铭·冢妇墓铭》,《杨简全集》第七册,浙江大学出版社2015年版,第1920页。

③ 〔宋〕杨简:《慈湖先生遗书》卷四《奠高处约》,《杨简全集》第七册,浙江大学出版社2015年版,第1898页。

④ 〔宋〕杨简:《慈湖先生遗书》卷十一《家记五·读论语(下)》,《杨简全集》第七册,浙江大学出版社2015年版,第2131页。

知的领域。但是杨慈湖直接将人鬼、生死问题同一化,则从根本上而言,连"人"和"生"的问题也不必过多考虑,那样也是浪费时间和精力。那要怎么办呢? 是"眼睁睁坐着等死吗"? 杨慈湖的办法就是干脆不去考虑这类问题,只要过好太阳升起的每一天的生活,在大化流行中按照人之所以为人的要求完成自己的生命过程,这便是人生的首要大事。故杨慈湖亦尝言:"子路亦尝问死,子曰:'未知生,焉知死?'不知者谓子不答其问,知者谓子真答其问也;不知者皆谓生有知、死无知,知者谓生非有知、死非无知,生与死,皆不可以有知无知言之,人能自知,则知之矣。子贡方以夫子之文章与言性与天道裂而为二,离而为三,是宜未足与语此,而曰后自知之。"①这段话更能看出杨慈湖对待生死问题的态度,其究极的考虑,还是万物为"一"。在现象的意义上及物理的意义上讨论生死,必然是有生有死。在本质的意义上及终极的意义上讨论生死,则无所谓生,也无所谓死,生死不过是生命的不同表现形式。杨慈湖因此批评子贡,说他对孔子思想的分析是裂一为二,是不可取的。

4.1.2 "道""道心"与"道在事中"

在杨慈湖的思考中,"道"的含义也相当广泛,它有时候与"一"的意思重合,但是在另外的语境中又有了其他特殊含义。杨慈湖讲"道",首先在于明了"道"的同一性、一体性,慈湖尝言:"圣贤之等不同,圣贤之道同。道也者,所以明其无所不通之称。惟同故通,不通无以谓之道。孔子曰:'谁能出不由户,何莫由斯道也?'然则奚特圣贤之道同,虽愚不肖之道亦同。惟愚不肖由之而昏,贤者由之而明,圣人由之而大明。"②杨慈湖承认人类社会中有圣人、贤人这样的等级之分。慈湖的眼中,天下的"道"就那么一个,是共在的"道",并非普通人、贤人和圣人各自都有自己的"道",区别之处在于普通人和贤人都掌握了"道"的一个方面或者一些方面,圣人则是全部拥有而已。另外,"道"对三种人所起到的作用也大为不同,圣人因全部拥有"道"而获得最高智慧,是这个社会的"引领者",普通人和贤人较圣人的层次低了许多,是这个社会的芸芸众生。慈湖也说:"夫道一而已矣。是道超出乎万物之

---

① 〔宋〕杨简:《先圣大训》卷五《管仲第四十》,《杨简全集》第六册,浙江大学出版社 2015 年版,第 1708 页。

② 〔宋〕杨简:《慈湖先生遗书》卷一《曾子序》,《杨简全集》第七册,浙江大学出版社 2015 年版,第 1847 页。

表,故曰首出庶物;是道能致万国咸安宁,故曰万国咸宁。首出庶物,似言天;万国咸宁,似言人。学者观之,疑不可联言,合而言之,所以明天人一致,使学者不得而两之。知天人之本一,则知乾矣。《彖》既释卦辞,又特发此旨,圣人之致教深也。《屯》之'天造草昧,宜建侯',言人合而一之,亦明天人之一致。"①慈湖以为,"道"从根本上来看只有一个,"是道超出乎万物之表"表明"道"本身具有的抽象性质,但是从根源处看,所谓的天与人,只是"道"的不同表现方式或者说是流行方式,"明天人一致"之本质,也就从根本上掌握了"道"本身。慈湖把具体的条目如"孝"作为例子说明什么是"道",慈湖说:"……又言夫孝,天之经,地之义,民之行,皆谓名殊而实一,道无精粗。"②慈湖还说:"孔子之心即道,其言亦无非道。举六合、通万古,一而已矣,无他物也。"③此处杨慈湖认为"孝"和"道"只是名称上的不同,其实质相同。孔子之"心"、孔子之"言"也是"道"或者说承载了"道",都在不同领域、不同层次、不同意义上展示"道"或者体现为"道"本身。慈湖举"孝"的例子来说明"道"在整体的意义上而言是一体的,之所以有这样或者那样的名称来对之进行描述,实在是不得已的事情。慈湖说孔子之"心"、孔子之"言行"也是"道",这也提醒我们"道"原本是"一",只是因为人在不同情况下的言说或者行为之需要,它才变得支离。慈湖讲"道"是一个或者"道"也就是"一"的地方还有很多,比如他说:

> 夫道,一而已矣。或一言之,或两言之,或三四言之,或易而言之,皆是物也。④

杨慈湖此处认为,"道"就是那么一个完整的"道",因为"道"的表达的需要而用言语对之加以描述。所谓的"皆是物也"并非指"道"是物体或者是个具体事物而言,而是说明对"道"的各种称呼指的都是"道"这个东西,而不是别的什么东西,无论有多少种称呼,"道"只是一个。慈湖又说:

> 夫道,一而已矣,岂有道德之异哉?人心有昏之间,故圣贤立言辨析其所以异。自古昔以来,崇道者纷纷,而得道者千无一,万无一。学

---

① [宋]杨简:《杨氏易传》卷一《乾》,《杨简全集》第一册,浙江大学出版社 2015 年版,第 18 页。
② [宋]杨简:《先圣大训》卷一《蜡宾第一》,《杨简全集》第五册,浙江大学出版社 2015 年版,第 1358 页。
③ [宋]杨简:《先圣大训》卷一《蜡宾第一》,《杨简全集》第五册,浙江大学出版社 2015 年版,第 1358 页。
④ [宋]杨简:《杨氏易传》卷八《临》,《杨简全集》第一册,浙江大学出版社 2015 年版,第 132 页。

者以思虑之所到为道,以言语之所及为道,则安能无所不通、变化无穷哉?①

在杨慈湖看来,现实中"道"与"德"的对举并不能否定"道"的一体性,而只是表明人们对"道"的认识出现了偏差,人心昏昧,因此才有所谓"德"的出现。尽管人们试图采用思虑、言语等不同的手段来思考"道"获得"道",但是恰恰是人们用错了方法,故此真正的"得道者"自古至今没有几个。慈湖由此出发的对"道"与"德"的思考就显得颇为特别,慈湖说道:

> 道、德非二。道者,通达之谓,至妙不可名,姑假道路以明其无所不通,天地人物,通此一道。人心之善,谓之德。此德即道也。苟不通达,则己虽有德而不自知,故曰道所以明德,非德外复有道,道外复有德也。②

杨慈湖在此处用"道路"这个日常生活中的用词来形象地提示"道"的通达性,"道"下落于人,在人心之善的表达就是"德",也就是说"德"由"道"而出,由"道"而派生。"道""德"一致论的根据即在于"道"的一体性,在"天地人物,通此一道"的含摄下,"德"也只能是"道"的某种属性,而不似我们今天所理解的道德之含义或者"道"和"德"的分别含义。

"道"在杨慈湖的思想中尽管在根本处与"一"的含义具有重合之处,但是慈湖讲"道"绝非仅仅就此一方面来说,在慈湖的思想中,"道"还有其他层面的含义,也需要我们留意。相对地说,"道"的这几层含义实际上都是总体的"道"之一方面内容的展示或者呈现。如杨慈湖曾说"庸常之心即道",他讲:"某谓忠信者与忠恕者,'己所不欲,勿施于人',即吾庸常平直之心即道。孔子曰:'主忠信',谓忠信即主本。渡河丈人亦曰:'吾之入于波流,忠信而已;其出也,亦忠信而已。'孔子使二三子识之。乌乎至哉!即吾与人忠不妄语之心,即道已。丈人当日之言,未必果曰忠信,往往曰'吾出入于波流',吾心如是而已,无说也,无术也。始吾之入也,如是而入;其出也,如是而出。世以如是而往,实直无伪,谓之忠信。忠信措吾躯于波流之中而不敢用其私焉,故能入,又能出也。此措非措,此不敢无意露。学者每熟静纵谈,惟心悟

---

① 〔宋〕杨简:《杨氏易传》卷十五《升》,《杨简全集》第一册,浙江大学出版社 2015 年版,第 268 页。
② 〔宋〕杨简:《先生大训》卷三《主言第十七》,《杨简全集》第五册,浙江大学出版社 2015 年版,第 1507 页。

后实。大戴所记孔子'忠信为大道'之言,益喜得圣言为证,证平常实直之即道。"①杨慈湖在此所说的"庸常平直之心即道",与佛家所谓的"平常心是道"有所不同。佛家所说的"平常心是道"更多的是一种提示或者开悟的方法,是在求道者多番寻找而不得的情况下,最后返身自求,发现"平常心是道"。而慈湖在此处的意思,"道"指的是一种即心而发、不需多做考量的真心意的流露,并且,此一真心意之发用流行,往往合乎社会礼仪伦常,具有一定的伦理功能,因此慈湖还说:"是心之不欺罔谓之忠信,是心之不放肆谓之敬。不放肆之心即不欺罔之心,乃庸常平正之心。古先圣人深明此心之即道,故曰中庸。"②"心"之中正和平的已发状态就是"道",就是中庸。

杨慈湖以为"庸常平直之心即道"是一个十分重要的观点,它告诉我们,尽管实际上求"道"的方式有千种万种,但那些方法极有可能都与"道"本身背道而驰,并不能最终通达于你所要追求的"道"。而如果"平直庸常之心即道",你只要在社会生活当中尽量返回自身,让"道"自然展现出来即可。在这个意义上,杨慈湖才说:"道在不远,人心之所自有,其发于夫妇、父子、君臣之间,甚著也。"③这是说人"心"本身就蕴含了"道"的全部属性,其实际的表现在日用伦常之间。慈湖还说:"君君、臣臣、父父、子子、兄兄、弟弟、夫夫、妇妇,即此道也。天之所以运化无穷者,即此也。孔子又谓凡物必由是而起,天地万物,诚无二道也,是故民咸听命而弗改也。所以咸听命而弗改者,以民心之所同然者,即此道也。"④这是明确认为各个道德条目在自身的意义上展示了"道",均得"道"之一偏,并且日用伦常的道德条目具有超时空性,人们的社会生活无法越出这一范围,因为"民心之所同然"。

杨慈湖有时也说"人心即道",并且是从人之"本心"即是"道心"的角度而言的。如慈湖尝言:"大道简易,人心即道。人不自明其心,不明其心而外求焉,故失之。"⑤人心是"道",求"道"需向内求索,不明白"心"的内在性和"心"可以含摄万物,就与"道"相距甚远而无法把握。慈湖还说:"人之本心,是谓道心。道心无体,非血气澄然如太虚,随感而应如四时之变化,故当跃

① [宋]杨简:《慈湖先生遗书》卷三《学者请书(一)》,《杨简全集》第七册,浙江大学出版社2015年版,第1883页。
② [宋]杨简:《慈湖先生遗书》卷三《詹亨甫请书》,《杨简全集》第七册,浙江大学出版社2015年版,第1887页。
③ [宋]杨简:《先圣大训》卷一《哀公问第二》,《杨简全集》第五册,浙江大学出版社2015年版,第1398页。
④ [宋]杨简:《先圣大训》卷四《虞戴德第三十四》,《杨简全集》第六册,浙江大学出版社2015年版,第1655页。
⑤ [宋]杨简:《杨氏易传》卷一《乾》,《杨简全集》第一册,浙江大学出版社2015年版,第19页。

斯跃,当疑斯疑,无必进之心。"①"本心"即是"道心","心"一旦发动起来,就是一念万物,一念发动处即是整个世界。慈湖又说:"人之本心,是谓道心,本正。正无实体,以不动名,动斯不安,必至失正。"②在最初的意义上,人"心"本正,"心"没有发动之时,只是一个"道心","心"动则开始摆脱其初始状态,陷入社会日常的纷繁复杂。慈湖还说:"道心中虚,无体无我,无适无莫,惟义之从。不能含章而喜于出己之长者,己私实作之也,道心不如是也。"③"道心"实际上如如不动,只是一个中正的自存者,私意一起就偏离"道心"。"道心"的特点被概括为"道心清明,无体无我,发则发,括则括,何适何莫?"④可见慈湖对"道心"的认识比较深刻和深入。由上述所引诸多关于"道心""人心"的论述可知,在慈湖的理解中,"人心"就是"道心",二者是一致的,并且,如同"人心"无实体一样,"道心"在本质上而言也无体,因其无体,才会至大至明至正。更重要的在于,这个"道心"人人都有,对此慈湖说:"道心人人之所自有,特以动乎意,故昏故乱。道心本清明,无庸加知,所谓'知及之''知者乐水',知者乐,乐此尔。知者动,道心日用而实未尝动,是为动尔。此人人之所同有,合知与不欲与勇而言之,则道心自然全成,本无亏少。"⑤在慈湖看来,这个清明的"道心"只要不受外物的干扰,其自然天成的状态是完满无缺的,只要不动乎意,则"道心"自在那里。"意"起则"我"乱,但昏乱并不能影响或实质性"伤害"到"道心"本身,"道心"只是会暂时地隐匿,在祛除尘垢以后,通体光明的"道心"自然显现出来。

　　杨慈湖关于"人心"即是"道心"的观点与自古以来"人心惟危,道心惟微,惟精惟一,允执厥中"(《尚书·大禹谟》)的主张大不相同。在《尚书》这一具体语境当中,毫无疑问"人心"与"道心"被分裂对峙起来了。在慈湖的实际生活中,他亲身体证到了"万物一体"的境界,天地万物都可以融合而成一,甚至在这种境界中物与物之间的差别都会消失不见,因此他主张"人心"即是"道心"也并不显得奇怪。问题在于,如此看待二者之间的关系,便使一般人人不易于找到作出此种理解的入手之处,直接一句话讲到底,出具了一个最深层次的结论,再没有进行理论上的分步骤说明,这就并不是每个人都能完全弄懂明白的,毕竟人的"根基"不同。没有体验过"万物一体"的境界,

① 　[宋]杨简:《杨氏易传》卷一《乾》,《杨简全集》第一册,浙江大学出版社 2015 年版,第 20 页。
② 　[宋]杨简:《杨氏易传》卷二《坤》,《杨简全集》第一册,浙江大学出版社 2015 年版,第 37 页。
③ 　[宋]杨简:《杨氏易传》卷二《坤》,《杨简全集》第一册,浙江大学出版社 2015 年版,第 40 页。
④ 　[宋]杨简:《杨氏易传》卷二《坤》,《杨简全集》第一册,浙江大学出版社 2015 年版,第 41 页。
⑤ 　[宋]杨简:《石鱼偶记》,《杨简全集》第三册,浙江大学出版社 2015 年版,第 976 页。

却在面对实际存在和现象世界时,要能够想象出万物齐一,对于芸芸众生而言,确实是个非常大的挑战。也许是考虑到了这一层面的问题,在慈湖的著作中,他也随处对"道心"进行适当的解释,尽可能让它听起来容易理解一些,颇有点"随处体认天理"的意思,尽管慈湖给我们解释的还并不是"天理"。

杨慈湖给"道心"以多面向的解释,在这些解释中,我们也许可以更加深入地理解慈湖关于"人心即道心"的思想。慈湖尝言:"祭礼观人之敬孝。敬孝者,即道心,故治务重祭也。"①以"孝"为具体的例子讲"道心",之前我们就讨论过了。慈湖说:"忠信之心即道心,人心即道,惟日用或有邪思乱之,故足以败其诚心,邪闲则诚存矣。"②又说:"忠信者,本心之常,即道心也。孔子曰:'主忠信。'明乎忠信,即主本;苟于忠信诚实之中而微动其意焉,则为支,为离,为陷,为溺,为昏,为乱。诚能不失本心之忠信,如文王之不识不知,无非帝则,如孔子之无知也而万善自备。"③还说:"呜呼! 此惟自明其心者知之。惟克艰兢兢,如恫瘝在身,则心不放逸,忧诚而正直矣。恫瘝之心即道心,恫瘝战兢,乃变化之妙用,非动乎意而放逸之谓也。"④又说:"光明者,内心光明,是为道心,是为聪明睿智。"⑤这些都是杨慈湖在解释什么是"道心"。

在杨慈湖眼里,孝敬、忠信、恫瘝、光明等均是"道心",并且其最大的特点是"道心"无体、清净澄明。按照这一理路,则慈湖上述所谓"道心",实际上指的是"道心"的发用功能或者"道心"在生活中具体的展开,因其"无体",故可以表现于万事万物中;因其"澄明",那么"内心光明"也便是"道心"。需要指出的是,慈湖所谓的"道心",其社会伦理的特性比较明显,他一直强调孝敬和忠信都是"道心",意在表明人只需在生活中时刻反思自身的行为,符合伦理规范的思考或者行为本身即是"道心"或"道心"之一种表现,并不存在超越日用伦常的"道心",这很有"百姓日用即道"的意味,也同时向我们表明"道心"不必向外寻求,而只在我们的心中,并非"人心"之外还有个独立于一切社会共同生活的"道心"。并且,任何社会生活的起始终结也需要依照"道心",否则容易陷入迷途而不自知,慈湖以为这一点连古圣先贤也难以避

---

① [宋]杨简:《五诰解》卷三《梓材》,《杨简全集》第二册,浙江大学出版社 2015 年版,第 398 页。
② [宋]杨简:《杨氏易传》卷一《乾》,《杨简全集》第一册,浙江大学出版社 2015 年版,第 24 页。
③ [宋]杨简:《杨氏易传》卷一《乾》,《杨简全集》第一册,浙江大学出版社 2015 年版,第 25 页。
④ [宋]杨简:《五诰解》卷一《康诰》,《杨简全集》第二册,浙江大学出版社 2015 年版,第 374 页。
⑤ [宋]杨简:《杨氏易传》卷五《比》,《杨简全集》第一册,浙江大学出版社 2015 年版,第 86 页。

免,因此他特别指出:"故古之圣人,恐惧兢业,常以克艰相规,不敢怠荒也。其有虽晓达事情,亦或知进退存亡而不本于道心,则不保其不流而入于邪。惟圣明白四达,道心不动,故常不失正,故两言'其惟圣人乎',以发明之。"①圣人的日用伦常和实绩功业,也是本于"道心",并且圣人在日用常行之间使"道心"发明出来,就是在实际完成圣人之所以为圣人的功业。

尽管"道心"在杨慈湖的语境中是那么容易接近和获得,但是实际上人在自身的社会生活中会有许多主观和客观的因素制约人们去直指心源、体会那个在慈湖看来十分真切的"道心"。慈湖就此十分认真地指出:"人生而私其己,乳曰己乳,少长而食曰己食,有夺之则争,爱则喜,有怒之则啼;又其长也,人誉之则喜,有言其失则不乐。大禹神圣,特以不矜不伐称,则人之好矜伐者,众矣。圣人深知夫人情难克其己私如此,故详其言,指切其验,庶几其或省也。亦犹《乾·文言》水火云龙风虎之喻,使人之己私消尽,则道心虚明,无我无体,如天地,如日月,如变化自生,当刚则自刚,当柔则自柔,当谦则自谦,如四时之错行也。"②人从小时候,有了"己""我"的概念,有了七情六欲和各种情感时,就开始离"道心"越来越远。因为有"私",自少至长都围绕着"我"展开社会生活,闻誉则喜,闻过则怒,慈湖真是把人生在世的基本特点刻画得惟妙惟肖。同时他也看到了己私克尽后的"收放自如"和"自由自在",就如四时之交替运行那般自然而然。慈湖又说:"道心之中无己私,果无己私,则自足以取信于人。无己私则明,明无己私。然则孚也,道也,明也,一也。而《象》又专言之,曰'明功也'者,何也? 道心人人之所自有,己私人人之所本无,惟昏故私,惟不昏则吾即道,虚明无我,本无所私,故归功于明。"③慈湖这里明确相信"私"与"道心"的隔绝性和不相容。"如四时之错行"是慈湖经常用到的一个比喻,有顺其自然、自然而然,像四季运行那般不受外力约束的意思。在慈湖这里,"道心"的呈现和获得在一定程度上受制于人之"私"欲,并且这个隔隔是从人很小的时候就已经开始了,圣人看到了人生当中的这个危害,故此圣人教化众生的手段之一便是教人"去私",私欲完全去尽,就像一切自然现象的直接呈现,天地、日月、四时自然变化,无私无欲,则"道心"自然显现。

杨慈湖对"道心"的思考可谓十分精细,他也时常举古代帝王的例子向人们表明,人若是不能明了"道心",即便贵为帝王,其人生也同样是令人同

①　[宋]杨简:《杨氏易传》卷一《乾》,《杨简全集》第一册,浙江大学出版社 2015 年版,第 34 页。
②　[宋]杨简:《杨氏易传》卷七《谦》,《杨简全集》第一册,浙江大学出版社 2015 年版,第 111 页。
③　[宋]杨简:《杨氏易传》卷七《谦》,《杨简全集》第一册,浙江大学出版社 2015 年版,第 124 页。

情的,他很有点为商纣的遭遇感到惋惜,说道:"纣之所以至此者,以不知明命也。明命即道心,失其道心,则无所不至矣。其端甚微,可不戒哉!"①慈湖此处所谓的"命",就是"道心"的意思,即是一种人应该从小就需要培养起来的德行,这种德行是保证人一生不流于恶途甚至死于非命的重要手段,然而"其端甚微",一不小心就会失去,商纣的例子就是明证。若按照慈湖之思考,实际上此处他也在表明人先天就拥有善良的本性,若是能够善加保持,"则无所不至矣",否则"道心"失去,人也会离自身的本性越来越远,这一点与慈湖讲人心本清明、人心本善的观点十分一致。从这个意义而言,慈湖也经常说"心即道",并且曾经作诗表达过这层意思:

> 某信人心即大道,先圣遗言兹可考:心之精神是为圣,诏告昭昭复皓皓。如何后学尚生疑。职由起意而支离。自此滥觞至滔裹,毋惑怀玉不自知。何思何虑心思灵,不识不知洞光明。意萌微动雪沾水,泯然无际澄且清。②

考之先圣遗言,"人心"即"大道"确定无疑。"心"之散发和通灵四达,也就是圣人境界的充分体现。我们甚至可以认为这首诗是杨慈湖的"得道"之作,在有限的文字表述中描绘出"心"的最高实相,非有如实体验者而不能为也。另外,关于"心"与"道"的一般关系,慈湖反复申说,他说:

> 《象》曰"中以行愿"者,明六五非利于此,而勉为谦降也。六五得道焉。中者,道之异名。盖其心所愿,自尔谦虚。所谓谦虚者,即道也。故曰"中以行愿也"。得道者非于心外得之,心即道也。孔子曰:"心之精神是谓圣。"③

这是说"心"即"道","中"也是"道"的别名。"道"在现实的表现上是多层次多含义的,此处说的是"泰卦"之中,"谦"即是"道"。慈湖又说:

> 人心即道,故曰"道心"。道心无体,因物有迁,迁则有所倚,有所倚则入于邪。不动于意,本无所倚,本无邪偏,何思何虑,自至自中,自神自明,自无所不通。④
>
> 人心之神如此,人心即道,故舜曰"道心"。敬也,哀也,欢也,信也,

---

① [宋]杨简:《五诰解》卷二《酒诰》,《杨简全集》第二册,浙江大学出版社 2015 年版,第 390 页。
② [宋]杨简:《慈湖先生遗书》卷六《送黄文叔侍郎赴三山》,《杨简全集》第七册,浙江大学出版社 2015 年版,第 1941 页。
③ [宋]杨简:《杨氏易传》卷六《泰》,《杨简全集》第一册,浙江大学出版社 2015 年版,第 96 页。
④ [宋]杨简:《杨氏易传》卷十四《益》,《杨简全集》第七册,浙江大学出版社 2015 年版,第 247 页。

戚也,仁也,怒也,忧也,皆此心之为同。直心而行则诚,动乎意则伪。孔子发明人心自有之神,所以明道也。①

这是明确讲"人心"即是"道心","道心"本中本正,"人心"尽处即是"道心"的自我表达之处。若是按照"敬""欢""信"等心之属性尽其心,也就是体现了"道心"。慈湖又说:

> 人未有自至乎道者,至于丧亲,如天地崩陷,人子不复知有身,此身死亡犹不计,而况他乎? 百无所思,纯一哀痛,此纯一哀痛即道也。子庸亲履此境,已至于道,顺达敬养,无放无逸,自然为礼,为义,为忠信,为众善百行。其处家应物,事事有条理,得已即已,不得已则知微知彰,知柔知刚,一一中节矣。人心即道,日用不知,因物有迁,至丧亲而复始纯一不杂。②

上述所引四个例子之中,杨慈湖都主张"心即道"。我们需要明确,"心即道"是说"心"包含了"道"的各种特性和"道"之现实表现的本源性存在,从这个角度而言"心"与"道"本质上是一体的。正如慈湖所言,"道"本自神自明,无所不通,但是,一旦人陷入由外物所构成的世界当中,"道"或者"心"的这种自性便被掩盖了,究其原因,外物之所以有陷溺人心的能力,还在于人易于"迁于物"和"动乎意",这就必然涉及"心"与"意""物"的关系了。尤其是"心"与"意"之关系及其衍生出来的问题,我们会在下节详述。

基于上述思考,杨慈湖也经常讲人事即是"道",或者说"道在事中",这毫无疑问是就"道"的发用流行和"道"在生活中的具体表现而言。因此,我们也可以说"道不远人"的思想在慈湖这里也仍然有清晰的表现,并且慈湖对此的解释更加彻底,因为"事在人为",所以"道在事中"本身就意味着它与人的关系是不可分离的,"道"不是处于人之外的"死理",而是处于生活日用之中的"活理",它借助人所做的事由在思维中的存在而成在现实中的存在,在人的面前显现出来。不但如此,"道"与"事"之间构成了一体多用关系,同一"道"可以通过不同的"事"表现出来,并在不同情境下转化成各不相同却同样有效的处事方法。慈湖还说:

> 孔子节节明人事即天道,于是又言地生庶物,明地亦此道也。当时

---

① [宋]杨简:《先圣大训》卷五《臣谏第四十六》,《杨简全集》第六册,浙江大学出版社 2015 年版,第 1739 页。

② [宋]杨简:《慈湖先生遗书》卷三《王子庸请书(二)》,《杨简全集》第七册,浙江大学出版社 2015 年版,第 1889 页。

对语之辞,必不止于此,情状必甚明白,记者不善属辞,不能尽写之,辞
或忘脱,致辞旨不甚明白。"如""而"通用,前屡见之。"率天而祖地",
非天地有二道也。"能用民德",即天地之道也。①

慈湖又说:

> 道至近、至易、至简,人事即天道。鲁君虽至昏庸,孔子每启之以大
> 道,以道即事,事即道,不必深求而远索。天下事物,非孟即幼,非雄即
> 雌,阴阳迭兴,互作而顺,则无非至正之统。如日月互兴,天人无二,而
> 人自疑。②

经过杨慈湖的解释,他认为即便是孔子也未曾否定过"道"是远离于人
的,由于记述孔子言论的人理解不了圣人之言和圣人之意,记录成了片段,
造成了词不达意的结果。杨慈湖以为,天地之道与人之关联的地方就在于
"能用民德",实际上也就是天地之流行运化,为人提供各种物质资料的储
备,即所谓的"地生庶物",天生万物、地养万物本身就是一种"有德"的行为。
"道即事,事即道"的明确说法足以使我们茅塞顿开,原来生活中的一切事
项,本身也在体现着"道",如此一来,慈湖之"道"便就是生活中的具体事务
本身,这样讲当然"道不远人"。"道不远人"不是说有个孤零零的"道"离我
们不远但是我们又感觉不到它,而是说"道"本身就可以分裂为或者表现为
人的日常生活的方方面面。

4.1.3 "性""性量广大"与人性之善与恶

在杨慈湖的思考中,还有一个概念与"一"和"道"在某些情况下具有相
似的含义,那便是"性"。一般而言,儒家论"性"的主流,是谈论人之"性"的
价值判断,而并不是从本质上讲明"性"到底是什么,把"性"描述成是善还是
恶或者是善恶混杂一直是儒家考察的重点,对于这个问题,慈湖的思考则更
进一步,他不似孟子"存心养性"之说和陆九渊"在天者为性"③的看法,在慈
湖这里,他除了承认"人性本善"这个儒家传统的观点,还明确指出了"性"之
含义和"性"所具有的品格,进一步地,慈湖干脆直接讲"性"与"心"本是一

① [宋]杨简:《先圣大训》卷四《虞戴德第三十四》,《杨简全集》第六册,浙江大学出版社 2015 年
版,第 1656 页。
② [宋]杨简:《先圣大训》卷四《诰志第三十五》,《杨简全集》第六册,浙江大学出版社 2015 年版,
第 1667 页。
③ [宋]陆九渊著,钟哲点校:《陆九渊集》卷三十五《语录下》,中华书局 1980 年版,第 444 页。

体,"性"即是"心"。慈湖论"性",他先要说明的是"性"从本质上而言是怎么回事,慈湖说:

> 人之生如日之东升,壮如日之中天,衰如日之昃,死如日之西入。日有东西出入之异,其光明一也。生者血气之所聚,其性犹是也。老死血气之衰散,其性亦犹是也。性非气血,无形体;有形体,血气则有聚散。非血气形体,则无聚散。愚者执气血以为己,故壮则喜,老则忧惧,其无已也。明者知性之为己,性本无体。平时固自不立己私,不执血气为己性。如日月之常明,则血气之或衰或散,固不足以动其心也。①

杨慈湖把人的一生用自然现象的消长变化作了比喻,就如太阳,东升西落自然是不同时间节点上太阳的自我表达,但太阳无论在何时表达自身,共同的一点就是"光明"本身始终都是太阳的独有特质。人之"性"的特征就如太阳之"光明"的特征。人无论从少至长、从小到大,"性"本身始终都是一致的。就如"光明"是太阳的特质而本身没有"体","性"之于人本身也没有"体",守住一"心",则无论血气聚或是散,"性"都会恰当地自我表达,一如太阳之"光明"普照万物。

关于"性""命"与"道"的关系,杨慈湖又大加发挥道:

> 人之性命即道,而未有知之者,故孔子因哀公之问以言之。命者,性之始,虚名尔,非有命、性之二体也。曰分者,何也? 道则一,人则众,因人之常情而言,自一而散殊,故曰"分于道",自形而言也。人与道实未始分也,分则异矣,何以曰道?《易》曰:"百姓日用而不知",则人之用,无非道者。分形于至一之中谓之性,故性未始不一。②

杨慈湖明确主张"性""命"之分来自人之庸常,"道"与人也始终一体,但社会生活的实际是"百姓日用而不知",人之"用",还在于对"道"的用,对"道"某一个方面或层面的在社会生活中无限延展。那么,"性"在"道"表达自身的过程中,会表现出怎样的特点呢? 杨慈湖接着说:

> 明者深念蒙者之性至善至灵至神,特不自觉自信,致此蔽塞,甚念启告之也,然亦不敢无故而强告之,必待蒙者求我而后告者,欲其志应也。志不相向,虽明告之,不听。③

① 〔宋〕杨简:《杨氏易传》卷十《离》,《杨简全集》第一册,浙江大学出版社 2015 年版,第 189 页。
② 〔宋〕杨简:《先圣大训》卷六《命性第五十三》,《杨简全集》第六册,浙江大学出版社 2015 年版,第 1780 页。
③ 〔宋〕杨简:《杨氏易传》卷三《蒙》,《杨简全集》第一册,浙江大学出版社 2015 年版,第 57 页。

杨慈湖又说:

> 性即心,心即道,道即圣,圣即睿。言其本谓之性,言其精神思虑谓之心,言其天下莫不共由于是谓之道,皆是物也。①

杨慈湖所谓"性至善至灵至神",意在突出"性"的内在性和无所不能无所不知,而他说"性非血气",实际上已经是对"性"的一种明确界定和定义了,表明慈湖眼中的"性"首先不是生理意义上的,并不是"一团血肉",并且生者、老者、死者"其性犹是也"证明"性"是"一",故他说从根本上讲"性未始不一",而其现实的表现可以是"多"。"性本无体"是说慈湖以为人之"性"在本质上而言不是一个实体性的存在,它与生俱来,却要通过实体性的人之"身"来承载,所以慈湖说"命者,性之始,虚名尔,非有命、性二体也"。即是说"性"从人获得生命的那一刻起就已经存在,却不是有个"性"还有个"命",而是一物两名。杨慈湖经常说"人之性命即道",也表明"性"与"道"在慈湖的思想中也具有一致性,所以他会在不同场合说"性即道"。

另外,杨慈湖的著作中花了很多篇幅来对"性"的品格和特点进行描述,如上文他说"性至善至灵至神"即是从总体上而言,若是人对这一点不能够有一定程度的自觉或者自信,那么"性"的此一方面之品格就容易被忽略,从而造成"蔽塞"。最后,慈湖把"性""心""道""性"等等的含义在根本处来了个统一,它们在慈湖的语境中都是一回事,都是"一",都在讲宇宙社会与人的共同本质,只是分别开来说,"性"是从本源的方面来讲,"心"主要指人对社会万物的精神层面的考量,而"道"最初是一种借喻的用法,人们把大家共同行走的"道路"和共同遵循的行为规范称为"道",后来才慢慢地演变成为"道"在当时以及后世的形上意义。

也就是说,杨慈湖以为"心""道""性""一"四者在本质上而言具有同一性,它们只有侧重点的不同,而并非重要性或者层级上存在差别。如果细作分析,慈湖言"性即心"确乎有以心统性的意思,对此也并不难理解。在慈湖的思考中,"心"主要是就其思虑功能而讲其特质的,若是"心"都不存在了,认识"性"或者"道"的主体承担者也就不存在,那样的情况下"性"或者"道"甚或是"圣"便无从向我们显示其意义,故此慈湖倾向于说"性即心"而较少说"心即性"。因为慈湖力主"性即心",并且从更为根本处而言"性""心"二者一致,故此他对分裂二者的看法十分不满,他对孟子的分"心"与"性"为二

---

① [宋]杨简:《慈湖先生遗书》卷八《家记二·论书》,《杨简全集》第八册,浙江大学出版社 2015 年版,第 2020 页。

的观点就多次提出批评,他说道:"孩提皆知爱亲,及长皆知敬兄,不学而能,不虑而知,非圣乎? 人惟不自知,故昏故愚。孟子有存心养性之说,致学者多疑惑心与性之为二,此亦孟子之疵。"①当然慈湖此处是就孟子分"心""性"为二的做法提出责难,称之为"孟子之疵",这是慈湖不同意孟子分"心""性"为二的地方,但是慈湖对于孟子"人性本善"的观点,则是赞同的,慈湖以为正因为"人性本善",故此"性"在其发用流行的过程中,在社会生活的参与中才会时刻体现为"善"而不是相反。

　　"性"本无体是杨慈湖之主张,正因为其无体,故此其有无尽的包容性和广大的含蓄能力,在慈湖这里,人之"性"甚至是包举宇宙社会人生之一切属性的,慈湖多次表明这样的态度,比如他说:"吾性澄然清明而非物,吾性洞然无际而非量。天者,吾性中之象;地者,吾性中之形。故曰'在天成象,在地成形',皆我之所为也。混融无内外,贯通无异殊,观一画,其旨昭昭矣。"②"性"不是一个具体的器物,也不体现为一定的"容量",却广大涵容,无所不包。他还说:"物有大小,道无大小;德有优劣,道无优劣。其心通者,洞见天地人物尽在吾性量之中,而天地人物之变化,皆吾性之变化,尚何本末、精粗、大小之间? 虽《说卦》有'父母六子'之称,其道未尝不一。《大传》曰:'百姓日用而不知',君子小人之所日用者,亦一也,惟有知不知之分。"③"心"的功能若是被加以发挥扩大,则天地万物、社会人伦的一切变化云为,通通尽在掌握之中,就似"心宽则天地宽",有多大的心量就有多大的世界。在慈湖的眼中,宇宙天地万物均在吾"性"之中,说天地人物之变化"皆吾性之变化",其意思并非从发生论的角度而言的,他当然不会以为自然界中的山川湖海草木花鸟是其"性"变现出来的,而只是在说,实际上当人与"异己"的客体世界打交道时,客体就进入了主观的意识领域,其一切的现象呈现和变化都要依靠人之"性"对之加以理会和理解,就此意义而言,在所谓的人认识世界的过程中,主观与客观本就是一体的,二者之间在认识世界认识事物之时没有什么间隙,否则人如何得出对客体世界的种种判断? 因此杨慈湖主张天地人物之变化"皆吾性之变化"并非什么"主观主义"或者是"唯我论",它首先应当是一种与世界沟通的方式,并不意味着要把客体世界吞

① ［宋］杨简:《慈湖先生遗书》卷八《家记二·论书》,《杨简全集》第八册,浙江大学出版社 2015 年版,第 2020 页。
② ［宋］杨简:《慈湖先生遗书》卷七《家记一·己易》,《杨简全集》第七册,浙江大学出版社 2015 年版,第 1973 页。
③ ［宋］杨简:《慈湖先生遗书》卷一《周易解序》,《杨简全集》第七册,浙江大学出版社 2015 年版,第 1844 页。

没到"我"之中。因此批评慈湖要用主观的世界来吞没客观世界,是典型的唯我论的说法,并不能反映慈湖之思想的真际。① 慈湖在此处所论说的"性"的诸多方面特点,与他对"心"的理解基本一致,因为他也确实明确说过"性即心"。即是说,杨慈湖以为此问题根本不是"有没有"的问题,而是"知不知"的问题,就是说,不论人们是否认识到"性"澄然清明、洞然无际的特性,无论是否意识到它的存在,它依然是按其所是的样态存在在那里。我们前文曾经说过,慈湖对世界本相的理解,是基于他的"亲证"的,而不是理论上的推演或者凭空的臆测。

杨慈湖对世界本质的"亲证",在他的语境中称为"觉"。慈湖一生实际上经历了无数次的"觉",其所使用的方法,在他的著作中有大致清晰的线索,即是"反观"或者"静坐"。这样的方法似乎是杨慈湖日常生活中的一部分,而不是如一般儒者,对这种方法有所排斥。"反观"在慈湖的语境中,有时也用"旋"来表示,如慈湖说:"何谓旋?人心遂遂乎外,惟能旋者则复此心矣,岂不大哉!孔子曰:'心之精神是谓圣。'孟子曰:'仁,人心也。'某自弱冠而闻先训,启道德之端,自是静思力索者十余年,至三十有二而闻象山先生之言,忽省此心之清明神用变化,不可度思! 始信此心之即道。深念人多外驰,不一反观。一反观,忽识此心,即道在我矣。"②慈湖在此处把"反观"或者"旋"讲得已经十分明白,"复其本心"是其中最重要的维度。

杨慈湖采用这种方法是受到了他父亲的影响,他因"闻先训"而"静思力索"长达十余年的时间,32 岁后经过陆象山的触发,在克服了一般人都容易犯的"向外寻找"的毛病以后,终于悟得"道在我"。有研究者以为"'反观'之法最早表现为一种反省内查的功夫,即在为人处世、从政治国的过程中,遇到某些问题,就应该自我检查一番,自己的思虑行为是否端正得体? 这与其说是一种认知方法,毋宁是一种自我道德修养的状态"③。如此理解"反观",似乎并不得慈湖之思考的真实状况。"自我检查"充其量只是一种反思而已,并且把"反观"说成是道德修养的状态也并不恰当。道德修养状态的呈现,是以道德水平的高低和道德的行为来展现的,否则没有办法证明一个人的道德修养到底是高还是低,因此道德修养在实际的生活中不应该被描述成一种状态或者境界,而应该是一种道德行为的展现,否则每个人都可以声称或者装作道德修养很高。而"反观"所达到的境界,在慈湖这里绝不是

① 崔大华:《南宋陆学》,中国社会科学出版社 1984 年版,第 140—155 页。
② [宋]杨简:《杨氏易传》卷五《履》,《杨简全集》第一册,浙江大学出版社 2015 年版,第 89 页。
③ 郑晓江、李承贵:《杨简》,台北东大图书公司 1996 年版,第 100 页。

道德水平的提高和道德行为的呈现,他确实是体验到了"天地万物通为一体"这个儒家所追求的终极境遇,在追求这个境遇的过程中,道德修养只是其中的一个组成部分,而并非全部,也绝非"反观"的最后目的。这一点杨慈湖不止一次谈及,如慈湖说:"简行年二十有八,居太学之循理斋,时首秋,入夜,斋仆以灯至,简坐于床,思先大夫尝有训:'日时复反观。'忽觉空洞无内外,无际畔,三才万物万化万事幽明有无,通为一体,略无缝罅。"①"觉"了以后的世界一片光明,通为一体。对于这个事件慈湖也曾作如下记述:"少年闻先大夫之诲,宜时复反观,后于循理斋燕坐反观,忽觉我与天地澄然一片。"②这里的记述略显简单,但两段文字共同的关键词,其基本含义一致,"一体""一片",总之最后是个"一",没有阻碍、断裂、凸起、凹陷,整个是圆融无碍的一个整体。经过"反观",世界的本相被洞察无余。

上述两段材料记述的均是有名的"循理斋之悟"。许多研究者都把这个事件当作杨慈湖思想发展过程中的重要事件来看,认为这是慈湖思想的一次重要转变,比如有学者讲道:"此次大觉使慈湖悟出万物与我为一体,澄然一片。可视为慈湖进入心学门槛的标志。"③但是,研究者们都忽略了另外的一个重要问题:慈湖是通过什么样的方法才获得了如此之悟?恐怕慈湖只靠进行反思或者提高道德修养是难以完成的。其实稍加留意即可明了,慈湖的方法正在于"时复反观"。慈湖自述此时他已经 28 岁,但是他对"反观"方法的使用却并非始于此时,而是少年时期即已经开始,只不过到这次的时候,才有了大成就,那就是慈湖"觉"了。他觉到的状态是"空洞无内外,通为一体,略无缝罅"和"我与天地澄然一片"。慈湖用如此优美柔和通体光明的语言描述出他"觉"后之状态,必定是他的亲身体会,而对这样一种状态的描述,我们似乎在其他的宋明儒者那里并不容易见到。因此,说此次大"觉"是慈湖"心学门槛的标志"并不恰当,因为此前慈湖一直在用"心"去"觉",只是收效并不明显,如果非要用"心学"来说明慈湖之学,称这次为慈湖"心学"的第一个重大成果似乎更为合适。实际上慈湖这次循理斋之悟,就是他用己"心""觉"到了"一"的最好说明,是慈湖思想"'一'—'心'—'觉'"动态结构第一次全面而完美的展示,仅仅使用其中任何一个方面的概

---

① [清]冯可镛、叶意深:《慈湖先生遗书》卷二十二《慈湖先生年谱一》,《杨简全集》第十册,浙江大学出版社 2015 年版,第 2364 页。

② [宋]杨简:《慈湖先生遗书》卷十五《家记九·泛论学》,《杨简全集》第九册,浙江大学出版社 2015 年版,第 2190 页。

③ 郑晓江、李承贵:《杨简》,台北东大图书公司 1996 年版,第 30 页。

念来形容慈湖之思考,都不全面。其中根本的问题在于,慈湖认为"性即心",那么"心"的"觉"也即是"性"的"觉","性"之所以能"觉",原因不在外面,而只在它本身即是"一",人未"觉"之时,"性"的状态要么是"一",要么便是支离万状,即他经常讲的"性量广大无边"。因其广大,便足以容纳整个有形和无形的世界。

杨慈湖论"性",当然也会有个价值判断的问题,即是他以为,"性"在本质上而言是"善"的,人之所以在社会生活中有的"恶"的表现,原因在于"性"之质被蒙蔽,人处于蔽的状态当然会离开它本然的状态越来越远,即是慈湖所说的"人性本清明,动乎意故昏。常不动乎意,则常清明,久则前知矣"①。在慈湖的语境中,"人性本善"从来都是他一直坚持的价值判断,慈湖尝言:

> 人咸有良性,清明未尝不在躬,人欲蔽之,如云翳日,是故不可无学。学非外求,人心自善,孩提皆知爱亲,及长皆知敬兄,不学而能,不虑而知,人心自仁,大道在我,无所不通。②

从"性"覆盖的范围说,每个人都有纯一无染的"性",但是一旦"欲"起,则如乌云遮住了月亮,自光自华的月亮被隐藏起来了。拨云见日靠风,去人之欲靠"学",而"学"的方法却不是通常意义上的去学校、从先生之"学",而是"自学",就是通过反观自身了悟自性。慈湖说道:

> 明者深念蒙者之性至善至灵至神,特不自觉自信,致此蔽塞,甚念启告之也,然亦不敢无故而强告之,必待蒙者求我而后告者,欲其志应也。志不相向,虽明告之,不听。③

> 惟明者深知人之性本善本明,因何以蔽,因何而蒙,蔽在某处,病在某处,因其蔽处病所而刑之,则桎梏可脱,是谓以正法刑人。每叹以邪法刑人,益人之桎梏者,多矣!为人上者,以不正之法刑人而欲人之正,为人师者,以不正之法教人而欲人之明,是谓以其昏昏使人昭昭。盖有人心自正而反阻之遏之,人心不正而反进之导之,自三代衰,正法不行,以蒙治蒙,以乱治乱,往往而是。所赖人有常性,终不磨灭也。④

此处杨慈湖提出了"明者""蒙者"的区分。从根本处说,"明者""蒙者"

---

① [宋]杨简:《石鱼偶记》,《杨简全集》第三册,浙江大学出版社2015年版,第977页。
② [宋]杨简:《慈湖先生遗书》卷二《乐平县学记》,《杨简全集》第七册,浙江大学出版社2015年版,第1859页。
③ [宋]杨简:《杨氏易传》卷三《蒙》,《杨简全集》第一册,浙江大学出版社2015年版,第57页。
④ [宋]杨简:《杨氏易传》卷三《蒙》,《杨简全集》第一册,浙江大学出版社2015年版,第59页。

有共同之处,他们都有至善至明之"性"。而两者在社会生活中的区别,可就
太大了。"明者"的作用在于"明",因其自觉自信自身之"性"故而占有智慧
上的优势,因而能启迪其他社会成员,要达到真正的启发之实效,还需要"蒙
者"主动求之,类似孔子所说"不愤不启,不悱不发"。慈湖将这种主动求变
的思虑称为"志","志"不立,虽"告"无益。他打了个比方,"明者"如同法官,
"蒙者"之"弊病"如同犯人身上的桎梏。枷锁在身,自然无法过上正常的生
活,人心之陷逆自三代以来就已经如此,之所以始终没有救治过来,是方法
不对,以蒙治蒙,以乱治乱,结果是越治越乱。因为"性"本身常驻人身,如宝
珠之在泥沙,虽被污浊环境包围,仍不失其光明之质,三代因此赖以不坠。
接着这样的思路,谈完"性"自神自明的特征,慈湖又直接谈"性善"问题,他
说道:

> 民性自善自中,惟左右之,使饥寒不切其身,不拂乱其性,又以五礼
> 防其伪而导之中,以五刑防其过而协于中,凡此皆所以左之右之。尧匡
> 之直之,辅之翼之,知民性之本善,故左右而养之。后世不知民性之本
> 善,无礼乐刑政以左右之,三才之气乖乱,凶灾饥馑洊臻,民困穷无告,
> 又立法以利导民之私欲,以乱法导乱民。及民抵冒肆犯,则又曰民顽不
> 可训,遂伤残之,又轻重不当。为善者未必免,为恶者未必刑,罪重者得
> 轻刑,罪轻者得重刑,民益乱,不知所为,尽胥而为恶。皆由不知民性本
> 善,不左右之而困之,又直扰害之故也。①

上述引文中,杨慈湖都十分明确地表达了他对"人性本善"的相信,并且
这一善良之本质实际上人人共有,但是问题在于只有"明者"才知晓人性的
这个本质,而一般的人因为受制于自身之欲望或者被外物蒙蔽,不明白这一
道理。在慈湖看来,对于"人性本善"的相信程度随着人类历史的不断向前
发展而有所减弱,因为这个原因,在尧舜时代的人容易教导,而越是往后,尽
管制定了各种各样的礼制、法规、刑政,人们的社会生活表现出的更多的是
人欲而不是人的本性,故此各种灾害才会不断出现。究其原因,都在于后世
之人"不知民性本善",而实际上更根本的原因在于,人们只是不断地从外在
方面制定规则来使人向善,而不知向内寻求,从人的内心深处把原本就具有
的善性找回。

杨慈湖深有感触地说:"人性自善,人心自仁。其于父自能孝,其于君自
能忠,其于天下事自能是是非非、善善恶恶,此之谓天下同然之心。孔子曰:

① [宋]杨简:《杨氏易传》卷六《泰》,《杨简全集》第一册,浙江大学出版社 2015 年版,第 92 页。

'心之精神是谓圣。'言乎人心之灵与圣人同也。深惜夫人皆有至善至仁与圣人同然之性,偶为利欲所昏,遂迷遂乱,遂惟利是从,而不顾夫大义也!人性自清明,自广大,自中正,自无所不善。无动焉,无作焉,直而出之,自不肯行不义,自不肯杀不辜。使行一不义、杀一不辜而得天下,自不肯为也。此非独孔子、伊尹、伯夷及古列圣如此,举天下之人心未动利欲之意,则皆不肯如此也。三代衰,孔子殁,义利之辨寝不明,利欲之说滋炽。秦汉以来,人心益昏益乱。"①慈湖反复强调的是人心至善的共同性,人人都有,自古皆存,只不过这个共同的"善"随着时间越来越靠近当代,其展示出来的程度就越低。这里慈湖只是描述了这种现象,至于为什么会出现这种现象,慈湖并没有给出解释。关于这一点,生活在当代的我们似乎也会常有相似的感慨:我们总以为自己生活的当下,道德水平和人心向善的程度,与此前历史时期的人们比起来总是不如,甚至是"一代不如一代"。怀恋上古、追念三代在中国的思想史上是一个较有特色的传统,它类似于一个成年人总是会怀恋小时候的自己多么单纯善良、无忧无虑,人类在成年的时期也会追念自己天真无邪的"童年"。按照杨慈湖的理解,中国古代社会的人们向前走的过程伴随着"本心"的丧失,靠自身的力量又无法时时靠拢回向"初心",因此"上天有好生之德",命圣人降世,对人时时提携,维持道义不坠。

在杨慈湖这里,"性即心",所以慈湖说"人性本善"之时同时也就意味着"心"是本善的,这一点我们前文谈论"心"的特性时已经说过。也就是说,在慈湖这里"心"与"性"是一体的,不能分离,不能对立地看待,也正是在这个意义上,慈湖尽管同意孟子谈人性本善,却坚决批判孟子分心与性为二之说。慈湖说:"性即心,心即道,道即圣,圣即睿。言其本谓之性,言其精神思虑谓之心,言其天下莫不共由于是谓之道,皆是物也。孩提皆知爱亲,及长皆知敬兄,不学而能,不虑而知,非圣乎?人惟不自知,故昏故愚。孟子有存心养性之说,致学者多疑惑心与性之为二,此亦孟子之疵。"②因此按照慈湖的思路,根本就不必存心养性,因为二者本来就是一回事。中国思想史上有关"心"与"性"二者关系的讨论起源很早,《尚书·召诰》中已经有了"我有周御事,节性,惟日其迈"的说法,其中所谓"节性"有节制性情的意思。孔子也有"性相近,习相远"的论述,而孔子的意思是就先天本质和后天涵养的双重

①　[宋]杨简:《慈湖先生遗书》卷十六《家记十·论治道》,《杨简全集》第九册,浙江大学出版社2015年版,第2212页。

②　[宋]杨简:《慈湖先生遗书》卷八《家记二·论书》,《杨简全集》第八册,浙江大学出版社2015年版,第2020页。

含义而言的，就先天本质而言，人性只是相近，但孔子并未给出具体的价值判断。就后天涵养而言，则更为重要，因为后天环境影响到了人在社会生活中对己身之本质的发挥。到了孟子这里，才明确地讨论"心性关系"。孟子确实把"心"与"性"二者区分开来，并且将二者放在"心—性—天"这一逻辑序列中考察，把"性"作为连接人与天的桥梁，从而以"二分"的观点对待心性关系。而到了慈湖这里，他则明确反对分心、性为二，可以说慈湖的"心性"之说一论到底，如果二者本一，则不会产生支离之感，这正符合杨慈湖一贯以来对"一"的思考。

4.2 "心"与"意"

4.2.1 "心""意"与"毋意"

在杨慈湖的思考中，"心"概念毫无疑问是十分重要的，但是是否应该以学界所谓"以心为本"的"心学"来衡论慈湖思想，则还需要仔细思量。"以心为本"这个词本身的含义，就可以有多维度的解释。是以心为"本源"还是以心为"本体"，直接关系到对慈湖思想的客观评价。若是以心为本源，则世界的第一性便是人"心"，宇宙从人心中流出，慈湖的思想似乎是"主观唯心主义"；若以心为本体，则是从形而上的角度来谈论宇宙世界的根据，此一看法并未否定世界的客观性，而只是强调了"心"在理解世界这一过程中的不可替代作用，无法得出"主观唯心主义"这一结论。如此一来岂不矛盾？同是"心学"，其思想的本质竟然会有两个甚至更多的方向，难道不是因为定义慈湖之思想为"心学"这一做法本身就值得细加探讨。实际上，慈湖在论述"心"的问题时，除了单独对"心"的不同面向进行说明以外，更重要的还在于他是在"'一'—'心'—'觉'"这一动态结构中来理解"心"的各种含义，他从未独立地强调"心"在他思考之中的特殊性。并且，慈湖论"心"，在很大的程度上是将之放在"心意"关系这一背景中加以考察，因此搞清楚"心""意"关系在慈湖思想中的地位和作用，对于理解慈湖思想是有莫大帮助的。

关于"心"和"意"及其关系，前文已经做了一定的说明，为了使这一问题更加易于理解，此处有必要再加以详细讨论。我们曾经指出，杨慈湖之所以论学格外注重"心"，与乃父杨庭显的影响有很大关系，庭显尝谓："为学当以心论,无以外饰。""以念虑为心,是致为学疲劳。或自觉,则见本心矣。"①这是很明显地以"心"作为一切学问事务的根本,并且将"心"与"念虑"(即是"意")严格区分的做法了。在以下的分析中我们将看到,慈湖也,基本上是按照此一思路来处理"心"与"意"的关系问题。在慈湖的思考里,"心"之含义主要指的是主体一切精神活动的承担者,而并非生理学意义上的器官之心,并且,因为"心"的这一精神性之特质,其所拥有的思考功能便异乎寻常的强大,慈湖曾说:"人心非气血,非形体,广大无际,变化无方,倏焉而视,又倏焉而听,倏焉而言,又倏焉而动,倏焉而至千里之外,又倏焉而穷九霄之上。不疾而速,不行而至,非神乎? 不与天地同乎? 学者当知夫举天下万古之人心皆如此也。孔子之心如此,七十子之心如此,子思、孟子之心如此,复斋之心如此,象山先生之心如此,金溪王令君之心如此,举金溪一邑之心如此。学者当自信,毋自弃,毋自疑。意虑倏起,天地悬隔,不识不知,匪合匪离,直心而往,自备万善,自绝百非,虽无思为,昭明弗遗。"②在这里,慈湖所谓"人心非气血",乃是指不可单单以"器官"名"心"。而"人心非形体",则主要是说不能从"实体性"的角度来看待人"心"。正是因为如此,人之心才可以变化万端,人当然有感知此"心"存在的能力,这并非意味着人心是超乎人的感觉和直觉的,即是说人能够感知此"心"上可至天,下可入地,一念之间便来去自如,这也是我们日常的生活经验,也是在这个意义上慈湖称之为"神"。并且,慈湖相信,"心"的这一功能是人人具有的,不论是圣人还是普通人都无一例外。同时,慈湖也看到,若是"意虑倏起",则"心"的上述特性便会被破坏,从而使人"心"陷入由外部事物构成的世界,即所谓的"天地悬隔"。这便是慈湖之论"心"和"心"与"意"关系的一个基本出发点,慈湖还在多处强调了"心"的这种特性,如他说:

> 此心虚明,广大无际,神用变化,不疾而速,不行而至;因物有迁,为意为妄,一日自知自信,我乃即道。故曰百姓日用而不知。此心虽明,旧习犹在;日用虽妙,旧习潜应。苟不用力,终失其道。用力非思,用力非为,思为非道,旧习则然。内心发光,本妙常一,是之谓仁。自爱故用

---

① [宋]杨庭显:《慈湖先生遗书》卷十七《纪先训》,《杨简全集》第七册,浙江大学出版社 2015 年版,第 2256 页。

② [宋]杨简:《慈湖先生遗书》卷二《二陆先生祠堂记》,《杨简全集》第七册,浙江大学出版社 2015 年版,第 1864 页。

力,用力非外,故曰自爱。呜呼至矣![1]

我们日常生活的经验是,当我们的意念发动时,在一念之间,"心"确实无孔不入,一念之间可至月亮之上,一念之间也可以深入海洋山谷,一念之间便可以到达任何你想到达的地方。"心"在根本上是"善"和光明,若能保持此"心"的光明常照,便是"仁"的境界的获得和到达。杨慈湖还说道:

> 人之本心,是谓道心。道心无体,非血气,澄然如太虚,随感而应,如四时之变化,故当跃斯跃,当疑斯疑,无必进之心。故虽跃而未离于渊,故舜之历试也,已为众望之所归,已为帝心之所属,而舜从容于其间鼓琴,二女侍若固有之,舜心未尝动毫发意念也。故让于德,弗嗣,未尝有必进之心,此非为让也。如此而往,何咎之有?故曰进无咎。或跃在渊,非道心之已明者不能苟为。不然,其心微动,人已不服,触物违道,凶咎立至。[2]

在上述所引材料中,杨慈湖主要是讨论人心"虚明无体,至神至灵"的特性,若是人能够"用力"而清楚地认识到这种特性是人心本有而不是用其他手段使得人心回复到它的应然状态,回复到"道"的状态,那么人心会自然光明,"本妙常一"。但是,相反的情况却是,人们总希望通过伦理纲常来约束限制自己,即用所谓的"清心""洗心"的办法来获得内心的纯洁和宁静,在慈湖看来这种做法实在是误入迷途,对人心之本质误解至深,所以慈湖说:"此心虚明无体,精神四达,至灵至明,是是非非,云为变化,能事亲,能事君,上能从兄,能友弟,能与朋友交,能泛应而曲当,不学而能,不虑而知,未尝不清明,何俟乎复清之?清心即正心,正心,孟子之所戒也,而后人复违其教何也?《易·上系》曰:'圣人洗心。'《大学》曰:'先正其心。'故后学因之,不察夫《上系》之'洗心'、《大学》之'正心',皆非孔子之言也,不系'子曰'之下。"[3]慈湖在此处采取文字训诂的方式证明"清心"和"洗心"的方式根本就不是圣人手段。在我们一般人的眼光中,如果"心"有污垢或者"心"与其应该所是的样态相距甚远,那么无疑问地会认可"清心"或者"洗心"这样的方法,甚至直到今天我们也仍然有"洗心革面,重新做人"的说辞。但是在慈湖

---

[1] [宋]杨简:《先圣大训》卷五《知者第四十一》,《杨简全集》第六册,浙江大学出版社 2015 年版,第 1710 页。

[2] [宋]杨简:《杨氏易传》卷一《乾》,《杨简全集》第七册,浙江大学出版社 2015 年版,第 20 页。

[3] [宋]杨简:《慈湖先生遗书》卷二《永嘉郡治更堂亭名记》,《杨简全集》第七册,浙江大学出版社 2015 年版,第 1865 页。

这里,因为他的前提是人之"心"本就至善圆满、光明四达,所以根本不必去"清洗"。但问题是不去"清心"或者"洗心",心因有了"旧习"而不再光明,那又何是好?慈湖的做法,在今人看来,确实有些不好解释和难以接受,他的方式极为直接,最重要的就是要有"信心",他要求人们应该径直相信"心"之本质状态,而不必迂回曲折地绕路而行去寻找,慈湖说道:

> 益信人心自灵妙,莫执人神定名号。此机不动万象沈,此机一发靡不到;此机不属上下中,此机非西南北东;此机无远亦无近,此机至正而大公;此机夫人之所有,何不自贵自善守?寸善微萌天地知,小恶开元祸随后。皇天无亲亦无常,愿言孜孜兢兢悠久而无疆![①]

在杨慈湖看来,最为重要的是应该相信"人心自灵妙",然后就是要善于利用"机"而悟得人心之妙,此外并无其他方法。慈湖这几句诗尽管不那么合辙押韵,但是其表达的意思则十分清楚,即是人"心"需要"机悟"方能彻底直接地归复到其本质状态,这表面看来颇似佛家所讲的"禅机",但是实际上二者又有实质上的不同。慈湖此处的"机"是内在于人心的,人只要适时利用好了这个"机",那么自然便会找回"心"之本然状态,而且"心"的本然状态就是慈湖反复说明的"人心本善,光明四达"。佛家所谓"禅机",更多的是一种外在的手段,所谓"棒喝"也好,"对视"也罢,人无不是借助于外在于自身的力量而获得对佛理的顿达,最终认可"诸法性空",立地成佛。这是二者从根本处来说不一致的地方,值得我们注意。我们当然可以说慈湖受到了禅家思维方式的影响,但是相同词语的使用和相似论证方式的采用这些表面上的一致性并不能说明慈湖就是禅,这一点我们后文还会细论。

杨慈湖经常讲人"心"的上述特征,这是他对"心"的理解比其他的宋代儒者高明的地方。当然,慈湖也会讲到"本心",我们前文已经说过,慈湖对"本心"的思考和讨论,经过了一个相当长时间的反复,最终他认可了象山对"本心"的定义,即是认为伦理道德之心是人的"本心"。研究者们也因为慈湖这一对象山的认可而认为慈湖发展了象山"心学"思想,实际上存在一定误解。这是因为慈湖的"心"思并非从承象山之教开始,而是他自幼便已经注意到了这个问题。除了经"扇讼之悟"而认可象山关于"本心"之伦理道德含义的回答,慈湖对于"本心",仍然有其他面相的思考,且看慈湖之说:

> 人之本心,至神至明,与天地为一。方阳气在下,阳气寂然安于下,

---

① ［宋］杨简:《慈湖先生遗书》卷六《奉檄往哭象山复会葬及归自金溪留宿本县仙乐观归而作是诗》,《杨简全集》第七册,浙江大学出版社 2015 年版,第 1949 页。

未尝动也。人能如阳气之在下,寂然无进动之意,则与天地为一,不失其心矣,是之谓得《易》之道。不能安于潜而有欲用之意者,必获咎厉,必凶,是谓失《易》之道。①

"心"在"本心"的意义上与天地一体、与天地同一,杨慈湖借助自然现象的变化来说明这个道理。"阳气"的未生发未升腾状态,即与天地一体。一旦阳气生发,则其必然在天地之间生长,演化为各种具体的表现形态,就如同人"意"萌动,"意"动则人心越发迷失,失却"心"的本质状态,其表现就是各种程度和各个层次的"道"的一偏,按照《易》的说法,即表现为"咎厉"。

> 宅心者,安乎本心。心既安而不起私意,则能知古人之训旨矣。禹告舜曰:"安汝止。"伊尹告太甲曰:"钦厥止。"至文王之教,亦惟在宅心。盖人心本静止而不动,喜怒哀乐、视听言动,皆其变化,如鉴中生万象,而鉴无思为。惟动乎私意,故至昏乱。②

> 人心自善、自正、自明、自神,惟起意则差、则偏、则倚、则失中。平平庸庸,惟无动乎意,则无不中。由此而行曰作,虑其或昏而差,不觉起意生过,故常考察之曰:稽康叔有中德,则礼乐刑政、庶务咸熙。中即一,即彝,即忱,即丕,则即宅心,即天道。③

上述两段文字,杨慈湖重在讨论"心"的未发状态和已发表现。未发之时"心"只是一个自善自正、自明自神,"私意"一起即是已发状态,即变化万端,表现为或喜怒哀乐或言语听说等等,"心"的圆融状态被打破,就变得仪态万状。这里,杨慈湖提了一个非常高甚至是不可能达到的要求,如何才能使"心"的发用始终表现出其本质的"善"呢?他的方法是"无动乎意"或者"不起意"。有学者将"不起意"解释为不起"私意",然而,无论我们怎样理解"意",要使之"不起",几乎是不可能的。我们各自观察一下自己的生活,我们有一刻处于无"意"的状态吗?无论行住坐卧还是休息睡眠,哪怕在梦中,念虑始终都在,一刻未曾断裂。那为什么慈湖还要反复申说这个在我们看来是无法完成的任务或方法呢?有一种可能的解释,就是他通过"反观"等具体方法,做到了念虑不起,体证了"心"未发之时的整体状态就是清正圆融毫无渣滓、中正清明毫无偏差。他看到了、体悟到了、感同身受地与"心"一体了,所以他才相信,才反复告诫人们也要相信,尽管绝大多数人无法达到

---

① [宋]杨简:《杨氏易传》卷一《乾》,《杨简全集》第一册,浙江大学出版社 2015 年版,第 19 页。
② [宋]杨简:《五诰解》卷一《康诰》,《杨简全集》第二册,浙江大学出版社 2015 年版,第 372 页。
③ [宋]杨简:《五诰解》卷二《酒诰》,《杨简全集》第二册,浙江大学出版社 2015 年版,第 387 页。

那个境界。我们认为,这即是杨慈湖思想高标一帜的地方,也是慈湖思想不被人理解或者没有产生广泛共鸣并传播久远的重要原因,是所谓"曲高和寡"也。慈湖又说道:

> 人之本心,是谓道心,本正。正无实体,以不动名,动斯不安,必至失正。妻不安正必凶,臣不安正必凶。地之所以博厚无疆者,以其安正也。寂然不动,非安乎不动,而顺非正乎?惟其安正,是以无疆。即其无疆,知其安正。大抵道之正者,自然广大,自然无疆,故曰"安贞之吉,应地无疆"。①

> 夫孝,事亲而已,人往往不信其为天经地义。惟自信本心之虚明无限际,天者吾之高明,地者吾之博厚,日月四时吾之变化,万物吾之散殊,而后自信吾之事亲即天之经、地之义,吾之忠信即天下之大道,而非有未至焉者,而后信孔子曰"吾道一以贯之"。②

不难看出杨慈湖在此处所论"本心"的内容和特点,在上述两则所引材料中,慈湖基本上没有谈"本心"的伦理道德属性,而是重在说明"本心"的自善、自正、自神和自明的特性,而在陆象山那里我们看不到他如此论述"本心"。若是讨论杨慈湖如此思考"本心"的起点,远可以追溯到他儿时,并非从认可象山的"本心"之答开始。因此可以说,慈湖对于"本心"的考虑,确实在境界上和对其特点的体会体证上都比象山向前更近了一步,但是我们却并不能因此说这是慈湖发展了象山的"本心"之论,因为在象山的话语中,无论如何我们也找不到类似慈湖之思考的说法。

也就是说,即使是同样对"本心"有所思考,象山的思想成果并没有成为杨慈湖思考的起点或者思想养料,而只是慈湖因为象山的回答而更加确信他心目中的"本心"含义之一个层面是伦理道德之心。慈湖见象山之前也曾经觉得"本心"应该可以被理解为伦理道德之心,但又不是太确定。慈湖尝言:"人心自善自正,自无邪,自广大,自神明,自无所不通。孔子曰:'心之精神是谓圣。'孟子曰:'仁,人心也。'变化云为,兴观群怨,孰非是心?孰非是正?人心本正,起而为意而后昏,不起不昏,直而达之,则《关雎》求淑女以事君子,本心也;《鹊巢》昏礼天地之大义,本心也;《柏舟》忧郁而不失其正,本心也;《墉·柏舟》之矢言靡它,本心也。由是心而品节焉,《礼》也;其和乐,

---

① [宋]杨简:《杨氏易传》卷二《坤》,《杨简全集》第一册,浙江大学出版社2015年版,第37页。
② [宋]杨简:《慈湖先生遗书》卷三《詹亨甫请书》,《杨简全集》第七册,浙江大学出版社2015年版,第1887页。

《乐》也；得失吉凶，《易》也；是非，《春秋》也；达之于政事，《书》也。逮夫动乎意而昏，昏而困，困而学，学者取《三百篇》中之诗而歌之咏之，其本有之善心亦未始不兴起也。善心虽兴，而不自知、不自信者多矣。"①从慈湖所举的孟子论"仁"和《诗经》中的例子来看，慈湖也相信人内在的伦理道德即可以被理解为"本心"，但是一直不能特别肯定。只有在听了陆象山的教导以后，他才确信之前自己所思并无不妥，因而慈湖也曾颇为调侃地作诗曰："谁省吾心即是仁？荷他先哲为人深。分明说了犹疑在，更问如何是本心？"②这段思想苦旅，可以看作慈湖思想探索的一次艰难但最终大有所获的尝试。师友切磋是时人学问进阶必不可少的手段，陆象山在当时算得上享誉士林的儒之大者，经过与陆象山的确证，慈湖因此而更加坚定了自身之思考，或许也体会了"手之舞之、足之蹈之"的巨大欢乐。这段思想史上的"两强"相遇，其所产生的实际思想结果，早已随着后世学人的不断品评置喙而流传久远，成为中国思想史上的一般形态。而对杨慈湖自身思想的进一步分析而言，简单之处在于这次"本心之问"，复杂之处也同样来自这次"本心之问"。通过不同文献资料对相同事件从各个方面的详细记载，我们才能看出杨慈湖"本心"之思与陆象山思想的不同之处，这一点我们已有论述。

还要看到，杨慈湖在讨论"心"的有关问题时，时常会连带"意"也放在一起论述。人们评论慈湖思想，向来会提到他的"不起意"之说，如黄宗羲曰："象山说颜子克己之学，非如常人克去一切忿欲利害之私，盖欲于意念所起处，将来克去。故慈湖以'不起意'为宗，是师门之的传也。"③黄宗羲把陆象山和杨慈湖放在一起从师徒传承的角度看待慈湖思想的独特之处在于"不起意"。黄宗羲此论影响甚大，以至于直到今天学者们研究慈湖思想，也会专门对"不起意"这一问题作细致的探讨。④ 然而问题在于，相比于慈湖对"心"的讨论，在慈湖的理路中，"意"也应当具有其特指的含义。如果把慈湖之"意"理解为私心杂念和深层的意向状态，当然不错，这也确实是慈湖之"意"的一个方面的含义，但仅仅做这样的理解似乎有窄化之嫌，我们不妨引用慈湖自己的论述，来对慈湖思想中的"意"作出一个相对合理的解释。最

①　[宋]杨简：《慈湖先生遗书》卷一《诗解序》，《杨简全集》第七册，浙江大学出版社 2015 年版，第1845 页。

②　[宋]杨简：《慈湖先生遗书》卷六《偶作·十九首》，《杨简全集》第七册，浙江大学出版社 2015 年版，第 1943 页。

③　[清]黄宗羲原著，全祖望补修、陈金生、梁运华点校：《宋元学案》卷七十四《慈湖学案》，中华书局 1986 年版，第 2479 页。

④　陈来：《宋明理学》（第二版），华东师范大学出版社 2004 年版，第 165 页。

经常被研究者引用的文本如下：

> 何谓意？微起焉皆谓之意，微止焉皆谓之意。意之为状，不可胜穷，有利有害，有是有非，有进有退，有虚有实，有多有寡，有散有合，有依有违，有前有后，有上有下，有体有用，有本有末，有此有彼，有动有静，有今有古。若此之类，虽穷日之力，穷年之力，纵说横说，广说备说，不可得而尽也。①

在杨慈湖看来，上下四方、往古来今的一切人的思虑能够"到达"的地方，都是"意"展示自身的场所。杨慈湖所谓的"微起焉、微止焉，皆谓意"，实际即已经表明他所理解的"意"就是人的一切思虑、念虑，是念念不断的那个"念"，而"意之为状，不可胜穷"和"广说备说，不可得而尽"更是表明"意"无所不包的范围和言语难以尽言之特征，因此杨慈湖之思中的"意"无疑应该是最具有广泛性和包容性的，除此之外的解释显然并不恰当。并且，在慈湖的语境中，他不止一次地把"意"理解为意念或者念虑，这样的例子比比皆是。如慈湖说：

> 不知方意念未作时，洞焉寂焉，无尚不立，何者为我？虽意念既作，至于深切时，亦未尝不洞焉寂焉。无尚不立，何者为我？②
>
> 意念扰扰，憧憧往来，则随其所思而朋从之，虽贞正亦未光大也。言念念动朋从之多，不可胜纪。③

杨慈湖在这里说，"我"成立的前提是"意念"萌动，"意念"未起时和深切时，都能到达一个寂然不动的境地，在这个境地里，人们体会到的是什么都没有，无所谓有也无所谓无，思虑既然不起，思虑主体的"我"也自然是隐藏起来的，只是隐藏起来并不是消失不见，不然又是谁体会到什么都没有呢？慈湖还说：

> 夫人心未始不中，惟因物有迁，意有所倚，有所倚则不可谓中。意在于此则倚于此，意在于彼则倚于彼，意在于此则来，意在于彼则往，意虑纷纷若此，故昏乱，故偏党，而人之道心始失，而事大丧矣。故此以往

---

① ［宋］杨简：《慈湖先生遗书》卷二《绝四记》，《杨简全集》第七册，浙江大学出版社2015年版，第1856页。

② ［宋］杨简：《慈湖先生遗书》卷二《绝四记》，《杨简全集》第七册，浙江大学出版社2015年版，第1858页。

③ ［宋］杨简：《杨氏易传》卷十一《咸》，《杨简全集》第一册，浙江大学出版社2015年版，第195页。

来为危厉。①

> 学者当自信,毋自弃,毋自疑。意虑倏起,天地悬隔,不识不知,匪
> 合匪离,直心而往,自备万善,自绝百非,虽无思为,昭明弗遗。②

此处杨慈湖又描述了"意虑"附着于物时,就体现为万事万物,也因为这种附着,"道心"才会丧失,人就变得昏乱,即所谓"天地悬隔"。由上述看,杨慈湖之"意"的含义就是"念虑"或者"意虑",这也符合上文我们对"何谓意"一段文字的分析。此外,慈湖除了正面说明什么是"意"而外,他也会用否定的方式来说明什么不是"意",如慈湖尝言:"周公仰而思之,夜以继日,非意也;孔子临事而惧,好谋而成,非意也。此心之灵,明逾日月,其照临有甚于日月之照临。"③可以看出,人们出自"公意"而发起的念虑不是慈湖所谓"意"。周公为民通宵达旦地思考、孔子临事深思熟虑地谋划,出于公共利益而非个人利益的念虑,脱离了个人的一己之私,因而并不是"意"。慈湖还说:"孔子莞尔而笑,喜也,非动乎意也;曰'野哉由也',怒也,非动乎意也;哭颜渊至于恸,哀也,非动乎意也。"④在这里,发自真心的真实情绪由于顺乎公共意志,无论圣人还是一般人,面对同一件事情都会表达出相同的情绪情感,同样不是"意"。也就是说,在慈湖看来,面对子路的行为、颜回的死亡,孔子表露的并不是私人情感而是公共情感,换了其他人面对这样的事情也会有同样的反应,这个就不是"意"。杨慈湖以孔子为例来说明什么不是"意",在前文我们曾经分析过,慈湖对孔子持完全肯定和赞同态度,对于任何非议孔子的言论或者说辞他都坚决地予以辩护,认为孔子无论何种行为,都是在教导世人。比如他说:"孔子灼知公未知三才一贯之道,姑随公心,而曰三德。以事迹观之,诚可言三。而孔子不敢有所取舍,而勉公率行,公诚躬行,则入道矣。既导公以行,又致阴阳学说,庶公渐知天地之阴阳,乃在公躬行中矣,圣人之循循善诱如此。"⑤杨慈湖在理解孔子的时候,其实已经预设了一个基本前提:孔子万世无弊,孔子的一切说法做法都是为了垂训后

---

① [宋]杨简:《杨氏易传》卷十六《震》,《杨简全集》第一册,浙江大学出版社2015年版,第295页。
② [宋]杨简:《慈湖先生遗书》卷二《二陆先生祠堂记》,《杨简全集》第七册,浙江大学出版社2015年版,第1864页。
③ [宋]杨简:《慈湖先生遗书》卷二《绝四记》,《杨简全集》第七册,浙江大学出版社2015年版,第1857页。
④ [宋]杨简:《慈湖先生遗书》卷二《临安府学记》,《杨简全集》第七册,浙江大学出版社2015年版,第1861页。
⑤ 杨简:《先圣大训》卷四《四代第三十三》,《杨简全集》第六册,浙江大学出版社2015年版,第1646页。

世,这一思路贯穿于杨慈湖的思想和作品之中,此处对于什么不是"意"的分析又重现了这一思路。这当然是慈湖对孔子的"偏见",但是重要的问题在于,慈湖所谓的"临事而惧非意也",喜怒等情感亦非"动乎意",是说人的个人情感的兴起和消落并不是他所说的"意"。这里慈湖触及一个比较重要的领域,即共通情感和私人情感的关系问题,这一问题再向前推进一步,就表现为公共利益和私人利益之间的关系。在社会共同体中,共通情感是人们相互理解的基础,私人情感是个体自我表达自身的主要手段。若是"意"动之后体现的是共通情感,就不应该被禁止和止息,而应该让其充分表达自身,这一情感的现实化或实践化,就会转化为在现实中不同程度的公共利益的实现,因此这样的"意"动并不是私"意"。

综合上述,我们以为杨慈湖所说的"意",在含义和内容上都具有非常大的广泛性,指的就是人的思虑、念虑或意念。因此慈湖所说的"不起意"或者"毋意",意思就是让人们尽可能、尽最大努力避免思虑和意念的兴起。但是谁都知道要做到这一点几无可能,故此慈湖才不会要求人们"无意",在慈湖的眼中,孔子所谓的"毋"也只是"止绝"的意思,而并不是"没有"或者"无"的意思。慈湖说:"孔子日与门弟子从容问答,其谆谆告诫止绝学者之病,大略有四:曰意,曰必,曰固,曰我。门弟子有一于此,圣人必止绝之。毋者,止绝之辞。知夫人皆有至灵至明、广大圣智之性,不假外求,不由外得,自本自根,自神自明。微生意焉,故蔽之;有必焉,故蔽之;有固焉,故蔽之;有我焉,故蔽之。"①《子绝四》篇是《论语》中的著名篇章,对其中"毋"字的理解向来就有不同看法,如朱熹在集注此章时,就曾引用《史记》中的记载和程子的观点,朱熹尝言:"毋,《史记》作'无',是也。程子曰:此毋字,非禁止之辞。圣人绝此四者,何用禁止?"②朱熹同意把"毋"字解释为"无",并且认为其不是"止绝"之意思,因为作为圣人的孔夫子根本就是与这四个毛病相隔绝的,朱熹此论的逻辑前提便是圣、凡有别。他相信孔子是圣人,因此便不与众人同,只有凡人才会犯那四个毛病。这就造成了一个问题,即圣人永远都是凡人"高山仰止,景行行止"的仰慕对象,凡人是否有机会成为圣人或者达到圣人境界?若按朱熹在此处之论,怕是遥遥无期。当然朱熹如此说法也并非臆说,而是自唐孔颖达以来圣凡有别之论的重现而已。然而到了杨慈湖这里,情况却有所不同。慈湖本身也十分确信孔子就是圣人,但是他并不因此

① [宋]杨简:《慈湖先生遗书》卷二《绝四记》,《杨简全集》第七册,浙江大学出版社2015年版,第1856页。
② [宋]朱熹撰,陈戍国标点:《四书集注》,岳麓书社1987年版,第158页。

而阻断凡人成圣或者达至圣人境界的道路。就是说,慈湖以为孔夫子在看到学生有因"意"而升起的各种毛病以后,是希望学生们能够认识到其毛病并且从根本之处将其"止绝"的,所谓从根本处将其毛病止绝,即是要确信人"心"本自清净圆善、自神自明。基于这样的确信,一切所谓"意、必、固、我"之处的兴起便都是对"心"之本质状态的背离,人"心"的种种陷溺和恶之表现原因都在于"意"兴起以后对"心"的遮蔽。

生活的经验告诉我们,即使我们竭尽全力让自己的"心"静下来,也往往收效甚微,即便安静地待在那里,脑子里也仍然是思绪万千,不可遏止的各种念头不断于脑海中闪现,千头万绪在脑海里奔涌,真是忽的一下上天揽月,忽的一下五洋捉鳖,脑海里完全静谧的状态是很难出现的,意念可以在瞬间到达我们所能想到的任何地方。至于为什么人之"意念"会兴起,其原因至今也难以说清,但是真正重要之处在于当我们无法获知意虑兴起的真正原因时,正面面对它应该是更为紧迫的问题。慈湖之论"意"的重要性就在于他对人之"意"的承认和主张将其"止绝",而不是武断地认为人应该没有"意",也因此若是在生活中真正做到"四毋",实际上也就是顿达生命与人生的最高实际,这种获得最高实际的能力就在于每个人的内心,"不假外求,不由外得"。以今天的眼光看来,慈湖对"子绝四"的理解更为合理,我们相信孔子是圣人,与承认孔子也会犯"意、必、固、我"几种毛病并没有矛盾,毕竟《论语》所展示给我们的孔子是个有血有肉、有情感有意志的鲜活形象,而只有凡人也拥有成圣的可能性,圣人的教化或者礼制才能成为维持社会有序的有效手段,社会共同体由混乱趋向秩序才成为人人都能参与其中并且人人都可因此而获得最大化的个人利益。

杨慈湖之所以认可"子绝四"的主张并且专门做《绝四记》一文来阐释这一问题,除了他以为人因"意"起容易陷入"蔽"的状态而迷失自"心"本质而外,更重要的还在于慈湖以为"意"动则生"过","过"生则会把人的社会生活带入不健康的状态并使人远离自身。慈湖尝言:"大哉圣言!洞照学者心术之隐微,万世不可违。其有违者,所学必非。千失万过,孰不由意虑而生乎?意动于爱恶,故有过;意动于声色,故有过;意动于云为,故有过。意无所动,本亦无过,先圣所以每每止绝学者之意,门弟子总计之曰'毋意',为是故也。"①慈湖还说:"此心本无过,动于意斯有过;意动于声色故有过,意动于货利故有过,意动于物我故有过。千失万过,皆由意动而生。故孔子每每戒

---

① [宋]杨简:《慈湖先生遗书》卷二《乐平县学记》,《杨简全集》第七册,浙江大学出版社 2015 年版,第 1860 页。

学者'毋意,毋必,毋固,毋我';意态无越斯四者,故每每止绝学者。门弟子欲记其言,不胜其记,故总而记之曰'绝四'。"①杨慈湖在这里所谓的"过",即是"过失""过错""错误"之意,用一句话来概括,即是人的非本质状态。一个人人处于非本质状态的社会必然不是美好的社会。慈湖在此处所讲的"意"之起有具体所指,即是"意"因"声色""货利""物我"等外在诱惑而起。既然"意"起了以后会有这么大的危害,慈湖频频强调"毋意"也就在情理之中了。我们并不否认与慈湖同时代的其他儒者没有对社会上"恶"的流行及其原因作出说明,而只是说慈湖找到的原因,主要不是外在而是内在的,是从人自身也就是人"心"的陷溺之处来做出说明的,这也可以通俗地理解为是中国思想史上"以人为本"之思想的真正贯彻落实,既然"以人为本",从思想发生的角度来说,遇到问题当然是向内寻找根据而非着力于外在的原因。

然而,相反的情况是,如果人之"意"不动,会出现什么状况,恐怕还真不是一般人所考虑的事情,杨慈湖对此问题的考虑是充分而全面的,他首先想到了人"心"不动的巨大困难,在注释革卦之《象》"巩用黄牛,不可以有为也"时他这样说:"人心好动,使之动则易,使之静则难。'不可为'云者,所以成之,止其放逸之意也。初九中象,而辞曰黄者,明中道人皆有之也。"②他还说:"中正皆无实体,皆所以发明道心。言其不流于邪,谓之正;言其无所偏倚,谓之中。人心微动则流矣,流则有所倚,倚则有所偏。动流偏倚,无非邪者。"③杨慈湖对"心"的易动不易静之特质和"心动"的危害有足够的估计,然而慈湖也并未因此放弃对"不动意"之状态的体察,慈湖用他的"亲证"告诉我们:"不动乎意,则道心无体,自明自神,自正自中,自无所不通,自无所不济。"④"唯不动乎意,无诸过失,是为道心,故常,故不竭,亦犹源泉不竭,则天下积水甚广且深。道心不动乎意,故应用不竭。此心常一,布诸事业,无不咸善。"⑤"过失皆起乎意,不动乎意,澄然虚明,过失何从而有?某深信此心之自清明,自无所不通,断断乎无俟乎复清之。于本虚本明、无所不通

---

① [宋]杨简:《慈湖先生遗书》卷二《临安府学记》,《杨简全集》第七册,浙江大学出版社 2015 年版,第 1861 页。
② [宋]杨简:《杨氏易传》卷十六《革》,《杨简全集》第一册,浙江大学出版社 2015 年版,第 284 页。
③ [宋]杨简:《杨氏易传》卷七《豫》,《杨简全集》第一册,浙江大学出版社 2015 年版,第 118 页。
④ [宋]杨简:《杨氏易传》卷十八《涣》,《杨简全集》第一册,浙江大学出版社 2015 年版,第 328 页。
⑤ [宋]杨简:《先圣大训》卷三《隐而第二十》,《杨简全集》第五册,浙江大学出版社 2015 年版,第 1547 页。

之中,而起清之之意,千失万过,朋然而至矣,甚可畏也!"①从上述三段引文可以看出,慈湖对人心的"不动乎意"有明晰的认识,"不动乎意"则"道心"自明、自显,如果真的通达了"不动乎意"之境,其结局必然是悟到此"心"无所不通,澄净虚明。也就是说,通过这种手段而直接洞达了人"心"之本质状态,也实际上洞达了宇宙和生命的真相,正因为"不动心"或者"不动意"如此之难,人们才会始终徘徊在世界之真相的门外,慈湖通过他实证的结果告诉我们,这世界的真相无他,"此心不动而已"。

4.2.2 "心之精神是谓圣"

杨慈湖既然以为"心"之状态以何种面貌呈现于世对人们来说至关重要,故此他解释"心"自有特别之处。"心之精神是谓圣"一语颇可看作慈湖的"心得"。即便这一语句在慈湖之前的文本中就已经存在,然而对此语的仔细疏解和大加发挥却自慈湖始。他曾将这一句写进诗歌里送给友人,可见他对此语的重视和熟悉:"某信人心即大道,先圣遗言兹可考。心之精神是为圣,诏告昭昭复皓皓。如何后学尚生疑,职由起意而支离。自此滥觞至滔襄,毋惑怀玉不自知。何思何虑心思灵,不识不知洞光明。意萌微动雪沾水,泯然无际澄且清。"②实际上在这首诗里,杨慈湖把他思想的核心观念都用到了,如"心之精神是谓圣""不起意""心"等等,并且描述了人们不能自信本心之灵的原因在于"起意",若是心思可以不思不虑,那个尚未发动的光明本体就会如其所是地存在在那里。

杨慈湖本人也常将这一句作为教人的法门:"故先生教人,尝曰'不起意',又曰'心之精神是谓圣',谓'心之精神凝聚则明,而分散则昏病,起意也。'"③不难看出,这一关键性的话语的重要性,早已被注意到了。此一向来难解的话语也因此成为理解慈湖思想之关键点。人们在评论慈湖思想时,往往引用此语以说明慈湖思想的独特之处。有记述讲在他 32 岁左右时:"慈湖参象山学,犹未大悟,忽读《孔丛子》,至'心之精神是谓圣'一句,豁

---

① 〔宋〕杨简:《慈湖先生遗书》卷二《永嘉郡治更堂亭名记》,《杨简全集》第七册,浙江大学出版社 2015 年版,第 1866 页。
② 〔宋〕杨简:《慈湖先生遗书》卷六《送黄文叔侍郎赴三山》,《杨简全集》第七册,浙江大学出版社 2015 年版,第 1941 页。
③ 钱德洪:《慈湖书院记》,《杨简全集》第十册,浙江大学出版社 2015 年版,第 2497 页。

然顿解。自此酬酢门人,叙述碑记,讲说经义,未尝舍心以立说。"①这段文字至少向我们说明了以下几个问题:其一,慈湖确实承教于象山之门,但并未因此而洞达学问或者人生的真相,即文中所说"犹未大悟";其二,"心之精神是谓圣"一语,在《孔丛子》这一文本中便已经存在;其三,慈湖读了"心之精神是谓圣"一句后,前疑顿释、豁然贯通,真正地悟到了世界之本相,也因此慈湖把此一句当作后来接引门人的法门,所谓"未尝舍心以立说也"。叶绍翁的这段记述是基本准确的,因为我们看到接下来慈湖确实以"心之精神是谓圣"教人,且也起到了巨大作用:"越之新昌张渭,字渭叔。某之为国子博士,以言事罢归,韩侂胄方用事,时论诬善类曰伪学,举子文字由是大变,不敢为礼义之言。如某,见为伪学之尤者,而渭叔不远数百里与其兄弟皆至,愿抠衣焉。从容数月,未尝一语及举子事业。某于是信其人,与之语,无他说,大旨惟本孔子之言曰'心之精神是谓圣'……人心虚明,变化云为,不可度思,渭叔觉斯。"②对于这件事情,《慈湖先生年谱》中记载发生在慈湖 56 岁的时候,这个时间远在他 32 岁时因"心之精神是谓圣"一语而"顿悟"之后,慈湖经过近 25 年的潜咏玩味,对其含义早已明了于胸,故此他教张渭叔也用此句,而张渭叔也果然不负慈湖之望,最终觉到了"人心虚明,不可度思"。实际上,张渭叔悟到的这一点,按照杨慈湖的理解,就已经到达了圣人境界。张渭叔等人于慈湖处于艰难之际保持坚定支持慈湖的立场,从容累月在慈湖这里学习,终于"觉"到了人心虚明之本旨。可以说在杨慈湖这里,张渭叔是凡人成圣的代表。

如果仅仅从文本的记载来看,"心之精神是谓圣"的语句确实在《孔丛子》中出现过:"子思问于夫子曰:'物有形类,事有真伪,必审之,奚由?'子曰:'由乎心。心之精神是谓圣。推数究理不以疑,心诚神通,则数不能遁,周其所察,圣人难诸?'"③在这段话中,"心之精神是谓圣"一语被认为就是孔子本人所说。我们不能因为这句话不见于《论语》而轻易地否定它作为孔子之言的真实性。孔子一生,每天言语无数,岂能尽在《论语》中记述下来?姑且不说《孔丛子》的真伪问题,起码在杨慈湖这里,他确信这句话就是孔子真实讲过的话,这也是慈湖对孔子的一贯态度,故此慈湖在注解这段话时说

---

① [清]冯可镛、叶意深:《慈湖先生遗书》卷二十二《慈湖先生年谱一》,《杨简全集》第十册,浙江大学出版社 2015 年版,第 2369 页。

② [宋]杨简:《慈湖先生遗书》卷五《铭张渭叔墓》,《杨简全集》第七册,浙江大学出版社 2015 年版,第 1911 页。

③ 傅亚庶撰:《孔丛子校释》卷二《记问第五》,中华书局 2011 年版,第 96 页。

道:"心无体质,德本虚明,如日月照临,如水鉴烛物,不必劳神,自能推见,自能究知。若驰神于彼,周悉致察,虽圣人犹难。何则?劳动则昏。孔子曰:'不逆诈。'不亿不信而自能先觉在彼之诈者,为善也。孔子所以明人人自有本心之圣,至于逆诈、亿、不信,则反昏矣。"①杨慈湖首先说明"心"的虚明无体之特点,就好像水面或者镜子,他们即便不主动参与和万物的沟通过程,万物在他们面前也会如实地显现自己,其原因便在于水面或者镜子本身就是澄澈光明的,而"心"在这一点上与水面或者镜子一致,孔子对这一点也十分清楚明了。顺着这一思路下来,对我们理解慈湖的"心之精神是谓圣"会有所帮助。

究极地看,杨慈湖对"心之精神是谓圣"一语的"意义赋予",没有人比他阐述得更多。如果从思想义理的来源看,"心之精神是谓圣"一语,有学者主张其脱胎于陆象山:"然在象山,则其所谓本心之自明自立,乃克就此本心对其自身之运用而言,而于此本心,亦不依气之灵而说。其所谓收拾精神,即精神之自己收拾,亦是此心之自己收拾,以拔乎物欲等之上之别名。象山于神字上,更加一精字。精字有精一义,凝聚义,亦原有收拾义。便不似神字之只表不测无方者之易于散漫,亦易落在气之流行上看,以附属于气者。此象山所喜用精神之一名,亦即更宜于表状'此心之自己收摄凝聚、自作主宰,以精一其自己,而其运用又无方而不测'之一名。象山之此意,即慈湖之谓此精神即心之精神,而以'心之精神是谓圣',为其论学之宗旨之所由出。自慈湖之明用此'心之精神'之语,遂将横渠、康节以来所言之神,显然归摄在心之主体上说,而更无泛滥散落在气上说之虞。而慈湖之言心之精神是谓圣,亦无异于对濂溪之自圣德上说神之旨,加以翻转,以接象山自心上说圣之旨;更自此心之精神上说圣,而圣即成心之精神之充量实现之别名。夫然,而凡有心之精神者,皆可成圣,'能自知其心之精神,即所以成圣'之义,即由此言而彰。此即所以接象山之旨者也。后之阳明以良知之流行为气,凝聚为精,妙用为神,言心之良知是谓圣(书魏师孟卷),则慈湖之言之进一步,更将朱子视为神所属之气,与精及神并称,而皆还之于此心者也。"②唐君毅先生花了大段篇幅来论述慈湖的"心之精神是谓圣"与象山思想之间的关系,在唐先生看来,象山所谓"精神",容易造成"精神"附属于气的局面,而此种局面的出现实际上便是对"心"之主导和决定性作用在一定程度上的削

① [宋]杨简:《先圣大训》卷四《乐山第三十一》,《杨简全集》第六册,浙江大学出版社 2015 年版,第 1611 页。

② 唐君毅:《中国哲学原论·原性篇》,中国社会科学出版社 2005 年版,第 277—278 页。

减。但是反观杨慈湖之所谓"心之精神是谓圣",则是在肯定"心"的主体性之前提下对其发用功能的最大限度描述,即唐先生所言"圣即成心之精神之充量实现之别名"。也就是说,唐先生并不认为"心之精神是谓圣"一语中的"圣"字应该做"圣人"的意思解,而这却恰恰是几乎所有人在看到此一语时的第一反应。唐先生对"圣"字在慈湖语境中含义的理解是比较深刻的。但是,唐先生说慈湖对"心之精神是谓圣"一语之理解与象山思想之间存在关联,且王阳明"心之良知是谓圣"也是在"心之精神是谓圣"基础上的向前进步,恐怕还值得进一步商榷,可能这更多是思想建构的结果,而并不是这些思想的原初模样。

按照字面的意思,"心之精神是谓圣"一语中的几个关键词便是"心""精神"和"圣",搞清楚这三个关键词的意思对于理解杨慈湖思想之"主干"无疑是有益的。南宋陈振孙曾言:"慈湖之学,专主乎'心之精神是谓圣'一语,其诲人惟欲发明本心而又有所觉。"①我们前文对慈湖思想中"心"的含义及其发用功能的描述已经十分详细,不再赘言。在此需要根据慈湖的思路对"精神"和"圣"字的含义再作些解释。慈湖曾说:"孔子曰:'心之精神是谓圣。'曰心曰精神,虽有其名,初无其体,故曰'神无方,易无体'。非神自神,易自易,心自心也。是三名,皆有名而无体,莫究厥始,莫执厥中,莫穷厥终。"②在慈湖看来,所谓的"精神",原本也只是个名称而已,就其本质而言并无体质,并且其表现出来的特点便是无始无终、无形无象。若是依此解释,则在上述引文的语境中"精神"之含义实际上即表示"心"的功能,尤其是就其发用流行方面而言。

对于"精神"的理解,杨慈湖还这样说过:"人精神尽在乎面,不在乎背;尽在乎前,不在乎后。凡此皆动乎意,逐乎物,失吾本有寂然不动之性。故圣人教之曰:'艮其背',使其面之所向,耳目鼻口手足之所为,一如其背,则得其道矣。虽则应用交错,扰扰万绪,未始不寂然矣。视听言动,心思曲折,如天地之变化矣。"③这是慈湖在离开"心之精神是谓圣"的语境下谈论"精神"一词的含义。分析来说,与之前他对"精神"含义的解释并无矛盾之处,指的都是一种无形无质的"心"之某个状态的呈现,而这种呈现就如慈湖所言的"如天地之变化矣"。天地之变化纯粹是"率性而为"的,绝不受外在于

---

① [宋]陈振孙撰,徐小蛮、顾美华点校:《直斋书录解题》卷九《儒家类》,上海古籍出版社 2015 年版,第 284 页。

② [宋]杨简:《杨氏易传》卷一《乾》,《杨简全集》第一册,浙江大学出版社 2015 年版,第 33 页。

③ [宋]杨简:《杨氏易传》卷十七《艮》,《杨简全集》第一册,浙江大学出版社 2015 年版,第 296 页。

天地力量的制约,而人之"精神"的流动四达,其动力也同样来自其人自身。慈湖也曾说:"心之精神,无方无体,至静而虚明,有变化而无营为。禹曰'安女止',明其本静止也;舜曰'道心',明此心即道也。夫孝,天之经,地之义,人之事亲事长,乃天地之心。列圣之道,可不自知,可不自敬乎!"①此亦可证明慈湖之"精神"的至静而虚明之特性。舜和禹之话语正说明"心"即便是显现其发用功能,也同样是无方无体的,其背后的实质存在并不容易被发觉。时人张元度曾就陆象山"收拾精神,自作主宰"的问题向慈湖请教,从这件事中我们也可清晰地看到慈湖对"精神"一词之态度到底如何。其文曰:"临川张元度以乡举至礼部,持陆先生书,踵门就见。接其辞气,已知其诚确可敬;及复见,益知其笃志己学,盖夜则收拾精神使之于静。某曰:'元度所自有,本自全成,何暇更求视听言动? 不学而能,恻隐、羞恶、恭敬、是非,随感辄应,不待诏告;清明在躬,广大无际,精神四发,不疾而速,不行而至。收之拾之,乃成造意;休之静之,犹是放心。学问之道无他,求其放心而已矣。吾心本无妄,舍无妄而更求,乃成有妄。故曰:无妄之往,何之矣?'元度犹自以为未能无过。某曰:'有过恶即改。元度精神何罪,而收拾之?'元度既以为然矣,告别,复求书数语以归。某索之胸中,实无说足以称塞来意,辞之不获,乃叙其略,而又告之曰:'元度好贤乐善,孜孜如不及,某坚谓元度自贤自善,何所更疑而犹待他人为!'"②从慈湖"精神四发,不急而速,不行而至,收之拾之,乃成造意"的回答中可以看出,实际上慈湖反对陆象山所谓的"收拾精神"之说,心本无妄,何须收拾?"本自全成""乃成造意"等说法表明杨慈湖教给张元度精神自守之方法仍是向内用力,自己本身就有的内在本质又何须一再向外索取? 只要向外,就是造作,就是"造意",就开始了远离"心"之本质的过程,因此他提醒张元度从无妄之本心出发来处理一切问题,便可以应付自如。

如此看来,在杨慈湖的思想中,把"精神"一词理解为人心之发用功能的展现形态更为合理,其含义不同于我们今天所谓"人的意识、思维活动和一般心理状态"这样的理解,因为"意识、思维活动和心理状态"具有某个时期的相对稳定性,而慈湖之"精神"却并不具有如此特性,它总是"精神四达"而变动不居、倏起倏落、包罗万象。"人皆有此心,此心未尝不圣,未尝不精神,

① ［宋］杨简:《慈湖先生遗书》卷二《申义堂记》,《杨简全集》第七册,浙江大学出版社2015年版,第1851页。
② ［宋］杨简:《慈湖先生遗书》卷三《与张元度》,《杨简全集》第七册,浙江大学出版社2015年版,第1890页。

无体质,无际畔,无所不在,无所不通。"①无所不在、无所不通和无际畔的"精神",也就是"心"的发用流行,此便是慈湖思想中"精神"一词的清晰含义。

下面再来看杨慈湖思想中"圣"字的含义,遍观慈湖之文本,几乎未发现"圣"字被单独使用的情况,而是与"人""神"等字组成"圣人""神圣"等合成词来表达他的思想。如慈湖尝言:"魂者,凡众之通称,知则神圣同之清明,无所不通,无所不在,何止于在上?"②又说:"凡意皆私,无私则无所不通矣。曰以劳天下者,明无私足以安利天下也。商之先王皆无所私,帝皆不违,至于成汤,则德与齐,汤降不迟,继继无违,得此为圣,圣无不敬。"③上述所引两段文字中,所谓"圣"之含义是无所不通、无所不能的意思。而"圣"字与"人"字连用表示"圣人"的例子,在杨慈湖的文本中就不胜枚举了,如慈湖说:"天地之变化,水鉴中之万象,诚有大积而不苑,并行而不谬,深而通,茂而有间,连不相及,动不相害之状,于澄然融一之中,虽有曲折条理之细不可胜穷,而非思非为,此道心之本妙也,人人之所同有也。圣人不失其全,贤者所失轻寡,众人所失多矣。"④慈湖这里所谓的"圣人不失其全",说的就是圣人之心保有"心"的全部潜隐和发用的可能性,未发之时"道心"本妙,发用之时神用无方,"圣"之含义也表示圣人具有这种能力的意思。如果我们说圣人具有"圣"的一切特点,恐怕不是个文字游戏而应该是人们会一致认同的,也因此即便是把慈湖"心之精神是谓圣"中之"圣"字理解为"圣人"的含义,其实并无太多不妥,而只是说需要更进一步地说明,这一语句中的"圣"字指的是圣人所具有的"圣"之所有特点而言,或者说能够做到使"心"之"精神"完全自在、无所挂碍地流畅表达出来,本就是圣人才会达到的境界。其实便是说,"心之精神是谓圣"一句,存在着对其解释的多种维度,它既可以是结果,也可以是逻辑前提。"心"之"精神"完全发用流行,当然便是"圣";也可以说若是能够使"心"之"精神"完全展现,便即是"圣"。实际上慈湖"心之精神是谓圣"所要表达的意思,既是一个本体论的问题,同时也是个工夫论的

① [宋]杨简:《慈湖先生遗书》卷二《临安府学记》,《杨简全集》第七册,浙江大学出版社 2015 年版,第 1861 页。
② [宋]杨简:《先圣大训》卷一《蜡宾第一》,《杨简全集》第五册,浙江大学出版社 2015 年版,第 1365 页。
③ [宋]杨简:《先圣大训》卷一《孔子闲居第六》,《杨简全集》第五册,浙江大学出版社 2015 年版,第 1425 页。
④ [宋]杨简:《先圣大训》卷一《蜡宾第一》,《杨简全集》第五册,浙江大学出版社 2015 年版,第 1393 页。

问题。"心"之"精神"的流动四达本就符合"圣"的特性,达到了"圣"的状态当然是本体之呈现,而若只是在成"圣"的"路上",则只是功夫,慈湖此处即本体即功夫、功夫表达本体的思维方式,对我们具有很深的启发意义。

再者,我们可以把杨慈湖著作中使用"心之精神是谓圣"的语句再略举几例,在相对完整的上下文语境中而不是单独标出"心之精神是谓圣"单独一句的情况下来理解这句话的含义,如慈湖说道:

> 人心无体,自广大,自昭明,自融一。意动而迁,始昏始杂,始卑陋。故此以为高,因言高朗。孔子曰:"心之精神是谓圣。"《易》曰:"君子以自昭明德。"此心之神,未始不一,动乎意始失其一,故有始无终。故此言"令终",俶,始也。其终如始也,复吾心之本一也。①

这里杨慈湖在解释《易》的过程中提出他对"心之精神是谓圣"的理解,实际上是在讲"心"的发用功能,"心"在"神""圣"的状态下是"一","心"动则"一"失,回复"心"的本质状态的过程中,也是"圣"的表达过程。

> 孔子曰:"心之精神是谓圣。"心无形体,清明无际,纯一无二,天人道殊,其迹则一。惟纯,故不已。《中庸》曰:"圣人之道,发育万物。"惟天人一,故能发育。孔子曰:"夫孝,天之经,地之义。"明三才一致也。是故天命之不已,即文王之不已。文王之德,不亦显乎!文王之显著,即天命之幽穆。文王之心,即众人之心,即千万世之心。孟子曰:"尧舜与人同耳。"②

在指出孔子讲了"心之精神是谓圣"以后,慈湖大谈"心"的本质特征并引用《中庸》中的文字加以印证,明确因为天、人一致,所以天才能发育万物,也因为圣人与凡人之"心"一致,圣人之德才会体现在社会生活中,虽千万事,仍然相同。

> 孔子曰:"人者,天地之心",又曰:"心之精神是谓圣。"孟子亦每道性善,又曰"仁,人心也"。大哉斯言!启万世人心所自有之灵。人孰不爱敬其亲?有不爱敬其亲者,非人也;人孰不知徐行后长?有不后于长者,非人也。此心人所自有也,不学而能也,不虑而知也。心之精神是谓圣,果如吾圣人之言也。其有不然者,非其心之罪也,惟民生厚,因物

---

① [宋]杨简:《慈湖诗传》卷十七《大雅二·既醉》,《杨简全集》第三册,浙江大学出版社 2015 年版,第 873 页。

② [宋]杨简:《慈湖诗传》卷十八《周颂·维天之命》,《杨简全集》第三册,浙江大学出版社 2015 年版,第 892 页。

有迁,感于物而昏也。①

这里杨慈湖再次高调肯定孔子对人之"心"的高扬,因为圣人启迪万世之"心",人才知道自己在社会生活中的位置,知道该怎样与人交往,怎样在社会生活中表达自己。即便是暂时"迷失"了自己而不明了"心"如此这般的功用,也非"心"之罪,而是"物"之过。

> 人之本心即道,故曰道心。孔子曰:"心之精神是谓圣。"孟子曰:"仁,人心也。"某年三十有二,而省此心之即道,至此交益验。大人以道事君,于其初也而复之,是于思虑未作之初而安也。禹曰"安汝止",人之本心,自神自明,自不动,自即道,故曰"复自道"。此虽有复之名,初无复之实,是谓不复之复。《复》卦谓之敦复。不动之复也如此,则何咎之有? 又有吉焉。象吉矣,何患吉之不至? 此甚言此义之善。②

杨慈湖承认,他用 30 多年的生命历程,亲证了"心即道"。所谓"安汝止",是说在人思虑未动之时而使"心"回到原初状态,这就是《复》卦的本意。卦之"象"实际是一种趋势,有什么样的"象",大概率就会得到什么样的结果。

> 道岂心外之物哉? 人心即道,故舜曰"道心",孔子曰"心之精神是谓圣"。心无体质,清明无际畔,变化云为,无非大道。唯因物迁动,起而为意,始昏始乱,始失本有之道。道无实体,意起而为不善,始失之。然则举天下之人心,无非道者。唯人不自知,不自信,且人不敢自矜,推善于师,亦多有之,而人自不以为道也。③

上引数例,"心之精神是谓圣"一语均是在一定的语境中出现的。在对此句进行单独分析的基础上,在相对完整的局部语言环境中来谈论此语的含义,对于我们确定"心之精神是谓圣"一语在杨慈湖思想中的地位应该具有更加可靠的作用。

可以看到,慈湖坚定不移地相信"心之精神是谓圣"就是孔子的日常言论。上引数语,慈湖都是在讨论人"心"的各种发用功能,如人心广大清明、神用无方、圣人之心与众人同、人心自神自明等的情况下引用"心之精神是

---

① [宋]杨简:《慈湖先生遗书》卷二《申义堂记》,《杨简全集》第七册,浙江大学出版社 2015 年版,第 1850 页。
② [宋]杨简:《杨氏易传》卷五《小畜》,《杨简全集》第一册,浙江大学出版社 2015 年版,第 82 页。
③ [宋]杨简:《先圣大训》卷四《四代第三十三》,《杨简全集》第六册,浙江大学出版社 2015 年版,第 1641 页。

谓圣"一语的,也因此他使用这句话的本意便意在表明其与人"心"的发用状态密切相关。我们发现,慈湖在引用这句话时,基本上都会反复谈论人"心"本灵、本清明,人之本心即道,道并非心外之物等话题,这也就表明"心之精神是谓圣"一句的具体含义与心即道、心本清明等观念在本质上具有同一性。如此,则我们对"心之精神是谓圣"的理解似也不能超越此范围,故此"心"之发用功能的完全展现便是"圣",把"圣"字理解为"圣人"也没有大的不妥,正如我们上文所言,圣人本就具有"圣"的一切可能性。也就是说,如果"心"之发用功能被无障碍地显现出来,实际也便显现了"心"之本质状态,对"心"之本质状态的顿达,就是"圣",或是成了圣人,或是达到了圣人境界。

故此,若是联系杨慈湖思想"'一'—'心'—'觉'"的动态结构,则毫无疑问"心之精神是谓圣"一语完全可以被看作理解慈湖思想的最关键步骤,因为"心"之本质状态的获得,同时也意味着此心"觉"到了"一","心"因依靠其自身之力量而达至与天下万物通为一体的境界,即是"'一'—'心'—'觉'"之动态结构的整体显现。

4.3 "觉"与"永""光"

4.3.1 慈湖之"觉"与"觉者"

杨慈湖之思想难以解读,其著作中概念较多又具有不同层次的含义,这本身就证明了慈湖思想"体大思精",而慈湖如此深刻之思想成果的获得,与他自幼以来特别的生活方式和"悟道"手段大有关系,《慈湖先生年谱》中的两则记载很能为慈湖这种特殊的悟道方式提供说明。一则曰:"既长,任干蛊,主出入家用外,终日侍通奉公旁。二亲寝已,弇灯默坐,候熟寐,始揭弇占毕,或漏尽五鼓为文,清润峻整,务明圣经,不肯规时好,作俗下语。"另一则曰:"逾弱冠,入上庠,每试辄魁,闻耆旧言先生入院时,但面壁坐,日将西,众哄哄竞寸晷,乃方舒徐展卷写,笔若波注,无一字误。写竟,复袖卷,舒徐俟众出,不以己长先人。"[①]上述两则材料我们前文曾引用过,这里要注意的

---

① [清]冯可镛、叶意深:《慈湖先生遗书》卷二十二《慈湖先生年谱一》,《杨简全集》第十册,浙江大学出版社2015年版,第2361页。

是,两则材料中提到的"默坐"与"面壁坐"绝非对慈湖一般生活习惯的普通描述,而是向我们表明这便是慈湖的"悟道"之方法。若无其他的文字说明,我们很容易误以为这不过是慈湖调节身心、闭目养神而已,而实际上生活的经验告诉我们,仅仅是简单的闭目养神,只会使得自己更加清醒,"心"更加静谧而已,不会带来处理实际问题之能力的巨大提升。然而慈湖经过"默坐"和"面壁坐",却能够"漏尽五鼓为文,清润峻整,务明圣经""笔若波注,无一字误",这分明是经过慈湖之特别的"修养"以后而获得"心"之清净圆明状态的外在表象和表达,因为"心"本清明,所以由"心"而发的一切实际事务之处理结果也必然表现出清洁圆整、毫无污染的特质,对于字课来说结果即所谓的"无一字误"和"清润峻整"。慈湖因"默坐"的方法而获得了处理实际事务之能力的提升,因此我们有理由相信慈湖也完全会因此种方法而在思想之广度与深刻性方面收获与一般人不同的思想成果。实际的情形也正是如此,慈湖一生中数次之"觉"即印证了我们的这种推测。

学术界对杨慈湖之"觉"及其意义的研究向来不少,比如有的研究者认为慈湖一生曾经历了八次大觉,[1]然即便是对慈湖一生中之重要的心路历程分析得如此精细,也仍然忽略了一些更为重要的问题,即慈湖不仅自己常谈到他自己的"觉",他也同样记述了其他人,如他的弟子、朋友甚至一些妇女在经过他教导以后同样有所"觉"。我们姑且称这些人为"觉者",以区别于慈湖自身之"觉"。实际上,对"觉"字之使用绝非自杨慈湖始,孟子就曾言:"天之生此民也,使先知觉后知,使先觉觉后觉也。予,天民之先觉者也;予将以斯道觉斯民也。非予觉之,而谁也?"[2]孟子此处主张从有人类的那天起,社会就是分层次的,有人先"觉",有人后"觉",还有人干脆不"觉"。观孟子此言,一舍我其谁的豪情丈夫形象顿时现前,然孟子在此要表达的意思,主要是想说他自己已经"得道",手里握有"真理",随时可以拯救天下。孟子以当世之得道者自居,企图拯万民于水火之中,他是在"自觉"的意义上来使用"觉"字的,孟子主要是自己觉悟到了当时社会治理的有效手段在于行"仁政",而较少涉及个体自身对世界本相、宇宙人生本质之追问的思考层面,也因此可以说是在"对外"而非"对内"的意义上使用"觉"字。然而杨慈湖之"觉",其意义主要是内在的方面,既它指的是人获知宇宙、世界本相的能力,也是对本相状态的一种描述,有时慈湖也用"永"和"光"来表示这种境界。下面我们先来看慈湖自己生命中的几次"觉"及其在慈湖思想中的

---

① 郑晓江、李承贵:《杨简》,台北东大图书公司 1996 年版,第 29—36 页。

② 杨伯峻:《孟子译注》,《孟子·万章上》,中华书局 1960 年版,第 225 页。

作用。

根据现有材料的记述,杨慈湖人生中的第一次"觉"出现在他28岁时,也就是学界通常所言的"循理斋之悟",然而对此事的记载,不同的材料之间略有差异:

> 某之行年二十有八也,居太学之循理斋,时首秋,入夜,斋仆以灯至,某坐于床,思先大夫尝有训曰:"时复反观。"某方反观,忽觉空洞无内外,无际畔,三才、万物、万化、万事,幽明,有无通为一体,略无缝罅。畴昔意谓万象森罗,一理贯通而已,有象与理之分,有一与万之异,及反观后所见,元来某心体如此广大,天地有象有形,有际畔,乃在某无际畔之中。①

> 先生在循理斋,尝入夜,灯未上,忆通奉公训,默自反观,已觉天地万物通为一体,非吾心外事。②

> 先生曰:"少年闻先大夫之诲,宜时复反观,后于循理斋燕坐反观,忽觉我与天地澄然一片。"③

上引第一段材料的记述较为详细,慈湖想起了父亲的教导,开始"反观"。这次"反观"很快就进入了状态,一念之间就体悟了世界本相。纷繁复杂的万事万物在这次"反观"中以"一体"的面貌出现,让慈湖明确地认为,"心体"广大、包罗万象,有形有象的万事万物的有限性在人"心"的无限性面前,显得微不足道而容易把握,他们之间的界限消失了,成为"一体化"的存在。

上引第二、三两段文字显然是杨慈湖的弟子们对"循理斋之悟"的记述,可能是出于文字简洁性的考虑,记述得比较简单,但是仍然为我们了解慈湖人生中第一次大"觉"提供了重要线索,其中忆父训、燕坐反观、我与天地澄然一体这三点值得我们特别留意,由此我们便知道慈湖之所以经常默坐反观,一个重要的因素在于他谨遵父亲的教导,而一个重要的结果便是慈湖真的因此种方法而"觉"到了"天地万物通为一体"。再结合慈湖对此事的自述,慈湖"觉"到的,实际上是己"心"与外界事物打交道之后对整个世界的一

---

① 〔宋〕杨简:《慈湖先生遗书》卷十九续集《炳讲师求训》,《杨简全集》第九册,浙江大学出版社2015年版,第2289页。

② 〔宋〕钱时:《慈湖先生遗书》卷十八《宝谟阁学士正奉大夫慈湖先生行状》,《杨简全集》第九册,浙江大学出版社2015年版,第2267页。

③ 〔宋〕杨简:《慈湖先生遗书》卷十五《家记九·泛论学》,《杨简全集》第九册,浙江大学出版社2015年版,第2190页。

个基本态度,那便是在自我的"心"中就存在着整个世界,心体清明广大,无所不包。可以说,经过慈湖自小不断地穷思力索,终于在一个洁净秋天的傍晚,达成了他人生之中最为重要的已"心"对世界万物的切身体会,这一体会在慈湖这里是真切无比的,一点也不神秘,对慈湖而言它并不像我们今天所批评的那样是"神秘主义",而是慈湖思考的重大成果之一,实际上也是其思想中"'一'—'心'—'觉'"之动态结构的一次完整表达,故此慈湖此次大"觉"无论对他本人而言还是对其思想体系的建构而言,都确乎至关重要。既然慈湖经过这次大觉已经悟到了万物与我为一体,实际上再没有可能性在这个觉悟状态的基础上再往前前进哪怕是半步,万物与我为一体在慈湖这里就已经是世界、宇宙、人生之本相,故此说此次大觉是慈湖"进入心学的门槛"并不恰当,而应当是经过此次"大觉",慈湖早已完成了以其"心"探索世界本相之登堂入室的全过程,应该是慈湖思想完成的标志。我们接下来会看到,慈湖以后的几次"大觉",对所"觉"之状态的描述基本没有越出此次"觉"之成果。所以若是按照"'一'—'心'—'觉'"之动态结构的范式来解读此次慈湖大觉,它便不仅仅是"心学"意义上的门槛,而就整体的思想状态而言,它更是慈湖思想成熟的标志。由于这次慈湖主要是"觉"到了已"心"的洞达本相状态,我们且称之为"慈湖己心之觉"。

在杨慈湖经过第一次大"觉"三年以后,他迎来了人生中的"又觉",慈湖说道:"某二十有八而觉,三十有一而又觉,觉此心清明虚朗,断断乎无过失。过失皆起乎意,不动乎意,澄然虚明,过失何从而有?某深信此心之自清明,自无所不通,断断乎无俟乎复清之。于本虚本明、无所不通之中,而起清之之意,千失万过,朋然而至矣,甚可畏也!"[1]

在这次觉悟过程中,杨慈湖基于第一次觉悟后对"心"之清明本然状态的体认,对"心"的认识又有了进一步的发挥,他觉悟到此"心"非但是清明虚朗的,而且不会有任何差错过失。人之所以有"过",其根源不在于"心"本身,而在于"意",即所谓"过失皆起乎意"。然而慈湖此次对"意"或者"过"的认识,并没有在"本虚本明、无所不通"的"心"之本相之上再加入什么新的内容,而是说明人即使起"意"生"过",其原因在于"动乎意",而不是"心"之本质有什么变化或者不能自洽之处,"心"之本然状态也并不因为"意"动和生"过"而有所减损,充其量只是被遮蔽而已。因此实际上尽管慈湖提到他"又觉"了一次,而仔细分析起来,就他对"心"之本质状态的体认和描述而言,与

---

① [宋]杨简:《慈湖先生遗书》卷二《永嘉郡治更堂亭名记》,《杨简全集》第七册,浙江大学出版社2015年版,第1866页。

他 28 岁时"循理斋之悟"并无不同,而只是对"心"所可能表现出来的其他面相有了进一步的认识。也就是说,就内容而言,慈湖对因默坐而体认到的"与天地万物通为一体"的"一"之形态的描述,并无进一步的增加,故此,慈湖自述的 31 岁之"觉"实际上乃是"心外之物"的增加,故此其思考范围仍未脱离于"'一'—'心'—'觉'"之动态结构,此次觉悟仍然可以归并到慈湖第一次觉悟的成果范围之中。因本次觉悟牵涉到"意"在内,我们不妨称之为"慈湖心意之觉"。也是在这个意义上,慈湖将他的"觉悟成果"应用到了实际生活当中,给他邻居家的一栋房子取了个"贤觉斋"的名字,慈湖记述此事,言道:"人皆有至灵至神至明之妙,即舜之所谓道心,而人不自知也。孔子曰:'不逆诈,不亿,不信',抑亦先觉者是贤乎! 夫彼之施诈于我,常情不作意以应,而作意每差,彼施诈不信于我,我无劳逆亿,而此心之灵,亦能先觉,此众人之所自有,不必圣人始有,而人率不自知,惜哉! 此心先觉,乃人心自灵自神自明,不学而能,不虑而知,可谓贤矣。而人不自知其贤,故圣人特指其所怀之玉以告。此深中某心,故以名黄年家之西斋曰'贤觉'。"①慈湖这回就真有点"学以致用"的味道了,他渴望自己体验到的思想成果也能在现实的生活中留下印记,因"心"充分表达了自身而成为"贤者",贤者之"觉",故此称"贤觉斋"之名。深刻的内心体会给人留下的印象是难以磨灭的,其对自身生活中疑难之处解疑释惑的作用或者对此前不是十分明了的对某一问题的看法的确定作用,往往坚定而持久,不易变更。

可以称得上杨慈湖思想中第二次大觉的,学界经常提及的"扇讼之悟"可算一次。"扇讼之悟"也称"双明阁之问",主要记载的事件便是杨慈湖向陆象山寻问什么是"本心"。不同材料对此事的记载也不尽相同,我们先来看《陆九渊集》对此事的记载:"四明杨敬仲时主富阳簿,摄事临安府中,始承教于先生。及反富阳,三月二十一日,先生过之,问:'如何是本心?'先生曰:'恻隐,仁之端也;羞恶,义之端也;辞让,礼之端也;是非,智之端也。此即是本心。'对曰:'简儿时已晓得,毕竟如何是本心?'凡数问,先生终不易其说,敬仲亦未醒。偶有鬻扇者讼至于庭,敬仲断其曲直讫,又问如初。先生曰:'闻适来断扇讼,是者知其为是,非者知其为非,此即敬仲本心。'敬仲忽大觉,始北面纳弟子礼。故敬仲每云:'简发本心之问,先生举是日扇讼是非答,简忽省此心之无始末,忽省此心之无所不通。'先生尝语人曰:'敬仲可谓

---

① [宋]杨简:《慈湖先生遗书》卷二《贤觉斋记》,《杨简全集》第七册,浙江大学出版社 2015 年版,第 1871 页。

一日千里。'"①我们看过慈湖与象山的问答,便可明了此时慈湖向象山提的问题很明确,就是直接问什么是"本心",而象山的回答也同样明确直接,即仁义礼智等伦理道德之心便是"本心",除此之外并无其他内容。需要特别注意的是,慈湖对象山之回答在开始时并不接受,而是反复了几次最终经过象山借"扇讼"之开示,才完全明了象山之回答的真正含义,这颇有点禅宗机锋对答的感觉。可以看到,慈湖对"本心"的思考并非始自象山,而是"儿时已晓得",且他也得到过与象山相同的答案,只是自己未见象山之时还不能完全确定"本心"真的就是如此含义。象山在此时的回答,正可以说是慈湖确信"本心"的最大助缘力量,而并非如学界所言是启发之功,因此若是说象山在"本心"的问题上启发了慈湖的思考,恐怕并不是这段思想史的实际。

那么问题是,为什么陆象山反复几次相同的回答和借"扇讼"对杨慈湖的指引以后,慈湖就确信了"本心"之含义呢?其实我们仔细来分析上段文字,原因也并不难找。首先在于,慈湖听到象山借"扇讼之问"而再次告诉他知是知非的能力本就在"心"中,这符合慈湖的一贯思考方式,即向"心"内寻找,而非追逐于外物。其次在于,慈湖听闻答案后的反应是"敬仲忽大觉",而此大觉,想必慈湖又经历了与28岁大觉之时同样的心灵体验和切身体会,在这样的体会中,天地万物通为一体,说仁义礼智等伦理道德之心便是"本心",并不违反"通为一体"的感受。最后在于,慈湖闻象山之言的反应是"忽省此心之无始末,忽省此心之无所不通",既然此心无所不通,那么伦理道德之心即是"本心"便可以被包含在"此心无所不通"这一范围之中。基于上述三点原因,慈湖因象山之教而大"觉"就不足为奇了。然而,我们必须指出,在慈湖的思考中,"本心"绝非仅仅只有伦理道德之心这一个方面的含义,这个问题我们上文已经谈得比较详细。也就是说,在慈湖这里,伦理道德之心确实是某种"本心",但是并不能反过来说"本心"就只能有伦理道德之心这一种含义,二者之间并不是绝对的一一对应关系。伦理道德之心是"本心",但"本心"所指的内容,在杨慈湖这里早已经越出伦理道德之心的范畴而生发出更为广阔的"天地"。

对于同样一个事件,在《慈湖先生年谱》中的记载便和《陆九渊集》中的记载有所不同,《慈湖先生年谱》记"扇讼之悟"曰:"陆文安公新第,归来富阳,长先生二岁,素相呼以字,为交友。留半月,将别去,则念天地间无疑者,平时愿一见莫可得,遽语离乎?复留之。夜集双明阁上,数提'本心'二字,

① [宋]陆九渊著,钟哲点校:《陆九渊集》卷三十六《年谱》,中华书局1980年版,第487—488页。

因从容问曰:'何谓本心?'适平旦尝听扇讼,公即扬声答曰:'且彼讼扇者,必有一是,有一非,若见得孰是孰非,即决定谓某甲是,某乙非矣。非本心而何?'先生闻之,忽觉此心澄然清明,亟问曰:'止如斯邪?'公竦然端厉,复扬声曰:'更何有也?'先生不暇他语,即揖而归拱达旦,质明,正北面而拜,终身师事焉。每谓简感陆先生,尤是再答一语,更云云便支离。去八年秋七月也。已而沿檄宿山谷间,观故书犹疑,终夜坐不能寐。天曈曈欲晓,忽洒然如物脱去,乃益明。"①这段文字有"扇讼之悟"事件本身的记载,有慈湖听闻答案后反应的记载,还记载了此后没多久的一次山谷之"觉"。关于"扇讼之悟",其重要原因在于陆象山在杨慈湖处停留了半月有余,这段"共同生活"让他对慈湖的日常工作生活有了更深刻的了解。想来象山也是勤思苦索之人,他留意到了慈湖日常的行政事务,以此为契机而"点化"杨慈湖,用杨慈湖身边最熟悉的事来对他应机提点,解局的人高明,局中人之"局"也破得更加彻底。陆象山确实是位好教师,随机而发却又正中要害,直把人心中困顿疑惑全部打消殆尽,由此成就了杨慈湖,也成就了中国思想史上可以传之久远的思想交汇和尽人皆知的思想结局。

我们仔细分析起来,两则材料对同一事件的记载,其区别还是很明显的。区别之一即在于,慈湖从容问"何谓本心",《慈湖先生年谱》中便不像《陆象山集》中言"仁义礼智"是"本心",而直接说能断扇讼的是非之心便是"本心"。其二在于,慈湖听闻象山因扇讼而答之后,马上"觉此心澄然清明",但是这种情况怕是只出现了极少的时间,遂有"止如斯耶"之问,而象山这时的回答是彻头彻尾的机锋之答。其三在于,经象山反问之后,慈湖便离去,经过了一个晚上的时间以后,才向象山行弟子礼,这段时间发生了什么并没有资料记载,但是可以确定慈湖一定没有停止思考象山给他的答案。其四在于,经过此事以后,慈湖常怀"后怕"之感,幸好当时象山并没有再多答一个字,否则"便支离"了。最后一点,《慈湖先生年谱》把所谓的"夜宿山谷之觉"放在"双明阁"之间的事件下面一同记下,这至少表明记录者以为两件事情具有一致的地方。而在我们看来,"忽觉此心澄然清明"和"忽洒然如物脱去,乃益明"基本上便是一回事,都是觉到了此心之本质状态。因此若是单独把"夜宿山谷之觉"当作一次在慈湖思想发展史上具有独立意义的大觉,便似乎有些不妥。由于这几次慈湖"觉"到的主要是"本心"的具体含义,我们不妨把这几次觉悟称为"慈湖本心之觉"。

---

① [清]冯可镛、叶意深:《慈湖先生遗书》卷二十二《慈湖先生年谱一》,《杨简全集》第十册,浙江大学出版社2015年版,第2367页。

关于这次"双明阁之觉",杨慈湖也在其他地方谈道:"壬辰之岁,富春之簿廨双明阁之下,某问本心,先生举凌晨之扇讼是非之答,实触某机,此四方之所知;至于即扇讼之是非乃有澄然之清、莹然之明,匪思匪为,某实有之,无今昔之间,无须臾之离,简易和平,变化云为,不疾而速,不行而至,莫知其乡,莫穷其涯,此岂惟某独有之?举天下之人皆有之。为恻隐,为羞恶,为恭敬,为是非,可以事亲,可以事君,可以事长,可以与朋友交,可以行于妻子,可以与上,可以临民,天以是覆而高,地以是厚而卑,日月以是临照,四时以是变通,鬼神以是灵,万物以是生,是虽可言而不可议,可省而不可思。"①可以看到,慈湖此次的记述基本上涉及两个方面的内容,一个便是杨陆二人印证了"本心"的伦理道德属性,另一个便是他又突出了澄然清明之心的无所不通的发用功能,而这两点同样没有越出"慈湖本心之觉"的思考范围。

杨慈湖在 34 岁时,其母亲过世,慈湖居母丧期间因处理各种丧葬事宜、与亲族同里的各种交往又有所触发,又有所觉,可称为慈湖生命中的第三次大觉。《慈湖先生年谱》记载此事曰:"春,丧姚氏,去官,居垩室,哀毁尽礼。后营圹车厩,更觉日用酬应未能无碍,沉思屡日。偶一事相提触,亟起旋草庐中,始大悟变化云为之旨,纵横交错,万变虚明,不动如鉴中象矣。学不疑不进,既屡空屡疑,于是乎大进。"②而《杨氏易传》对此事的记载则为:"及后居姚氏丧,哀恸切痛,不可云喻。既久,略省察,曩正哀恸时,乃亦寂然不动,自然不自知,方悟孔子哭颜渊至于恸矣而不自知,正合无思无为之妙。益信吾心有此神用妙用,其哀苦至于如此其极,乃其变化。故《易大传》又曰:'变化云为。'不独其有此心,举天下万古之人,皆有此心,益信人皆与尧、舜、禹、汤、文、武、周公、孔子同此心,顾人不自知、不自信尔。"③

从《年谱》的记载可以看出,慈湖因母丧想必日用酬应颇多,在慈湖的内心深处,他想十分合理而从容地处理这些问题,但实际的情况却是"未能无碍",故此他不断地思考要以什么样的方式来处理日常生活中遇到的各种问题,在他"沉思屡日"之后,慈湖终于明白所有事情的变化云为之旨,无不如镜中像,也因这次大"觉",慈湖感到他的思想深度"于是乎大进"。这里慈湖谈到的"鉴中象"颇值得我们注意。"鉴中象"在宋代是一个使用率颇高的术

---

① [宋]杨简:《慈湖先生遗书》卷四《祖象山先生辞》,《杨简全集》第七册,浙江大学出版社 2015 年版,第 1896 页。

② [清]冯可镛、叶意深:《慈湖先生遗书》卷二十二《慈湖先生年谱一》,《杨简全集》第十册,浙江大学出版社 2015 年版,第 2371 页。

③ [宋]杨简:《杨氏易传》卷二十《易总论》,《杨简全集》第一册,浙江大学出版社 2015 年版,第 358 页。

语,尊式在《念佛三昧诗》中写道:"融抱回曲照,熙如鉴中象。谛览无遗心,虚求非滞想。追梦忘始终,通幽宛如往。藉此会神姿,逍遥期西赏。"释尊式这里描述的是念佛求往西方的境界,要想成佛做祖,必得一步一步实修,跨过一道一道"关卡",最终才能成佛。"鉴中象"是成佛路上的一个环节而已。但对于儒家学者而言,"鉴中象"则是他们"求放心"路途上的一个环节。既然万事万物如镜中之像,那么什么才是遍照万物的镜子呢?在慈湖这里,这个问题没有其他答案,只能是"心"。"心"如镜子,万事万物便是"心"中之像。这样的比喻应该容易理解,镜子本身具有遍照万物的功能,清明能照便是镜子的本质,万物在镜子面前,一无所逃,都会如实地显现自己,而万物不论以何种样貌出现于镜子之中,都无法改变镜子本身的能照功能,即便万物离开镜子,不再在镜前显示自己,镜子也还是镜子。慈湖举"鉴中象"之例,便是要说明"心"与万事万物如此这般的关系。慈湖在这次大觉中,悟到的便不单单是"心"清明虚朗的本相,而更多地涉及"心"与"物"之间的关系,这里所谓"物",实际上也包含今天所说的事,而绝非单单指物体之实物。慈湖思考中的"心物关系",确然包括人应该以什么样的态度来处理好日常生活中的各种问题之意,正因为包含这样一层关系,故此"心"与"物"的关系在任何时代的人那里都是必须面对的问题,因此才有了慈湖居母丧之恸,才有孔子哭颜回之恸,也才会"举天下万古之人,皆有此心"。因这次慈湖之觉悟主要涉及"心"与"物"的关系,我们且称这次大觉为"慈湖心物之觉"。

在讨论"慈湖心物之觉"的时候,另有一段文字同样需要引起我们足够的留意,那便是慈湖论述"心"应该如何从纷繁复杂的外界事物包围之中突围,消除旧习而真正到达"精一之地"。慈湖尝言:"学者初觉,纵心所之,无不元妙,往往遂足。不知进学而旧习难遽消,未能念念不动,但谓此道无所复用其思为,虽自觉有过而不用其力,虚度岁月,终未造精一之地。日用云为,自为变化,虽动而非动,正犹流水日夜不息,不值石险,流形不露,如澄止不动,而实流行。予自三十有二微觉已后,正堕斯病。后十余年,念年迈而德进不进,殊为大害,偶得古圣遗训,谓'学道之初,系心一致,久而精纯,思为自泯'。予始敢观省,果觉微进。后又于梦中获古圣面训,谓某未离意象,觉而益通,纵所思为,全体全妙。其改过也,不动而自泯,泯然无际,不可以动静言。于是益信孔子'学不厌'乃是'知及之'已后事,是谓用力于知者,虽动而得不动之妙,终未及仁者常觉、常明、常不动之为至静。故孔子曰:'知者动,仁者静。'予何敢言仁? 用力于仁者也。恐同志者复蹈前患,故备记如右。"①慈湖上述所言的"正堕斯病",指的便是尽管他已经能够证得此心圆善元妙,却不能够使"心"完全脱离于外物的控制,因旧习尚在而不能"念念不动",这在慈湖看来至少是对"心"之本质状态的不彻底了悟,用句佛语说就是还不"究竟",故此慈湖自称他 32 岁时的觉悟是"微觉",他也因此从未放弃继续思索如何才能真正地了悟"心"的本相。他因"古圣遗训"而沉思玩味,又有微进,也许是"朝思暮想"之故,他又"梦中获古圣面训",遂至全体全妙之境地,从此知道超离动静的纠缠束缚以后,方可臻于化境。同样,也有人觉得慈湖"梦中获古圣面训"充满了神秘主义的色彩,其实道理同样简单,今人经常拿俄国化学家门捷列夫因梦中梦到了最为难解的分子排列方式而发明化学元素周期表作为勤思苦学而终有所成的例子来教育世人,慈湖之"古圣面训"又何尝不是如此? 当人们对一个问题绵绵用力反复思索的时候,一定会在某个时刻以特定的方式获得答案。重要的问题在于,慈湖尽管在原来证得过"心"之本然状态,但是在实际的生活中这种状态往往因为有过和旧习牵绊而不能经常显现,因此他才会说自己是"用力于仁者"而并非"仁者",是在过程中向着"终极"的目标前进,而并非已经到达了终点。慈湖此处的"心物之觉",更加提醒我们"心"之本相的顿达不是一蹴而就的事情,它该是不断去体证的过程,否则即便是在某一刻明了了"心"之本质,但并不能保证我们的生活就会如其所是地那样显现,而这绝不是"慈湖心物之觉"所要达到的最圆满境地。

由上所述,我们分别分析了杨慈湖生命中的几次大"觉",包括"己心之觉""本心之觉"和"心物之觉"三个最为重要的方面。综合地看,这三次大觉已经基本上包括了"人生在世"所面对的一切有形物质世界和无形世界。杨慈湖"己心之觉",是他对"心"之本质状态和"心"之本然面貌的切己体认,可以说是对内在自我的确证,因此这个方面的"觉"可以说是"向内"的;然而人生活在世界上总要与人打交道,面临社会生活的种种制约和束缚,要怎么样在一定的社会规则中合理地处理好"心"与社会规范之关系,慈湖经象山点拨而确信的"本心之觉"即是处理好社会关系的一种思想成果,尽管慈湖所谓的"本心"除了伦理道德之内涵而外仍然具有自己的特殊内容,因此这个方面的"觉"可以说是"由内而外"的;人除了面对人类社会的种种问题,世界上一切事物的呈现都会在人之"心"中留下这样那样的痕迹,"心"必然会对

---

① [宋]杨简:《慈湖先生遗书》卷十五《家记九·泛论学》,《杨简全集》第九册,浙江大学出版社2015 年版,第 2183 页。

它所经历的一切产生反映、有所记录,由此也便产生了要如何对待"心"与"物"之关系的问题,慈湖的"心物之觉"便是慈湖思考"心"与万事万物之关系的思想成果。实际上,慈湖此处的思考便已经包罗一切,再没有什么东西不在慈湖的思考范围之内。因此,无论从横向还是纵向的范围来说,慈湖的这三次大觉已经是"心"所能处理之问题的全部,故此这三次大觉,可以被看作慈湖一生中最为重要的"觉",慈湖全部之思想成果,都可以从这三次大觉之中找到依据,其他的"觉"或者重要体会,大体不出这三次大觉的范围。

在杨慈湖所留下来的文本中,慈湖不仅仅记述了自己的"觉"及其成果,他也记述了时人之"觉",这些人包括他的朋友、学生,甚至还有一些妇女。在传统社会"三纲五常""三从四德"封建观念及其所造成的社会氛围的笼罩下,对一些妇女之思想状态有所留意和记述,是一件颇为难得的事情,因此我们有必要对此问题作出一定的说明。其中的一个前提是,在慈湖那里,实际上男人、女人的分际并不是那么明显,在他的眼里,男人女人首先都是有"心"之人,人因己"心"之觉在思想上有所收获,行为上有所改变,本身就是圣人教学和凡人为学之目的,这恐怕才是慈湖大量记载"觉者"之用意所在,而并非因慈湖有多么开明,在那么"封建"的时代就已经能够做到"男女平等",他站在人的角度看待思想的探索和转进,而不是非要区分"男人""女人"。

杨慈湖以为,按照他的标准,"觉者"代不乏人,只是"觉"之程度有所不同而已,程度不同,自然境界不一,成效不一。他曾举颜回为例来说明"觉"的不同:"物我之私既去,则本有清明之妙自着,自无所不通,视听言动,无非变化,无思无为,觉者自知。颜子勉之,及其觉也,三月不违。"①慈湖在此处举颜回为例,不同于之前人们谈到颜回时都讲他如何安贫乐道、如何沉浸在自己的思想世界里"独自快乐",他将颜回三月不违的故事看作其"觉"的结果。慈湖认为颜回之所以能够"觉",最为重要的一个前提便是颜回摒除了物我之私,悟到了"心"之清明自妙的本相,在这个前提之下,所有个体之行为变化便无不在"心"之观照之下,而慈湖所谓的颜回"三月不违",指的就是颜回可以在比较长的时间内一直使"心"之本质状态向外显现,一切事用云为都逃不开"心"之体照,所以颜回毕竟是颜回。一般人恐怕只能在某一刻顿达彻悟"心"之本相,而这一点在慈湖看来,是悟道成圣必不可少的条件,因此他经常对自己身边有觉之人的"觉"及其表现有所记述,特别之处在于,

---

① [宋]杨简:《先圣大训》卷六《晏子第四十九》,《杨简全集》第六册,浙江大学出版社 2015 年版,第 1759 页。

慈湖尝记妇女之觉曰：

> 某自总角以至于六十，不知吾妹性质灵明，不因言而始觉，后观古而默契。比偕甥辈暂寓于吾室之西偏，间得款话，话次始知灵觉天然，万古鲜俪。士而能觉，已足垂芳于世，妇而能觉，古惟太姒。自兹以降，以倬行称于史固不乏，求其内明心通，惟庞氏母子及吾伯姊暨妹，而妹乃生而明，斯某所以每叹其未有与拟。灵光溥其无际，神用应酬，卷舒云气，亦犹镜象，参错来备而澄明莹然，斯靖斯止。方谓嫂妇辈朝夕依迹，德意德言，其有薰渍，天胡夺吾妹之遽！恸哭不胜，再恸莫继，疾作累日。中既复常，仅能朔哭。今复甚病，食损十九，芥尔瘳甚。祝告以翼日帷荒就道矣，不可远送，忍哀写此。①

杨慈湖颇有感慨地说 40 多年来他竟然不知道自己的妹妹也和男人一样可以"觉"到此"心"之灵，及至妹妹死后他才有所哀痛，泣诉上天不应该那么早地夺去她的生命。然而这些都为时已晚，他唯一能做的，就是把妹妹的"觉"悟及其成果记录下来，作为她曾经是一个"悟道"之人的证明，以明"万古一心"的道理确实所言非虚，是实理而非虚理。慈湖还记录了另外一位妇女之"觉"：

> 叶元吉佑之之母孺人张氏，故将作监丞允恭女，归司农寺簿大显。简至吴，元吉来访，执事甚恭，自言弱冠志于学，而未得其方，得先生《绝四碑》读之，知此心明白广大，自谓读书行己，不敢起意，复寐中闻更鼓声而觉，曰："此非鼓声也。"终夜不寐。夙兴，见天地万象万物万变、明暗虚实，皆此一声，而目前常有一物。及一再闻，先生警诲，此一物方泯然不见。元吉弱冠与贡，孺人不以为喜，及见简归，道简言，且谓"若不见先生，止于半涂"，于是喜甚。简访元吉，孺人已疾病，命二女听于屏间，尽记简之言以告孺人，举手曰："幸甚！吾儿得此于先生，吾死无憾矣！"垂绝，神气清明，无一语差。②

如果说杨慈湖自己的妹妹之"觉"是她自身思索的结果，此处叶元吉之母张氏之"觉"，就全赖杨慈湖的点拨及示范效应的发挥了。张氏因读慈湖所做《绝四记》和听闻慈湖之言而悟，"觉"到了天地万物通为一体之境界和

---

① ［宋］杨简：《慈湖先生遗书》第十九续集一《奠冯氏妹词》，《杨简全集》第九册，浙江大学出版社 2015 年版，第 2314 页。

② ［清］冯可镛、叶意深：《慈湖先生遗书》卷二十二《慈湖先生年谱二》，《杨简全集》第十册，浙江大学出版社 2015 年版，第 2441 页。

"心"的本质状态,不得不说这是慈湖思想发挥真正影响的重要例证。张氏之觉很有点"当下即悟"的味道,她读到的文字、听到的声音,都成为她"开悟"的重要凭据,文字、声音成为张氏沟通天人、彻悟宇宙本质的重要通道,但是还没有到达如实境界,最后张氏听到杨慈湖的教诲,"此一物方泯然不见",横亘胸中的最后一个障碍被彻底消除,"心"的本质如实现前。因此张氏在离世的时候"神气清明",了无牵挂地离开了这个世界。

杨慈湖在自己的著作中给予妇女的思想及日常行事以一定的地位,在其他儒者那里绝少见到。上述慈湖对妇女之觉的描述,无论"澄明莹然"还是"神气清明",实际上都是"心"之本质状态在某一特定时刻的呈现,这样的境界,慈湖本人曾多次获得,而按照慈湖人人本有清明之"心"的看法而言,一般妇女基于特定修养方式而反复体证,达至这样的境界并非不可想象的事情。关键的问题在于,慈湖曾经体证到的境界并非慈湖本人的专有权利,而是事实上其他人也获得了与他基本一致的生命体验,这就再不能说慈湖所讲的自身体验是神秘主义或者是不可知之论了。也就是说,"心"之本质状态确实存在,而人也可以经过一定的修养工夫而对之有真切的体验,这种体验结果的获得,不单单是道德境界和道德品格的提高,更是"万物一体"之状态真正存在的确证。在慈湖那里,获得如此人生境界和生命体验的,绝不仅仅是几个人,而是很多人:

> 天有四时,春秋冬夏,风雨霜露,孰非先圣之教?地载神气,神气风霆,风霆流形,庶物露生,孰非先圣之教?道不远人,人之为道而远人。心之精神是谓圣,圣训昭明,某觉此,笃信此。兹分牧东嘉,将以此告东嘉人士,以日用庸常即大道,惟毋动意,立知。如兴云气,自翳其光明,当有觉者。某内外亲故二十年来亦多觉者,亦盛矣。敢告。①

> 比一二十年以来,觉者滋众,逾百人矣,吾道其亨乎! 古未之见,天乎! 子浚之觉,非空见,切于身修,勉思先圣发愤之训,故书愤乐二字畀之。②

杨慈湖的内外亲故朋友,20多年来都有所"觉",所在人数不少,有百十多人。慈湖也因此对自己思想的传承产生了强烈的信心,感叹"吾道其亨乎"。他还特别说明了其子杨浚之"觉"并非空对空地仅凭思索就产生出来,

---

① [宋]杨简:《慈湖先生遗书》卷四《谒宣圣文(二)》,《杨简全集》第七册,浙江大学出版社2015年版,第1894页。

② [宋]杨简:《慈湖先生遗书》卷二《愤乐斋记》,《杨简全集》第七册,浙江大学出版社2015年版,第1876页。

而是立基于真实的修身和发奋读书的实践,这样的"觉"可能来得慢点,但是肯定好一些,与慈湖本人多年来的"悟道"经历有很大的相似性。慈湖还说:

> 比来觉者何其多也!觉非言语心思所及,季思已觉矣,汩于事而昏。孔子曰:"心之精神是谓圣",谓季思之心已圣,何不信圣训而复疑?比日不复致问,季思以默识矣。季思平平守此,默默即圣,即不厌之学,即喜怒哀乐之妙,即天地四时变化之妙,即先圣默识之妙。①

> 大哉孔圣之言!哀乐相生不可见,倾耳听之不可闻;不见乃真见,不闻乃真闻。子夏虽曰敢不承,实莫之承终于昏,误认有子为师道。曾子觉虽小,而悟孔圣之皓皓;濯之暴之觉之亏,即濯即暴无不妙。子思孟子皆近之,惜乎小觉而大非;其言多害道,二子名声满天下,指其非者何其少?滋惑后学何时了?安得朝家专主孔圣言,尽削异说明大道?比一二十年,觉者寝寝多几二百人,其天乎!春秋冬夏风雨霜露无非教,风霆流形庶物露生无非教,君子不必相与言,虽在畎亩之中默然即圣无他巧。大哉孔圣之至言,罔极之德何以报!②

由上述杨慈湖所言"多觉者""觉者滋众,逾百人矣""比来觉者何其多也""觉者寝寝多几二百人"的说法来看,慈湖所遇到的"觉者"绝不在少数,并且大部分"觉者"的觉悟过程,几乎是自然主义的。"天有四时,春秋冬夏,风雨霜露,孰非先圣之教? 地载神气,神气风霆,风霆流形,庶物露生,孰非先圣之教",自然界的消息变化和大化流行在慈湖这里成了圣人垂训后世、教导学人和弟子的手段,慈湖想说明,"心"之本质状态的顿达,实际的入手处即在于随其所是,"心"若是能够按其本来所是的样子发用流行,则圣人之境界自可无往而不至。除了笼统地说明"觉者"人数众多而外,慈湖还谈到了一些个别人物之"觉",这些"觉"在慈湖自己看来也十分重要,慈湖说道:

> 简为乐平,鲁卿来访道,与语良久,忽觉。厥后数款语,益信其果觉。嘉定二年春,至行都,又从容累日,归未几而疾作。仲夏癸卯,召子曾与语,言讫而瞑。③

> 钱塘王子庸,予为浙西抚属时已识其人。予究其胸中义理之谈,无

---

① [宋]杨简:《慈湖先生遗书》卷二《默斋记》,《杨简全集》第七册,浙江大学出版社 2015 年版,第 1878 页。

② [宋]杨简:《慈湖先生遗书》卷六《大哉》,《杨简全集》第七册,浙江大学出版社 2015 年版,第 1964 页。

③ [清]冯可镛、叶意深:《慈湖先生遗书》卷二十二《慈湖先生年谱二》,《杨简全集》第十册,浙江大学出版社 2015 年版,第 2423 页。

不晓析，而自谓其疑，予告之以不假更求，本无可疑者。子庸曰："非不知之，而终疑。"自是或对诗，或致书，无他问端，所志唯道。所问未尝不疑，盖日积十八九年矣。忽二月之二十三，因见阳辉，跃然如脱如释，于是乎洞然，自是不复如前之疑。予闻其言，喜不能自已。予得罪去国，将行，子庸请益，从容问其情，乃犹意其犹有未尽。予告之曰：习气之未易消释也如此，犹有未尽者，意也。先圣之所止绝也。止绝此意者，又意也，又先圣之所止绝也。即疑即意，何思何虑，纵心尽意，匪动匪止。孝于亲，友于兄弟，信于友，恂恂于乡里，自先圣曰"吾无知也"，而某亦安得所知以告子庸也？①

　　尧、舜、禹皆圣人，犹相告以"执中"，又曰"惟精惟一"，又曰"安女止"，而况于后学乎？汝既于道有觉，又嗜欲淡薄，不以死生为畏，甚不易得。皋陶犹曰"兢兢业业"，汝切宜克艰以守中庸，此守非思虑言语所及。可惜可惜！敬之敬之！兢业不兢业，即祸福荣辱之枢机。②

　　上述三则材料中，杨慈湖说邹近仁（字鲁卿）来访，与他相谈甚久，鲁卿"忽觉"。开始时以为鲁卿只是一时悟道，杨慈湖又反复确认了几次，最终证明是真"觉"。尽管并未说明鲁卿"觉"到了什么，但是慈湖以一个"过来人"的身份对鲁卿是否有"觉"作出判断，想来还是可信的。而王子庸之"觉"却显得颇为特殊，他因求学问道而积疑近20年，在此期间也不曾间断对同一个问题进行思考，终"因见阳辉，跃然如脱如释，于是乎洞然"。子庸之"觉"颇具禅味，似是因机而悟。而实际的情况却是此前他一直在思考这一问题，最终对困扰他的问题有所觉悟，也不是顿悟之说所可概括。慈湖对其子的求道精神也颇为肯定，举尧、舜、禹相告之言以勉其子，这也符合我们前文论及的慈湖以圣人之言即是圣人之道的载体或者就是圣人之道的看法。因此，慈湖也曾以非常恭敬、虔诚的口吻对自己因体会圣言之意而终有觉悟的事情有所说明，慈湖尝言："具位杨某敢释菜于至圣文宣王。某观戴德所记，先圣谓忠信大道，某不胜其喜且慰！以某自幼而学，壮而始觉，觉此心澄然虚明无体，广大无际，日用云为，无非变化，乃即日用平常实直之心，即大道，而不敢轻以语人，惧其不孚且笑侮。及观戴德所记圣言以为证，曰：乃今可以告学者矣！学者亦因是多觉，此先圣如天之大惠，布流四方，益传诸后。

---

① ［宋］杨简：《慈湖先生遗书》卷三《王子庸请书（一）》，《杨简全集》第七册，浙江大学出版社2015年版，第1888页。

② ［宋］杨简：《慈湖先生遗书》卷三《送子之官》，《杨简全集》第七册，浙江大学出版社2015年版，第1892页。

兹分牧东嘉,又将以告东嘉人士,当有觉者。觉者自觉,觉非外取,即日用平常实直之心,事亲自孝,事君自忠,于夫妇自别,于长幼自序,于朋友自信。日用万变,自无适而不上当天心,下合人心。此先圣如天之大惠,言之不可尽,质颂之不可尽者也! 敢告尚飨!"①慈湖谆谆告诫其子之意,想必是有感于此,本来他早已"觉此心澄然虚明无体,广大无际""日用平常实直之心即道",却并没有马上把自己思考之所得告知于人,而后经过印证圣言,终不复疑议。慈湖在此处还是特别强调了"觉"的内在性和自发性,所"觉"之理一旦在日常生活中发动流行起来,就是正常社会秩序的合理表达,当孝则孝、当信则信,因此日用万变唯有一"心"不变,上当天心而下合人心,得到来自"天"的恩惠,因此是合理有效的。以上便是我们对慈湖之"觉"及"觉者"所作的分析,可以说慈湖思考之全部成果,都可以在"觉"这里找到一定程度的说明。

4.3.2 "永""光"之境

对杨慈湖之"觉"及其状态的分析表明,在慈湖心目中,人人都有成为圣人或者达至圣人境界的可能性,他所记述的大量"觉者"实际上就是圣人境界的获得者,"觉者"觉悟的过程有的是自然主义的,有的是在实修状态下获得的。在慈湖的话语系统中,他对圣人境界的描述,在用词方面并不是单一的,"永"与"光"也成为慈湖用来表示圣人境界和儒者气象的专有用法,对"永"与"光"二者的分析可以帮助我们更好地理解慈湖"觉"之思考在他整个思想体系中的重大作用,并由此展现出慈湖思想的独特性。

"永"字,其古字一说像人在水里游泳,本义指游泳,后来转化出"泳"字。一说其古字像长长的流水,本义指水流长,由水长流不断的意思引申,指长久、久远,后来泛指时间和空间上的"长"。而杨慈湖之所谓"永",指的是"天地万物通为一体"的圣人境界,慈湖不但在自身的思想体系中向我们表示什么是"心"之本质,而且在实际的社会生活中,他也想体现出自己的思想成果,为此,就如他曾命名邻居的一座房子为"贤觉斋"一样,他特意把郡学的一座学堂更名为"永堂",并两作《永堂记》以志其意愿,提醒世人"永"之境界并不容易达至,但是它又应该成为我们每个人日常生活的用力处,慈湖这样说道:

---

① [宋]杨简:《慈湖先生遗书》卷三《谒宣圣文(一)》,《杨简全集》第七册,浙江大学出版社 2015 年版,第 1893 页。

皋陶曰:"谨厥身,修思永。"始如此,终不如此,非永也;静如此,动不如此,非永也;昼如此,夜不如此,非永也;今日如此,他日不如此,非永也;思如此,不思则不如此,非永也。永非思之所可及也,而必曰思者,思夫不可得而思也者,斯永也;永非思之所可及也,思而忽觉,觉非思也,斯永也。孔子曰:"天下何思何虑",谓此也;曰:"毋意",谓此也;曰:"吾有知乎哉?无知也",谓此也。意虑不作,澄然虚明,如日月之光,无思无为而万物毕照,此永也。一日意虑不作,澄然虚明,如日月之光,无思无为而万物毕照,此一日之永,是谓日至;一月意虑不作,澄然虚明,如日月之光,无思无为而万物毕照,此一月之永,是谓月至;三月意虑不作,澄然虚明,如日月之光,无思无为而万物毕照,此三月之永,是谓颜子三月不违仁。三月之外,犹有违焉,虽不远复,如雪入水,泯然无际而未纯也。文王之德之纯,永也。维天之命,于穆不已,永也;生如此,死不如此,非永也;于天清地浊未分时如此,于万万世之后不如此,非永也。所以能范围天地之化者,此永也;所以发育万物者,此永也。古志谓迎之不见其首,随之不见其后,此永也。所以事亲者,此也;所以事君者,此也;所以从兄者,此也;所以友弟,所以亲夫妇,所以与朋友交者,此也;所以泛应酬酢,出入无时,莫知其乡者,此也。人谓之心,孔子曰:"心之精神是谓圣。"人皆有是心,皆具此圣,而百姓日用而不知也。

郡学有堂曰"养源",有源有流,分本与末,裂大道而二之,非圣人之言也,意说也。某惧误学者,刿古者堂名不三字,更名"永堂"。①

一日、一月、三月、三月以上,在杨慈湖看来,"永"取其"长"意,其指向性随着奋进主体的修习状态而有所变化,但这种变化不是本质自身的变化,而是本质表达时间长短的不同。他举例说一日意虑不作即成一日之"永",进而将这种状态的间歇性获得或阶段性获得与人的日用伦常融合起来,事亲、从兄、友弟、夫妇等伦常关系的展开,都是"永"某一个层面含义的现实表达,"永"在时间上、空间上、表达形态上不是断裂的而是接续的,不是两个而是一个,不是变化万端而是始终如一。因此当慈湖看到"养源"堂名的时候,他觉得非要把它改正过来不可,"源"在一般意义上意味着与"流"对举,大道本一,本是"永","源"就意味着裂大道为二,堂名"养源",终究会把人引入歧途,慈湖因此将之更名为"永堂"。慈湖又记曰:

① [宋]杨简:《慈湖先生遗书》卷二《永嘉郡学永堂记》,《杨简全集》第七册,浙江大学出版社 2015 年版,第 1867 页。

皋陶曰:"慎厥身,修思永。"永,久也。古者未有道之名,尧曰:"畴咨若时登庸。"时,是也,此也;若,顺也;言乎能顺是者,将登用之。舜亦曰:"惟时惟几。"惟此为几也。至舜授禹,始曰"道心"。皋陶曰:"永亦名夫永。"永,悠久,即所谓"时",而实无名。道若大路然,舜特谓夫无所不通之心。至于动乎意,则倚矣,碍矣,窒矣,非通也,故曰"人心"。鸣呼至矣! 静如此,动不如此,非永也;始如此,终不如此,非永也;昼如此,夜不如此,非永也;今日如此,他日不如此,非永也;今月如此,他月不如此,非永也;今年如此,他年不如此,非永也;生如此,死不如此,非永也。学者讵能片时常久? 而况于终日乎? 孔子曰"日至",谓终一日意虑不作,澄然如鉴,如日月之光,无所不照而常不动也;曰"月至",谓终月意虑不作,澄然如鉴,如日月之光,无所不照而常不动也;颜子三月不违,谓三月意虑不作,澄然如鉴,如日月之光,无所不照而常不动也。人皆有是心,是心皆虚明无体,无体则无际畔,天地万物尽在吾虚明无体之中,变化万状,而吾虚明无体者常一也。百姓日用此虚明无体之妙,而不自知也。此虚明无体者,动如此,静如此,昼如此,夜如此,生如此,死如此,修身而不能永永如此,非道也。日至者,已得此永矣;特以未勤未熟,故未精未一。自舜禹大圣,犹以精一相戒,而况于后世学者乎? 是永始不可不思。思其本无俟乎思,而本无断续者,终也熟而纯,是谓纯德孔明,是谓精,是谓一。永亦强名。①

在杨慈湖的语境中,其所论之"永",大概有以下几层意思。一是"永"者,悠久之意,在古时为"道"之别名。二是"永"之境地达到的前提,在于对"意"的弃绝,只有"意虑不作","永"才有可能获得。三是因为"意虑不作"并非每个人在每时每刻都做得到,故此"永"具有层次性,如慈湖所言有"一日""一月""三月"之"永"。四是"永"的最高境界是"永在",慈湖以为文王就达到了这样的境界。五是从更根本处而言,"永"也是强为之说,它甚至不可言说而只可意会,其在本质上与"一"同一。

杨慈湖以为此心"意虑不作,澄然清明,如日月之光,无思无为而万物毕照"即是"永",故他也常用"光"来表示"心"的本质状态,如慈湖言:

> 光,言其如日月之光。凡光,虽及物而无所思为,此言坤德以明人心一贯之妙。易多言光,曰"辉光",曰"不习无不利地道光也",曰"光

---

① [宋]杨简:《慈湖先生遗书》卷二《永堂记》,《杨简全集》第七册,浙江大学出版社 2015 年版,第 1880 页。

亨",曰"光明",皆所以明道。品物咸亨,无非妙者。林林皆妙,职职皆元。①

光明者,内心光明,是为道心,是为聪明睿智。然则用刚之难如此。虽然,夫道一而已矣。道心无体,本无刚柔,即此本有无体之心而行之,而旁观者自曰柔曰刚,是谓不识不知,顺帝之则。无体无方,神不可测。刚柔异名,其道则一。得其一者,自无不宜。如日月之光,无所思为,而万物毕照。道心光明,不动乎意,知柔知刚。舜光天之下,文王耿光于上下。《易》曰"光大",曰"明",曰"辉光",曰"君子之光",《诗》曰"昭明有融",皆所以发明大道。此唯道心内明者自觉自信,未觉者必疑,通者自知。②

震恐而遂至于沉泥,虽稍异于苏苏,而不得其道则均。九四颇刚强,而四阴柔,似刚而终于愞懦,陷于二阴之中,遂有泥象。震之遂泥者,不可谓光。若孔子临事而惧,如日月之光,虽有照用而无所思为,心不动,此惟道心内明者自觉自信。"光"之一言,所以明道也。③

"光"字,古字的"光"像人头上有火,寓意给人带来明亮和光明。后来"光"引申指光线、亮光,又引申为光荣、光彩。比如山水风景明亮光鲜,所以风景也叫"风光"。在杨慈湖的语境中,其所论之"光",大概有以下几层意思。一是"光"者,透射却无形象体质之谓,"心"之本质与之类似。二是由"光"而"光明","光明"等同于"道心""光明"之本质与"道心"本质同类,无体无方而神不可测。三是"光"可以"明道","光"在现实生活中体现出来的特质,与"心"发用流行的表现类似,"心"不动则通体光明,"心"动则有昏有暗,就如"光"也有能照到之处和照不到之处。四是《易》之所用"光大""辉光""君子之光"等词中"光"的含义,都意在启人心智进而发明大道,但是这并非一般人所能明了体悟,未"觉"者无论如何也见不到"光明"。

杨慈湖此处论"光",以为"光"是用来明"道"的,又把"光"和"觉"联系起来,认为只有内心光明者才能"觉"。"光大""光明"等词在慈湖这里除了用来形容自然事物之性质而外,它同时也表明了一种如此这般的"心"的清净光明特征,而对这一特征的相信和认可,并非一般人所能做到,因为"未觉者必疑,通者自知"。由此可见,对于"永"与"光"之境界,尽管杨慈湖自己相信

① [宋]杨简:《杨氏易传》卷二《坤》,《杨简全集》第一册,浙江大学出版社 2015 年版,第 37 页。
② [宋]杨简:《杨氏易传》卷五《小畜》,《杨简全集》第一册,浙江大学出版社 2015 年版,第 86 页。
③ [宋]杨简:《杨氏易传》卷十六《震》,《杨简全集》第一册,浙江大学出版社 2015 年版,第 294 页。

其真实不虚,但他还是对"百姓日用而不知"这一事实保有高度的警觉。"百姓日用而不知,故君子之道鲜矣。"表明在社会生活之中"少数"与"多数"的分野确实存在,"道"本是一个,却并非人人都能获得"道"本身,按照杨慈湖的说法,只有那些眼明心通者才能获得和掌握"道",因此杨慈湖的求道的方法,确乎如钱德洪所说"德洪尝伏读先生遗书,乃窃叹先生之学,直超上悟者乎"①,属于"直超上悟"一路。

"永""光"这两个字的含义我们上文已经做过解释,如果按照一般的理解,似乎并不能见得这两个字还有其他特别的意思。但是在杨慈湖这里,对这两个字进行发挥和阐释,因而两个字具有了独特的"心"思。杨慈湖在此处做的不是概念的分析推理,而是对字意的深思深挖,基于其对"觉"之状态的体悟和真实洞见,杨慈湖认为"永""光"所表达的境界也和"觉"的境界一样了。

---

① 钱德洪:《慈湖书院记》,《杨简全集》第十册,浙江大学出版社 2015 年版,第 2497 页。

5   杨慈湖哲学思想与佛、道的关系

　　杨慈湖思想之主要面相"'一'—'心'—'觉'"的动态结构在上一章我们已经作出了细致阐释,然而宏观地看慈湖所处的时代,佛、道思想的存在及其影响也不能不成为探究慈湖思想所面对的问题。现有的研究成果表明,慈湖"归禅"之说在学术界有相当的影响,似乎把慈湖的思想定位为"禅"就可以不必细加理会了,然而这对慈湖本人来说并不公平。就目前所知,绝大部分宋儒均有"出入佛老"之经历,正因为"出入佛老",才能真正体会到儒佛思想的异同,从而使得儒家思想得以更进一步地深入和拓展。大儒朱熹"旧时无所不学,禅、道、文章、楚辞、诗、兵法,事事要学"①。朱熹所学可谓全面,其中就包含了佛、老思想。而学界对于杨慈湖与禅之关系的评判尺度过严,人们对周敦颐、朱熹、张载、二程等出佛入老之经历似并不以为意,只将这些大儒出佛入老的经历作为其发展儒家之思的思想因子,却唯独对慈湖思想与禅的关系严加批判,这确实是中国思想史上一个比较特别的现象。自慈湖在世以来对他"是禅"的批评便不绝于耳,但这未必是慈湖思想之真相。

　　仅仅从"文字证据"的角度来说,我们完全不能把杨慈湖的思想认定为"禅"。相较于其他宋儒,杨慈湖在文字上或者思想上谈佛谈禅的事实,几乎可以忽略不计。综观杨慈湖遗留之全部文本,慈湖只在三个地方谈到了佛或者禅,并且基本上都是持批判的态度,而且,我们也并未发现慈湖大量阅读佛书或者经常性地与禅僧往来的记录。另外,有学者从所谓的义理角度说明慈湖与禅的关系,然仔细推究起来这样的主张也并不具有令人信服的说服力。思想成果之最终完成和思想境界之宏大壮阔,与思考者本人自幼的家教、学养以及努力程度密切相关,就算是慈湖的思想成果在某些研究者看来具有佛或禅的痕迹,也不能说慈湖本人的思想就是禅,只能说是不同的

---

① ［清］黄宗羲原著,全祖望补修,陈金生、梁运华点校:《宋元学案》卷四十八《晦翁学案上》,中华书局 1986 年版,第 1505 页。

思考者对同一问题不断思考而最终获得了一致的思想成果,这与他们各自采取什么样的思考方式和途径并无必然联系,并非采用某一家之思考方法最终获得的思想成果就必须是这一家的。"会当凌绝顶,一览众山小。"人们从四面八方登到了山顶,当许多人都站在山顶的时候,我们看到的事实是大家都在山顶,但能否说他们都是从同一条路爬到山顶的呢?日常生活中的经验告诉我们,"上山"绝不仅仅只有一条路,东西南北四方都可能有上山的路。思想史上的事情恐怕也存在同样的问题,一致的思想高度不意味着相同的思考路径和思考方法,这一点对杨慈湖而言尤其适用。

5.1　儒抑或是禅:慈湖"归禅"之批评

杨慈湖还在世的时候,对其"是禅"的批评之声便从未间断过。然而我们发现,此类批评多属于鉴定性的断语,只出了一个结论,而没有分析思想的具体过程。或者仅仅从个别词语使用的相似性入手,给出个结论说慈湖是"禅",很明显这样的评价并不客观,更多的大概是门户之见或者意气之论。换个角度说,即便慈湖思想之中有禅之痕迹,这也不应该成为我们否定慈湖思想的理由,而只应该成为我们认真仔细鉴别慈湖思想之出发点,引佛入儒,原本就是宋代思想界的普遍形态。"所谓援释入儒,这一现象在杨简(慈湖)那里的确是存在的,并且有着较为清晰的体现。尽管杨简因此而受到人们的批评,但是从思想运动的历史事实而言,宋明理学作为儒学发展的一种新形态,原本就是包括佛学在内的不同理论视域相互融合的结果,即便在朱熹那里,我们亦能找到佛学的清晰印记。出于这一考虑,我们似乎不应该要求将佛学的因素从儒学思想的发展史中剔除出去,亦不应由于杨简一类的思想家融入了佛学便对其大加批评。思想史表明,不同思想因子的相互融会与整合,往往便是思想创新的契机。儒释两家在理论上以及在思想境界的相互贯通与兼容,以及由此而产生的思想结果,作为体现于中国传统文化之整体的历史运动中的一种基本事实,无疑应引起足够的关注。"①董平先生所言援释入儒在慈湖那里有较为清晰的体现,是从慈湖思想中掺入了佛学思想因子的角度而言的,我们的确不应因此而对慈湖横加指责,因此对慈湖"归禅"之说的辨别分析,就不仅是对慈湖本人思想确切把握的需

---

① 董平:《浙江思想学术史——从王充到王国维》,中国社会科学出版社 2005 年版,第 185 页。

要,同时亦应成为我们重新理解中国传统思想尤其是宋代儒学思想之一重要方面。

把杨慈湖之学当作"禅"来对待的看法其来有自,《四库全书总目提要》言:"简有《慈湖易传》《己易》,著录金溪之学,以简为大宗,所为文章,大抵敷倡其师说,其讲学纯入于禅,先儒论之详矣。"此处所说"先儒论之详矣",最早恐怕可以从南宋大儒朱熹对杨慈湖的批评算起。朱熹曾把陆象山和杨慈湖放在一起评论,他说:"陆子静、杨敬仲自是十分好人,只似患净洁病底;又论说道理,恰似闽中贩私盐底,上面以鲞鱼盖之,使人不觉,盖谓其本是禅学,却以吾儒说话遮掩。"①乍一看来朱熹的比喻十分贴切,似乎陆象山、杨慈湖为了掩人耳目而用儒家的话语方式来表达自己的思想,这与贩私盐者没什么不同。但是细细看来却不是那么回事,朱熹此处只是给出了"盖谓其本是禅学"这一结论,却没有解释为什么慈湖之学是禅,属于典型的"只出结论,而没有思想分析"。朱熹作出这样的结论,也许与杨慈湖是陆象山之杰出弟子有莫大关系。朱熹本来就批评过陆象山是禅,这次连慈湖也一并批评了,似乎也在情理之中。我们之所以这样说,也不只是纯粹的逻辑推论,根本原因还在于朱熹对慈湖本人的看法与对慈湖学问的看法态度是不同的,朱熹曾说:"子静之门如杨简辈,躬行皆有可观。"②这是对慈湖为人的评价。很明显,对慈湖之学问和慈湖之为人是两种截然不同的评价,然而在为学与为人并重的古代社会,如果二者是分离的,那么至少表明二者之中某一方面的评价就有可能是失实的。我们前文考察过慈湖的思想,即便慈湖思想中掺入了佛学成分,但是其主旨和落脚点仍然是儒家的。指出这一点并不是非得把慈湖思想定义为儒家思想才肯罢手,而只在说明,慈湖思想即便确实融摄了佛学成分,也不能因此而对之下个断语了事,似乎慈湖思想因佛学因素的掺入便一无是处了,这种态度非但不是对慈湖思想之研究所应该采取的态度,就是对中国思想史的整体研究来说,也是十分有害的,我们接下来分析一下慈湖思想与佛、道的关系。

杨慈湖曾经为当时一位故去的禅师作过祭文,其文曰:"具位杨某敬致一奠于圆寂毒果宗人愿禅师:接辞累累,洞见底蕴。妙蕴非蕴,斯蕴无尽。

---

① [宋]黎靖德编,杨绳其、周娴君点校:《朱子语类》卷一百二十四《陆氏》,岳麓书社1997年版,第2687页。

② [清]冯可镛、叶意深:《慈湖先生遗书》卷二十二《慈湖先生年谱二》,《杨简全集》第十册,浙江大学出版社2015年版,第2470页。

相与切磋,无如若何。浮云忽断,碧空无畔。斗城老人,送奠于远。"①从这篇祭文的内容来看,慈湖对这位禅师的学问还是比较认可的,尽管与这位"洞见底蕴"的禅师相互切磋,但是实际上慈湖本人的思想并未因此而受到禅僧的影响,慈湖所体会到的生命境界,依然是"碧空无畔"的万里澄明,与他对"心"之本质状态的体认并无不同之处。

其实,在杨慈湖自身的思考路径当中,我们基本可以判定他本人有意识与佛学之思想保持距离,这不但因为我们找不到慈湖著作当中他本人阅读佛书的例证,而且他自己也曾公开表示过对佛或者禅的批评态度,有诗为证:

> 可笑禅流错用心,或思或罢两追寻。穷年费煞精神后,陷入泥途转转深。
>
> 心里虚明着太空,乾坤日月总包笼。从来个片闲田地,难定西南与北东。
>
> 莫将爱敬复雕镌,一片真纯幸自全。待得将心去钩索,旋栽荆棘向芝田。
>
> 勿认胸中一团气,一团气里空无地。既空何地更何义?此无广狭无一二。
>
> 恶习起时能自讼,谁知此是天然勇?多少禅流妄诋诃,不知此勇元不动。
>
> 回心三月不违仁,已后元曾小失真;一片雪花轻着水,冥冥不复省漓醇。②

这几首诗是杨慈湖的"偶作",虽在韵律上不那么合乎规范,但既然是偶作,我们也不必作苛刻的要求。慈湖要表达的意思十分明确:所谓的禅家一派在他看来并不是正道,穷年累月,拨弄精神,最后越陷越深,无法明了世界的本相。而儒家之说,在慈湖看来却颇为简洁明了,他专举颜回之例子说明儒家之"仁"实际已经把人的所有生活情形和生活面向都囊括进去了,儒家之"仁"就似"一片雪花轻着水",也就是说慈湖在这里要表达的意思便是儒家之理才是他心目中的正理,才得全部生活之实相,此为慈湖本人批评禅家

---

① [宋]杨简:《慈湖先生遗书》卷十九续集《祭愿禅师文》,《杨简全集》第九册,浙江大学出版社2015年版,第2313页。

② [宋]杨简:《慈湖先生遗书》卷六《偶作(十九首)》,《杨简全集》第七册,浙江大学出版社2015年版,第1943页。

而归宗于儒家的一个明证。

　　然而，因为从杨慈湖思想的表达方式和形态展示上来看，慈湖思想与禅家颇有几分相似，因此他总是不断受到批评。实际上就这种批评本身而言，也同样是不合理的。世间万物，自有其一定之理，关键是人要以一种什么样的方式来认识它，不同的"家""学派"甚至宗教，尽管他们解释生活和解释世界的方法、话语系统不尽相同，但是他们对世界本质之体证都是真切的，世界的本相就那么一个，不会张家体悟到的世界本相与李家体悟到的完全不同，就似慈湖所说的"一"，万事、万物、万理都归"一"。不同的思想方法依各自的进路而最终通达于同一个实相，很难说哪种思想进路优越于另一种思想进路，儒学与佛学从各自的角度而达至对同一问题的相同观念，也并不奇怪，因此把某个思想家的思想定义为佛或者是儒并不是思想史研究的最重要目的和它所应该就此而止的结论。

　　在指责杨慈湖"是禅"的声音中，朱熹的弟子陈淳批评慈湖最力，陈淳尝言："某去载在都城，为朝士辈相留讲贯。区区在都城之久，颇觉两浙间年来象山之学甚旺，由其门人有杨、袁贵显，据要津唱之，不读书，不穷理，专做打坐工夫，求形体之运动知觉者以为妙诀，大抵全用禅家宗旨，而外面却又假托圣人之言，牵就释意，以文盖之，实与孔孟殊宗，与周程立敌。慈湖才见伊川语，便怒形于色，朋徒至私相尊号其祖师，以为真有得尧舜孔子千载不传之正统，每昌言之，不少作。士夫晚学见不破，多为风靡。"①从陈淳批评两浙间象山之学的口气来看，他对于象山之学在四明地区的传播盛况十分不满，他所说的"杨、袁贵显"，指的便是杨慈湖与其同乡袁燮，二人当时在四明地区确实因为人品和学问而名重一时，故陈淳有此一说。但是陈淳说他们"不读书，不穷理，专做打坐工夫"，恐怕不是实情。就慈湖本人来说，他于"四书五经"可以说无一不窥，且对之的注释与理解均已达到较深的程度，否则何以有《杨氏易传》《慈湖诗传》《五诰解》等大量的解经著作传世，不读书难道能凭空写出数量和质量如此之高的作品？陈淳所谓的慈湖等人不读书，怕意思只是不读陈淳自己"心目中的书"，也就是朱熹一派的书。而"打坐工夫"也不必就是佛家的专利，道教的修养方法中诸如辟谷、收敛等方式也均离不开"打坐"，又如何可以根据修养方法的外在形态来判断慈湖一定"是禅"呢？陈淳批评慈湖等人"假托圣人之言"也不是实情，在慈湖的心目中，圣人之言本身即是圣人之道或者是圣人之道的载体，他对此确信不疑，

---

① ［宋］陈淳撰，漳州文库编委会整理：《北溪先生全集第四门》文卷十一书《与陈寺承师复（一）》，国家图书馆出版社 2021 年版，第 293—294 页。

因此在慈湖这里也谈不上假托之说。另外,陈淳还把当时的一大群问道求学者一并小看了,"士夫晚学见不破,多为风靡",其他人都见不破,陈淳本人又如何见得破? 这段批评慈湖"是禅"的文字,处处体现了情绪化的情感而非有理有利的客观分析。如果实际的情形真如陈淳所言,那恰恰说明慈湖等人的学问在当时拥有诸多信奉者,而并不能作为慈湖"是禅"的证据。

表达同样意思的陈淳的上述这段文字,《慈湖学案》的记载与《北溪大全集》中的记述略有不同,《慈湖学案》记曰:"……以为得千载不传之正统。严陵有詹、喻辈护法,其或读书,即读语孟精义,而不肯读集注;读中庸集解,而不肯读章句或问;读河南遗书,而不肯读近思录;读通书,而不肯读太极图,即读通书,只读白本,不肯读文公解本。某极口为之明白剖析,邦人有知邪正所由分者,异端曲学,贼证暴露。"①这段文字对于读书问题的记载更加清晰具体,如此一来便更加清楚,陈淳所耿耿于怀的慈湖等人不读书,只是责怪慈湖"不肯读文公解本"而已。就此而言,陈淳说四明陆学学者"异端曲学,贼证暴露",便不免有维护师说、恶语伤人之嫌。

朱熹后学黄震也对杨慈湖之学与禅的过密关联感到不满,黄震曾说:"孔夫子只是平正道理,汉唐溺于卑陋,濂洛发其精微,后来遂有因精微而遁入空虚者,如张横浦,如陆象山,如杨慈湖,一节透过一节,适又其人皆有践履,后学皆翕然而归之。若夫子平正道理,万世常行,安有此等过高出奇之说? 盖尝深究三人之说,无一不出于上蔡。……慈湖借儒谈禅,谓意起如云雾之兴,人心不可有意,因而改《论语》'毋意'之'毋'为'无'字,又因《大学》有'诚意'一章,而诋斥为非圣之书,亦皆袭取上蔡之说也。"②黄震对慈湖不满意的地方在于,他以为慈湖借儒谈禅,并因此把象山之学直接引向了"空虚"。并且从张横浦开始,孔夫子的平正道理就在张横浦、陆象山、杨慈湖等一个接一个的发挥阐释中越来越背离初衷。黄震进而认为,杨慈湖的学问路数,袭取了谢上蔡之说。但是实际的情况却并非如此,尽管黄震看到了孔夫子之学"只是平正道理",却不曾仔细了解杨慈湖之于孔子,是绝对遵从而没有任何批判的。

对杨慈湖"是禅"的误会并未到此为止,到了明代,仍然有学者持此态度,比如湛若水曾言:"杨慈湖岂是圣贤之学? 乃真禅也,盖学陆象山而又失

---

① [清]黄宗羲原著,全祖望补修,陈金生、梁运华点校:《宋元学案》卷七十四《慈湖学案》,中华书局 1986 年版,第 2478 页。

② [宋]黄震著,张伟、何忠礼主编:《黄震全集》第七册,《黄氏日抄》卷八十五《书·回董瑞州》,浙江大学出版社 2013 年版,第 2300 页。

之者也。闻王阳明谓慈湖远过于象山,象山过高矣,又安可更过? 观慈湖言人心精神是谓之圣,是以知觉为道矣。如佛者以运水搬柴无非佛性,又蠢动含虚无非佛性,然则以佛为圣,可乎?"①此处,湛若水直接否定杨慈湖思想的儒家特征,目之为"禅",其为"禅"的根源在陆象山。湛若水还批评杨慈湖以"觉"为道最终会滑向佛教,因此极力反对。湛若水还给我们提供了一条王阳明评价杨慈湖之学的证据,即王阳明认为"慈湖远过于象山"。考虑到湛若水与王阳明的交谊,他亲自听到阳明评价慈湖之学问,并非没有可能。但是对这一句评价的理解,却绝非只有一种理解维度。所谓"远过",既可以说慈湖沿着象山之思路而走得比象山更远从而发展了象山之学,也可以说慈湖根本就突破了象山的思路,而重新开拓出了规模宏大的思想世界。因此湛若水在此处将王阳明对杨慈湖的评价作为慈湖"是禅"的证据,就显得有些论据不足了。并且,湛若水所提到的慈湖之言"心之精神是谓圣",确实是慈湖思想成果之集中表达,但是对这句话意思的理解,湛若水却并不深刻,慈湖并非以"知觉"为道,而是以"觉"之本质状态为道。另外,湛若水批评慈湖"以佛为圣",可是却并未给出明确的证据,而只是把禅家运水搬柴无非佛性与慈湖的"心之精神是谓圣"互相比附了一下,得出的结论叫人难以信服。湛若水"乃真禅也"的评价使得慈湖思想在明代继续被误解,而且几乎成了"定论"。

相比较而言,阳明后学王畿对杨慈湖的评价则颇为中肯,王畿一方面肯定了慈湖与象山在思想路向上的相互关联性,同时也从道理上讲清楚了禅与儒之区别,王畿论慈湖之学,可谓知人之论,其言曰:

> 慈湖之学得于象山,超然自悟本心,乃易简直截根源。说者因晦庵之有同异,遂哄然目之为禅。禅之学,外人伦、遗物理,名为神变无方,要之不可以治天下国家。象山之学,务立其大,周于伦物感应,荆门之政,几于三代,所谓儒者有用之学也。世儒溺于支离,反以易简为异学,特未之察耳。知象山则知慈湖矣。②

此处,王畿很形象地评论说之所以大家以慈湖之学为"禅",是因为大部分人没有仔细辨别考量,而是"哄然目之为禅",更多是人云亦云的说法。王畿讲"知象山则知慈湖",主要是从两个方面来说的,其一,王畿以为陆象山、

---

① [清]黄宗羲著,沈芝盈点校:《明儒学案》卷三十七《甘泉学案一》,中华书局 1985 年版,第909 页。
② [明]王畿著,吴震编校整理:《王畿集》卷五《慈湖精舍会语》,凤凰出版社 2007 年版,第 114 页。

杨慈湖二人都谈对"本心"的体认与悟入,就此而言其思想在路数上是一致的,尽管并不一定达至相同的思想成果。其二,也是陆象山、杨慈湖二人之学共同与禅学的最大不同之处,即二人致力于"儒者有用之学"的实际事业,二人之学在悟入"本心"的前提下,并未放弃对日常人伦、物理等方面内容的重视和直接切入,并且都在实际的政事中实践着自己的思想,如象山之有"荆门之政"、慈湖之有"富阳之政"。也就是说,在王畿看来,尽管慈湖之学也讲"心"之本质以及如何获得"心"之本质,却并非仅仅讲这一个方面,如果"内圣"和"外王"可以相对全面地概括儒家之学的核心之处,则这两个方面在慈湖和象山这里都是有着极为清晰的体现的,因此批评慈湖之学为"禅",就自然不是公允之论。

刘宗周也谈到了杨慈湖之学,他在分辨释氏言"心"与儒者言"心"的时候得出结论,称杨慈湖全为禅家。刘念台说道:"释氏之学本心,吾儒之学亦本心,但吾儒自心而推之意与知,其工夫实地,却在格物,所以心与天通。释氏言心,便言觉,合下遗却意,无意则无知,无知则无物。其所谓觉,亦只是虚空圆寂之觉,与吾儒体物之知不同;其所谓心,亦只是虚空圆寂之心,与吾儒尽物之心不同。象山言心,本未尝差,到慈湖言无意,分明是禅家机轴,一盘托出。"[1]刘宗周仔细区分了儒、释言心的不同之处,讲儒家言心目的在格物,最终导入实际社会生活。释氏言心目的在"无意",最终导入"无物"之境界。刘宗周以为以儒家身份把"无意"发挥到极致的,就是杨慈湖。到了杨慈湖这里已经不加掩饰地贩卖佛教之说而"一盘托出"了。关于"无意",刘宗周还说道:"慈湖宗无意,亦以念为意也,只是死念法,若意则何可无者?无意则无心矣。龙溪有'无心之心则体寂,无意之意则应圆',此的传慈湖之衣钵也。文成云:'慈湖不免著在无意上。'则龙溪之说,非师门定本可知。若夫子之毋意,正可与诚意之说相发明,诚意乃所以毋意也,毋意者毋自欺也。"[2]刘宗周对杨慈湖之"意"的理解,讲得是到位的,"意"不可无,也不能无,"无意则无心"正表明了作为"心"之主体的人是"意"的承担者,"无意"意味着主体性的消灭或消失,失去了主体性的承担者,"意"的孤立存在就变得毫无意义。因此刘宗周也肯定了王龙溪对杨慈湖思想理解的深刻之处。接着他笔锋一转,转而谈论孔门"毋意"之说,"毋意"之"毋"意为"止绝",意思是尽量止息或反复使其止息,而不是一次性直接取消。正是在这个意义上,"毋意"与"诚意"便有可以相互发明之处,一次不能做到"毋意",就反复用力

---

[1] [清]黄宗羲著,沈芝盈点校:《明儒学案》卷六十二《蕺山学案》,中华书局 2010 年版,第 1516 页。
[2] [清]黄宗羲著,沈芝盈点校:《明儒学案》卷六十二《蕺山学案》,中华书局 2010 年版,第 1527 页。

使"意""毋",而"诚意"之"诚",本身就含有反复、多次之含义,不然"诚"如何体现出来呢?

另一方面的事实是,对杨慈湖"是禅"的辩护,从其师陆象山便已经开始。陆象山曾说:"杨敬仲不可说他有禅,只是习气尚有未尽。"①象山评价慈湖的这句话,并无特别的语境,他说慈湖"习气尚有未尽",当是他承认慈湖确实受到了禅家的影响,但终归不是禅,这层意思还是明确的。后来,全祖望在谈及如何看待一个人的学术思想时,也讲到了慈湖之学,他说:"夫论人之学,当视其行,不徒以其言。文元之斋明严恪,其生平践履,盖涑水、横渠一辈人。曰诚,曰明,曰孝弟,曰忠信,圣学之全,无以加矣。特以当时学者沉溺于章句之学,而不知所以自拔,故为本心之论,以提醒之,盖欲导其迷途而使之悟,而非此一悟之外,更无余也。"②全谢山此言,就一般的学术思想评价标准而言,还是十分中肯的,即便是在今天,我们也不会完全凭一个人的言论或者文字而对某个人下定论,全谢山谓"非此一悟之外,更无余也",实际上也是对杨慈湖之思想面貌的准确概括,慈湖绝没有因教导时人弟子们悟入"本心"之后便无所事事,而只在说明"心"之本质状态就是那般的显现,"心"之清明本善的本相与在人伦事务中遵守儒家的伦理规范就本质而言是一回事,二者不存在矛盾之处,因此即便慈湖教人"觉"或者体认"心"的本相,也并不意味着要以放弃他的儒家主张为前提。全谢山的考虑十分全面客观,这一标准放在今天评价一个人的学术思想也同样适用,听其言而观其行,"视其所以,观其所由,察其所安,人焉廋哉?"

基于这样的考虑,我们再来看黄宗羲对杨慈湖之学的分析,便也显得不够准确了。黄宗羲尝言:"慈湖所传,皆以明悟为主,故其言曰:'此一二十年以来,觉者逾百人矣。古未之见,吾道其亨乎!'然考之,自钱融堂、陈和仲以外,未必皆为豪杰之士也,而况于圣贤乎?史所载赵与篃以聚敛称,而慈湖谓其已觉,何也?夫所谓觉者,识得本体之谓也。象山以是为始功,而慈湖以是为究竟,此慈湖之失其传也。"③黄宗羲言"觉者乃识得本体之谓",确乎无疑。但说慈湖以此为目的,并不确切,实际上慈湖并没有因此而失象山之传,慈湖之于象山的思想,虽非直接继承和发扬光大,但确乎在实际的历史

①　[宋]陆九渊著,钟哲点校:《陆九渊集》卷三十五《语录下》,中华书局 1980 年版,第 447 页。
②　[清]黄宗羲原著,全祖望补修,陈金生、梁运华点校:《宋元学案》卷七十四《慈湖学案》,中华书局 1986 年版,第 2479 页。
③　[清]黄宗羲原著,全祖望补修,陈金生、梁运华点校:《宋元学案》卷七十四《慈湖学案》,中华书局 1986 年版,第 2506 页。

过程中是被当作象山之学的继承者而留名于中国思想史,这是另一种形式的传承和发扬。相比较而言,还是慈湖的同乡王应麟对他学问的评价显得客观公正。王应麟曾说:"东海之滨,有大儒曰慈湖先生文元杨公,立身以诚明笃敬为主,立言以孝弟忠信为本,躬行实践,仁熟道凝,盛德清风,闻者兴起,可谓百世之师矣。"①王应麟从立言、立身、立行几个方面评价了杨慈湖的思想,处处都透露出了平和中正的语调。"可谓百世之师矣"是非常高的评价,也是儒家学者追求的学问之大境界。王应麟此言,正可见杨慈湖思想的儒家本色。

5.2 慈湖的老庄观及其道教活动

杨慈湖思想引起人们的关注的,主要是其与陆象山的思想关系、慈湖思想中几个重要概念与语句的论证疏释以及慈湖思想与禅家的关系。实际上,慈湖之于道家思想和道教的一些科仪活动也有所论述和涉猎,慈湖思想中这个层面的问题在之前的慈湖思想研究中尽管也曾被提及,但还不够深入。② 这方面的研究对于完整理解慈湖思想是必不可少的。我们在检索慈湖之文本的过程中,发现慈湖对老子、庄子的思想都有所认识并发表了他独特的个人见解,在他知温州期间为祈雨、息祸、禳灾而作的青词中,也表明了慈湖对道教科仪之谙熟。下面我们分析慈湖的老庄观及道教活动。

杨慈湖评价老子的思想,有个总体概括:"老子入于道而未大通"。在慈湖看来,老子"得道"了,但还有所阻隔,还不够通透,还不是最上乘。慈湖曾经与他的学生讨论过关于《老子》和《庄子》的问题,他的学生看老、庄之书有所疑问,慈湖便因此机会而表达他对老子之思想的观点:"先生问汲古'曾看《老》《庄》之书否?'汲古对云:'《老》《庄》非圣之书,多害道,特以声律为习,不容尽废。'因问:'道体至大,何所不该,老子"四大"之说,似亦支离。'先生曰:'三才无二道,老子却裂而四之。如言"人法地,地法天,天法道,道法自然"尤为诬言意说,瑕病尤多。以他语验之,不可谓无得于道,惟其有蔽,故

---

① 王应麟:《重建慈湖书院记》,《杨简全集》第十册,浙江大学出版社 2015 年版,第 2559 页。
② 王心竹、张念诚的博士学位论文都谈到了慈湖思想与老、庄思想的关系问题,赵灿鹏的博士学位论文则包括了慈湖思想与老、庄及与道教关系的考察,对本节内容的写作很有启发作用,特此说明。

犹有未尽。'"①慈湖说老子入于道而未大通,"犹有未尽"是老子思想的最大弊病。慈湖曾经严厉批评孟子将"道"一分为二的做法,对于老子讲的"人、地、天、道"系统,他当然更加反对。慈湖在此处对老子之思考的评论,根据就在于慈湖自己主张的"三才一道"之说,按照这个标准,老子的"四分法"当然就不合慈湖之标准。同样地,在具体谈到老子"四大"之说时,慈湖的态度仍然没有任何改变,慈湖说道:"老子言:'道大,天大,地大,王亦大。域中有四大,而王居一焉。人法地,地法天,天法道,道法自然。'夫三才之道,一而已矣,而老子裂而四之。其言法天、法道、法自然,尤为诬言,瑕病尤著。以他语验之,老子不可谓无得于道,而犹有未尽焉尔。"②上述两则慈湖评价老子思想的文字,内容基本一致,慈湖都谈到"以他语验之,不可谓无得于道"。那么在慈湖看来,老子又是在什么方面于"道"有得呢?慈湖也曾说过:"老子曰:'致虚极,守静笃,万物并作,吾以观其复。夫物芸芸,各归其根。归根曰静。'老子之于道,殆入焉而未大通者也。动即静,静即动,动静未始不一贯,何以致守为?何以复归为?"③慈湖眼中老子的上述话语还是多少有点得"道"的意思,但是并不彻底。老子探索到了"道"本身,但是对"道"的论述却不明确甚至因为"割裂"而变得错误。因为真正对世界之本相的彻悟,在关于动静关系问题上意味着对动、静关系的彻底超越,动静本是一体,根本不必分开来谈。在明确区分动与静之前提下的老子所谓的"致守"和"复归",从根本处来看也不得要领。

杨慈湖对于老子所主张的"去礼"之说亦颇为不满,认为那只是道家的"遁世"之说。慈湖说:"彼老氏谓'礼为忠信之薄、乱之首',则安能治天下国家?老氏窥本见根,不睹枝叶,不见宗庙之美,百官之富。习乎道家之学,未学乎《易》者也。孔子大圣,犹曰'五十而后学《易》,可以无大过'。《易》道之未易遽学如此。盖天下之变化无穷,情伪万状,而欲动中机会,变化云为,无非典礼,诚非一于清虚净寂者之所能尽识也。"④此处杨慈湖还是认为老子未能尽悟"道"之全体,老子探到了根本之处,但并未对枝叶之处有精深的体会。另外,慈湖的学生也曾就这个问题向他请教:"汲古问:老子言'礼者,忠

① [宋]杨简:《慈湖先生遗书》卷十四《家记八·论诸子》,《杨简全集》第八册,浙江大学出版社2015年版,第2178页。
② [宋]杨简:《慈湖先生遗书》卷十四《家记八·论诸子》,《杨简全集》第八册,浙江大学出版社2015年版,第2171页。
③ [宋]杨简:《慈湖先生遗书》卷十四《家记八·论诸子》,《杨简全集》第八册,浙江大学出版社2015年版,第2170页。
④ [宋]杨简:《杨氏易传》卷五《履》,《杨简全集》第一册,浙江大学出版社2015年版,第86页。

信之薄而乱之首'是不知其礼矣。而《家语》乃云夫子闻其通礼乐之原而往师之,又云问礼于老聃。先生曰:'圣人无常师,师其是,不师其非也。'先生曰:'师者,所以传道也。道非自外至,所以启吾心之所自有也。教者岂能于学者所自有之外,别取一物而教之耶? 亦使之复其所固有尔。若使之不由其诚,则所教者皆外物,无与学者事也。'故《记》曰:'今之教者,使人不由其诚,教人不尽其材。'汲古尝见张横渠云:'不尽材,不由诚,皆是施之妄也。'教人至难,必尽其材,乃不误人。若曰勉率而为之,则岂由诚哉? 先生曰:'是。'"①也就是说,在慈湖的心目中,一切学问,总要有个落实其思想主张的落脚之处,这个基点就是可以"治天下国家"。尽管人们可以究"心"于清虚寂静之生命体验,但这并不是为学之最终目的,儒家之"礼",如果其在实际的社会生活中得到合理的贯彻,其现实表现结果便是世界之本相在现实生活中完满呈现,如其所是地表达展示自身。而这一点绝非主张"去礼"的老子和致力于清虚寂静者所能真正体会。

由于对老子之思想有"入于道而未大通"的判定,因此杨慈湖对《老子》之书和老子之言便格外予以注意,其对老子思想的衡定,也往往以孔子的言论为依据,如慈湖曾经大段地评论过老子之思,他说道:

> 简观老子书,深有疑焉。盖入乎道而犹有蔽焉者也。何以明之? 曰:"道可道,非常道;名可名,非常名。"又曰:"我独怕兮其未兆。"呜呼! 非入乎道者,断不及此。今人心逐逐不休,不能斯须止静,有能寂然不动乎意而久者乎? 兆,谓意起而象兆也。怕者,兢兢业业也。虽兢兢业业,而非意也。孔子所谓用力于仁者,呜呼至矣! 及乎曰:"此三者不可致诘,复混而为一。"夫道未始不一,何以复混为? 此其大蔽也。此意之所为也,道不如是也。又曰:"万物并作,吾以观其复。夫物芸芸,各归其根。归根曰静。"离动而之静,此蔽也,非道也。又曰:"夫礼者,忠信之薄而乱之首也。"观孔子与老聃言礼甚详,殆非此老子也。岂"乱首"等语,后人附益之邪? 权说邪? 设权说,而亦好静而恶动,取无为而舍有为,非道之大也。孔子无常师,师其是者,不师其非也。②

杨慈湖以反问的方式开始论证老子为什么是入于道而未大通者,他的思考理路还是"道"本为"一"。从这一逻辑前提出发,慈湖感叹老子能够"入

---

① [宋]杨简:《慈湖先生遗书》卷十四《家记八·论诸子》,《杨简全集》第八册,浙江大学出版社2015年版,第2178页。

② [宋]杨简:《先圣大训》卷五《适周第三十九》,《杨简全集》第六册,浙江大学出版社2015年版,第1703页。

乎道",但也仅仅到此为止。他还怀疑孔子向之问礼的老子与《老子》的作者并不是同一个人,因后人附益而导致《老子》之思想未能达至全体通透的境地。慈湖还说道:

> 老子曰:"视之不见名曰夷,听之不闻名曰希,搏之不得名曰微。此三者不可致诘,复混而为一。其上不皦,其下不昧,绳绳不可名,复归于无物。"曰混曰复归,疵病大露。混而为一,不知其本一也;复归于无物,不知虚实之本一也。老子又曰"执古之道以御今之有",未悟古今之一也。凡此,惟大通者知之信之,未大通者终不知,终疑也。此不可以思虑及也,不可以言辞尽也。曰有曰无,曰动曰静,曰古曰今,曰万曰一,名言之不同也,昏者则云尔也。老子又曰:"大曰逝,逝曰远,远曰反。"道体寂然,何逝何反?学道而未通者自作此意度耳,道不如是也。孔子曰:"谁能出不由户?何莫由斯道也!"动者道也,静者道也,有者道也,无者道也,古者道也,今者道也,万者道也,一者道也。孔子又曰"吾道一以贯之",未尝异动静、有无、古今、万一而为殊也。①

上述杨慈湖对老子之言的批评,集中起来主要有两点:其一,慈湖以为老子悟到了"道"本身,但对"道"的理解并不透彻。老子不明"道未始不一"之理,之所以老子有此一弊,其原因乃在于"意动"。由于"意动"而产生本一之道外部的种种分别,也才会有所谓的"此三者不可致诘"之说。其二,慈湖认为老子思想与孔子思想相比而言存在着一定的差距,这一差距就表现在孔子明悟了"吾道一以贯之"之理,而老子却未能如此。并且,孔子高明于老子的地方就在于尽管孔子明悟了世界之本质是"一",他也并未放弃日常人伦的道德实践和在实际生活中去实现"仁"。在杨慈湖看来,孔子既抓住了事物的根本,又能兼顾到枝叶,既探索寂然的道体,又关注实际的社会生活,因而完整地实现了"道"本身。

综上,杨慈湖对老子的态度相对而言还是比较和缓的,慈湖以为老子对于"道"有一定程度的体证,只可惜还不彻底,慈湖在这里所用的标准,基本上是他对孔子思想在"'一'—'心'—'觉'"之动态架构下的重新解读之思想原则。然而,对于道家另外一位重要代表人物庄子,慈湖的态度就没那么"和颜悦色"了。慈湖对庄子的评价,在用词上显然要严厉得多,如"庄子寓言,陋语良多""庄周何其意态之多也""陋矣,又自矛盾矣"等。慈湖谈论庄

---

① ［宋］杨简:《慈湖先生遗书》卷十四《家记八·论诸子》,《杨简全集》第八册,浙江大学出版社2015年版,第2170页。

子,说道:

> 庄周寓言,陋语良多。仁义蘧庐之论,惟睹夫二,未睹夫一也,亦祖夫归无之学而未大通者也。周又曰"为是不用而寓诸庸",意说也。曰不用,曰寓,皆意也。又曰:"有以为未始有物者,至矣,尽矣,不可以加矣。"此又意说也,未悟有无之一也。又曰"仁义之端,是非之涂,樊然淆乱",是又恶动好静,陷溺之巨病也。似广大而实小也,似高明而实卑也。又妄谓颜子忘仁义,忘礼乐。坐忘,此乃老庄弃动趋静之偏蔽,而谓颜子亦然,其言似高妙而未免于不一,足以惑乱学者。①

此处杨慈湖严厉批评庄子不知"一","意"说太多,妄论孔门仁义之说等等方面的"错误"。杨慈湖批评庄子"起意"太过,因"意"起而背离了"一"之本相。并且,庄子说颜回忘仁义、忘礼乐,是从道家的角度来解读颜回的行为,认为颜回好静而不好动,把动与静截然分立,对后世学者造成了很坏的影响,这也是慈湖所极力反对的。因此慈湖接着批评道:"庄子曰:'以其知之所知,以养其知之所不知。'庄周何其意态之多也!孔子曰入孝出弟,谨信泛爱,未尝有意度也。庄子凿空为有,又屈曲其蹊,又曰:'知其不可奈何而安之若命,惟有德者能之。'有德者不如是也。以为不可奈何者,非能安者也,非真知命者也。天命之妙,不可以人为参也。曰天曰人,非知天者也,亦非知人者也。天人一道也,随世而曰天曰人,可也;吾心实曰天曰人,非也。"②慈湖仍然不满意庄子"意态之多",在慈湖"天人一道"的尺度之下,庄子的思想中关于有德者、知天者、知人者的区分便都是"意态"纷纷的表现。在天人关系的立场上,与庄子相比,慈湖以为孔子遵从入孝出弟、谨信泛爱等伦理道德规范的行为,本身就合乎天德流行,天与人在这个意义上是有共通性的,因此按照孔子所教的方法来为人处世,实际上便是天德的自然流行,也是"心"之本相在现实社会生活中的实际呈现,根本就不存在"意态"起与不起的问题。故此,慈湖仍然以他心目中的孔子之标准评价庄子的言论,慈湖继续说道:"庄子曰'一宅而寓于不得已',又曰'不忘其所始',又曰'以无为首',是皆意虑之未息也。孔子曰'天下何思何虑?'未尝有周之繁说也,而万世自莫得而窥之。庄子又曰'劳我以生,息我以死',是又思虑之纷纷也,是又乐死而厌生也。乐死而厌生,与贪生而惧死同。《桑户之歌》曰:'而

---

① [宋]杨简:《慈湖先生遗书》卷十四《家记八》,《杨简全集》第八册,浙江大学出版社 2015 年版,第 2171 页。

② [宋]杨简:《慈湖先生遗书》卷十四《家记八·论诸子》,《杨简全集》第八册,浙江大学出版社 2015 年版,第 2172 页。

已反其真,而我犹为人。'以死为反真,以生为不反真,其梏于生死又如此,岂若孔子之言,曰'未知生,焉知死',明乎生死之一也?庄子又曰'汝神将守形,形乃长生',既谆谆言无物之妙矣,兹又守形,陋矣,又自矛盾矣。"①看得出慈湖对《庄子》文本的谙熟,在这里,慈湖举孔子"天下何思何虑""未知生,焉知死"等在他看来已经"得道"的话语来反驳庄子,称庄子之所以有此差别之论,根本原因在于他"意虑未息",这一点与上文的辩驳基本一致。

　　对于生死问题,我们前文也有略微讨论,此处杨慈湖确乎明确反对庄子把生与死分裂开来的做法。慈湖眼中,生死本一,不必拘执于生死的分别,孔子"未知生,焉知死"本就是在讲生死同一的问题。慈湖对这一问题还有更加详细的论述,其基本的意思便是生死一致,不必强作区分,有了区分,便不是圣人大道。慈湖说:"《大传》曰:'鼓万物而不与圣人同忧。'此非先圣之言也。忧即天,万物即天。孔门之徒,闻圣人之言而差之,以己意参其间而有是言也,此非吾孔子之言也。'吾道一以贯之',此孔子之言也。其曰'《易》与天地准',此亦非孔子之言也。何以明之?天地即《易》也,幽明本无故,不必曰'仰观俯察'而后知其故也;死生本无说,不必'原始要终'而后知其说也。是皆非吾孔子之言也,其徒之己说也。神即《易》,道即善,其曰'继之者善也',离而二之也。离道以善,庄周陷溺乎虚无之学也,非圣人之大道也。孔子曰:'《易》其至矣乎!夫《易》,圣人所以崇德而广业也。'此孔子之言也。圣人即《易》也,德业即《易》也。继曰'天地设位而《易》行乎其中',又非孔子之言也。何者?离《易》与天地而二之也。'子曰'之下,其言多善,间有微碍者,传录纪述者之差也,其大旨之善也。不系之'子曰'者,其言多不善,非圣人之言故也。乾即《易》,坤即《易》,其曰:'乾坤毁则无以见《易》,《易》不可见,则乾坤或几乎息。"又曰:"'形而上者谓之道,形而下者谓之器。'其非圣言,断断如白黑、如一二之易辨也!凡如此类,不可胜纪。"②在这里,慈湖依然认为孔子之学万世无蔽,除了"吾道一以贯之"而外,任何与此有分别的言论都不是孔子本人所说,只是"根器"不同的弟子们对孔子之思想某个方面的片面理解。就"《易》与天地准"的角度而言,天地本身就是《易》,何必仰观俯察,又何必硬性分别生死?庄子之弊就在于其溺于分别而不知世界本相。也是在这个意义上,《庄子》中记载的孔子言论,在慈湖看来

① ［宋］杨简:《慈湖先生遗书》卷十四《家记八·论诸子》,《杨简全集》第八册,浙江大学出版社2015年版,第2172页。

② ［宋］杨简:《慈湖先生遗书》卷七《家记一·己易》,《杨简全集》第七册,浙江大学出版社2015年版,第1976页。

也同样是自相矛盾的,慈湖的学生对此问题有疑虑,因此向慈湖请教:"汲古见《庄子》云:'仲尼曰:天下有大戒二:其一命也,其一义也。子之爱亲,命也;臣之事君,义也。事其亲者不择地而安之,孝之至也;事其君者不择事而安之,忠之盛也。'汲古谓忠孝名虽异而实无异,如以有二言之,恐非圣人语。孔子曰:'资于事父以事君而敬同。'又曰:'以孝事君则忠。'又曰:'君子之事亲孝,故忠可移于君。'庄子以一命一义而分忠孝,以为圣人语,诚难取信。先生曰:'忠孝一心,无惑于异论。'如周曰'以无为首',又曰'物不胜天久矣',是皆自纷纷于意虑之间,岂知乎?孔子曰:'天下何思何虑?'又曰:'汝神将守形,形乃长生。'既谆谆言无物之妙,而又曰守形,陋矣,又自矛盾矣。"①在杨慈湖的学生这里,他已经怀疑《庄子》中所记孔子言论的真实性了,其原因在于其"以二言之"。慈湖对这位学生疑问的回答,根据还是"一"论,《庄子》中的孔子言论是因意虑兴起才有所分别,故此并非圣人之言,更非圣人之道。

杨慈湖批评庄子显然比批评老子更加用力,在慈湖看来,如果说老子得道之九十,庄子最多得七十。慈湖最不满意庄子的地方在于他认为庄子"意虑"太过,强作分别,以至于遗患后世。老庄之学本身及后世学者对其的发挥阐释,构成了中国思想史上道教思想的重要源头,影响了中国文化两千多年,不论提出怎样的批评,并不能改变老庄思想在此后中国文化中的影响,最多只是在诸多的解老解庄的阐释系统中,增加一种别样的阐释角度。杨慈湖的这一阐释角度,符合杨慈湖自身的思维习惯和思想体系,与他自身思想的整体结构和逻辑相一致,但非常明显的事实是,杨慈湖解老解庄的观点并未在中国思想史上引起足够的重视,也因此在历史上并未对老庄思想的品读评判产生多大影响,这些主张就如慈湖的其他主张和著作一样,随着时间的流逝,淹没在了浩如烟海的典籍之中。

杨慈湖对老庄思想的看法大体如上,如果把这些观点看作慈湖思想中有关道家思想的部分,那么,慈湖所作的《内丹歌》和八篇青词便可看作慈湖对道教之思想和道教科仪方面的领悟理解和亲身实践了。在道教史上,东汉魏伯阳作《周易参同契》,称"万古丹经王",全书托易象而论炼丹,以乾坤为鼎器,以阴阳为堤防,以水火为化机,以五行为辅助,以玄精为丹基,阐明炼丹的原理和方法,是道教最早的系统论述炼丹的经籍,被人们尊为外丹之祖,讲金丹黄白之术,主张通过服食丹药而达至长生不老的目的。但是慈湖

① [宋]杨简:《慈湖先生遗书》卷九《家记三·论〈春秋〉》,《杨简全集》第八册,浙江大学出版社2015年版,第2063页。

对于道教外丹的修炼功法并不以为意,他曾批评说:"若夫世传丹灶,乃修养家几于仙者炼丹之物,小道所为,非天地大端。"①慈湖斥外丹之法为"小道"。而对于内丹之法,慈湖的态度则比较开明。道教南宗之祖张伯端所作《悟真篇》可算是讲内丹之法的经典之作,此篇文字以诗歌的形式讲述胎息、服气等内丹之法,故伯端自谓:"仆既遇真鉴,安敢隐默。罄所得成律诗九九八十一首,号曰《悟真篇》。"②有评价曰:"《悟真篇》以诗词写内丹的方法取得了成功,影响了北宋以后许多高道同样以当代习用的诗词曲谣来表达自己对内丹功法的感受。"③观此言之意,用之慈湖也颇为恰当,尽管慈湖并非"高道"。杨慈湖所作之《内丹歌》,从对内丹修炼方式和修炼境界的体悟描绘来看,也定是其对内丹功法的亲身体验,他以"诗词曲谣"的形式将其感受表达出来,其歌曰:

> 某闻内丹不可见,不待施工自成炼。羲皇以上几春秋? 何曾千千万万转。到今昼夜流光涌,金乌夜照广寒殿;余辉散发缀碧落,稀稠纷纠珠玉灭。冲气祥精腾太虚,舒卷飞浮态累变。映空晓景绿拖蓝,错绮晚凝红染茜。有时震响轰溟蒙,有时熠耀盘飞线,有时清润垂冰丝,有时忽舞琼花片。其间秀结成山川,密木繁林飞鸟虫鱼次第现。龙翔凤鸣宝藏兴,氤氲孕瑞生群英。四明之麓鄞之曲,育神含和备五福。中有祥光两派明,内虚外应无不烛;能听能言能往复,屈伸俯仰天然奇,不知手舞蹈与足,二十年前忽转移。蓦过慈川天宝山之西,翠微曲复烟霞深。变化游徙谁复知端倪? 石鱼楼阁云气低。比年往往暂此栖,御风两渡浙河去;又寻归路从桃蹊,桃源深处无人识,纵复经从当面迷。天实秘此丹,所见惟童颜,暂时一语露一斑,不直知音又复还。④

可以确定,这首诗确实是杨慈湖本人所作,这不仅仅是因为它被收录在了《慈湖遗书》之中,更重要的是,诗中所描写的场景与慈湖本人的经历是完全一致的。如诗曰:"二十年前忽转移,蓦过慈川天宝山之西。""石鱼楼阁云气低,比年往往暂此栖。"可以从《慈湖先生年谱》中找到足够的事实与之对应。慈湖因"庆元党禁"案在庆元二年(1196)至嘉定元年(1208)被罢职,闲

---

① [宋]杨简:《先圣大训》卷一《蜡宾第一》,《杨简全集》第五册,浙江大学出版社 2015 年版,第1396 页。
② [宋]张伯端撰,王沐浅解:《悟真篇浅解》,《悟真篇自序》,中华书局 1990 年版,第 4 页。
③ 伍伟民:《易山道还得涓埃——道教文化探索》,上海古籍出版社 2007 年版,第 265 页。
④ [宋]杨简:《慈湖先生遗书》卷六《内丹歌》,《杨简全集》第七册,浙江大学出版社 2015 年版,第1937 页。

居老家十四载,在此期间嘉泰四年(1204)左右,鄞县人沈文彪"筑亭馆石鱼之麓,名曰'盘隐',招文元讲道其中"①。所谓的"石鱼楼阁云气低"即指慈湖此时的经历。仔细分析慈湖的这首《内丹歌》,可知慈湖对于道教内丹的修炼方式、境界体验都有很深的体会。比如"到今昼夜流光涌,金乌夜照广寒殿",指的便是内丹修炼过程中的所谓"丹火"的火候;而"有时震响轰溟蒙,有时熠耀盘飞线,有时清润垂冰丝,有时忽舞琼花片"则毫无疑问是慈湖对修炼内丹所达至的境界之描述了。内丹修炼所达至的境界分为不同层次,按照慈湖在这里的描述,他大约体会到了"地仙"境界。大致说来,在道教体系里,地仙可以称为真正意义上的仙人,只不过是住在人间的仙人。地仙为天地之半,有神仙之才,可以长生不死,悠游于人世间。但是,地仙还没有领悟大道,成就止于小成之法。修真者修习性命双修的金丹大道,至小周天无漏功成,便达到了地仙境。若是能修到在"寂寞广寒舒水袖"的境界,那便是天仙了。

另外,对于道教的科仪,杨慈湖也有所了解和掌握,在慈湖的著作之中,有八篇青词,是慈湖为息祸、禳火、祈雨等活动而作的祝文。所谓青词,指的是"道教仪式中的诗体祝文。亦称绿章。青词多为骈文,对仗工整,文辞赡丽。其格式类似于章奏文书,首叙上青词者姓名和道阶官位,次述神祇尊号,以及奏述事由"。又"道教仪式的各种文检在形成和发展过程中,曾受到世俗文书的深刻影响,但是一旦作为斋醮仪式的组成部分,道教徒都力图减少其尘世气息,而使其具有道教特点"②。青词作为一种特殊的文体,在道教科仪中具有重要价值和意义。慈湖所作的青词,在《慈湖先生遗书》中共计录有八首。慈湖并非道教徒,因此他所作的青词,尽管没有"尘世气息",但是也绝少"道教特点",反而更加具有慈湖意味的儒家特色。如在《上元设醮青词》中,慈湖讲道:"敬以惟皇上帝,无思无为,无所不在,无所不照知,有感斯应,不可度思!帝降衷于民,民皆有无思无为、无所不照知之常性。惟日用不自知,私欲繁兴,祸灾随之。某虽微觉,未精未一,谬当郡寄,政理阙失,回禄之祸,灾由人兴,匪天降之,灾咸自取之。臣不敢不勉,惟帝兴慈悯斯宥斯!民在涂炭,如切臣之肌,惟帝兴慈,悯斯宥斯!"他先肯定了"皇上帝"无所不能的"神通",再评价一般人因"私欲"炽热而招致的恶果。因他是词主,所以慈湖在皇上帝面前忏悔自己的罪恶,祈求上天降福以解决当时所

① [清]冯可镛、叶意深:《慈湖先生遗书》卷二十二《慈湖先生年谱一》,《杨简全集》第十册,浙江大学出版社2015年版,第2407页。
② 卿希泰主编:《中国道教》(三),知识出版社1994年版,第249页。

面临的困厄。在《施斛词旨》中，慈湖言："敬以大道无形，匪动匪静，万古常寂，无所不通。惟彼迷途，立我我所，意兴欲滋，逐逐恋依，沈魂滞魄，昏昏莫知，自囚自缚，自苦自乐，逐味逐臭，百趣千垢。法食普供，道味静深，即味匪味，曰深匪深。湛然澄渊，清明本心，无思无为，不识不知。"这篇青词的目的是施散食物，追荐亡魂。按照杨慈湖关于生死的观点，"大道"贯通天人、贯通生死，在死去的人那里也同样适用，"心"无思无为就可以无所不知。在《永嘉季春祈雨碧玉醮表词后雨改用》中，慈湖说："三才一致，人自愆违。久旱众忧，兹焉贡祷，累蒙应矣，未至沛然。仰碧玉之垂慈，悯苍生之无告，赦臣知罪之故，取民迁善之新。启醮初筵，日庚申而奏请，央泽终夕，夜甲乙而如倾。四邑欢呼，拜生死骨肉之大赐。九天变化，妙云行施雨之神功。更祈三日已往之霖，卒济有谷时播之务。臣无任至感至祷激切屏营之至！"①此处杨慈湖同样从他的"一"论出发，讲人因为违背"三才一致"的"道"才会招来上天的惩罚。

天人交感的观念是这几篇青词得以成立的基础性观念。干旱等自然现象的发生，根源在于人"有罪"甚至是"作恶"，只有对天祷告，向上天忏悔并祈求得到谅解，才能在天人交通中重新取得人与自然关系的平衡，从而解决人所面临的难题。观上述青词之文，如"民皆有无思无为、无所不照知之常性，惟日用不自知""湛然澄渊，清明本心，无思无为，不识不知""三才一致，人自愆违"等语，非常清晰地体现了慈湖思想的特色，完全可以肯定是慈湖"清明本性，人人自有""三才一致"之思想在道教青词中的自如运用和渗透表达。也就是说，慈湖所作之青词，更多的是融合了儒与道两家的特点，而并非仅仅按照道教的科仪规范来向"上帝"请示或者祈祷。这一方面表明了慈湖对道教科仪的熟悉，同时也说明慈湖对己思之灵活运用，而能打破世俗所谓儒与道的分界了。

---

① ［宋］杨简：《慈湖先生遗书》卷十九续集一《永嘉季春祈雨碧玉醮青词后雨作改用》，《杨简全集》第九册，浙江大学出版社 2015 年版，第 2309 页。

6　杨慈湖哲学思想在南宋及后世之影响

即便是在杨慈湖自己所处的时代,他的思想就受到了来自各个方面的品评和批判。他的同乡黄震和王应麟都曾对他的思想发表过个人见解。在后世的评价中,慈湖及其思想往往被放置在"明州四先生"或者"甬上四先生"这一团体性的称谓中而加以考察。黄宗羲曾言:"杨简(慈湖)、舒璘(广平)、袁燮(絜斋)、沈焕(定川),所谓明州四先生也。慈湖每提'心之精神是谓圣'一语,而絜斋之告君,亦曰古者大有为之君,所以根源治道者,一言以蔽之,此心之精神而已。可以观四先生学术之同矣。文信国云:'广平之学,春风和平;定川之学,秋霜肃凝;瞻彼慈湖,云间月澄;瞻彼絜斋,玉泽冰莹。一时师友,聚于东浙。呜呼,盛哉!'"①这段文字除了向我们表明"甬上四先生"之学存在某些共同学术追求而外,实际上也概括出了四人之学的不同思想风貌,值得我们留意。以考察"甬上四先生"之思想的方式从而见到慈湖思想的特色,也是研究杨慈湖思想不可或缺的一个方面。就慈湖本人来说,其思想经过其弟子、同调的传承发扬,在历史上曾产生了一定的影响,特别是"淳安慈湖学"的代表人物钱时、钱檆、夏希贤、洪梦炎与"四明慈湖学"的代表人物袁甫、陈埙、桂万荣、赵偲等人,更是将慈湖思想不遗余力地传播,从而形成了中国思想史上的"慈湖学派"。然而思想史上的风云际会,总是世事难料,慈湖的思想在他去世后,并未表现出足够强大的生命力,在思想历史的舞台上暂时地销声匿迹了一段时间。到了明代,阳明之学一时振起,风靡不衰,慈湖之学借此机会而重新出场,②从而引发了阳明学视域下的慈湖学之讨论,成为慈湖思想在明代思想界重新焕发活力的开始,也将慈湖思

---

① [清]黄宗羲原著,全祖望补修,陈金生、梁运华点校:《宋元学案》卷七十六《广平定川学案》,中华书局 1986 年版,第 2553 页。

② 吴震教授曾撰《杨慈湖在阳明学时代的重新出场》一文,论述了慈湖之学在阳明学时代所遭遇的一系列问题,"出场"二字生动形象地表明了慈湖之学从思想界"失而复得"的情形,此处借用之。

想的研究进一步推向深入。

6.1 慈湖与舒璘、沈焕及袁燮

一般而言,"甬上四先生"被当作陆象山之学的继承者和传播者而使得象山之学在四明(今宁波)地区广泛流传,从而成为象山之学在浙江地区的杰出代表。朱熹曾这样评价浙东陆学群体:"浙东学者,多子静门人,类能卓然自立,相见之次,便毅然有不可犯之色。"①陆学学者的整体形象被刻画得清晰可见,这一浙东陆学群体在影响上,在这一个历史时期已然超出了江西陆学一派。然而细致分析起来,实际上"四先生"在性格特点、学术趋向与特质和思想着力点等方面是有很大的不同之处的。就当时的实际情形来看,杨简、袁燮的年龄比舒璘和沈焕要小,但是杨简、袁燮二人之学问的流波范围却要广大得多,究其原因,全祖望曾如此谈及:"杨、袁之年辈后于舒、沈,而其传反盛,岂以其名位下之欤?嘻!是亦有之。然舒、沈之平实,又过于杨、袁也。"②全祖望以为杨简、袁燮因为名声与官位较之舒璘、沈焕更大,从而其学问的被接受程度和流传范围便要大得多。这种观点并非毫无道理,即便以今天的眼光来看,学术一旦和政治联姻,学术借政治之力确实更容易广泛地流传并产生较大影响。全祖望所言舒璘、沈焕较之杨、袁二人更加平实,也是实情。

总体来说,"甬上四先生"在南宋后期影响颇大,在传播和弘扬陆象山之学上发挥了非常大的作用,逐渐形成了浙东陆学的研究中心。但因各自的思想主旨不尽相同,传播陆学方式不一,形成了慈湖学派(杨简)、絜斋学派(袁燮)、广平学派(舒璘)、定川学派(沈焕),杨简之学的主旨和特色我们已经作了详细论述。袁燮特别强调陆象山之学在政治和伦理上的表现,把人的一切社会行为视为"心"的体现,提出"天人一理""君民一体"的政治伦理观。舒璘将陆象山之学引向日常生活,强调在平凡的日常生活中"日有新功"。沈焕主张修养之基在于"先立大本",为学之要在于"要而不博",其思想有调和朱陆的倾向。以下我们对舒璘、沈焕、袁燮的生平及思想学术做简

---

① [宋]黎靖德编,杨绳其、周娴君点校:《朱子语类》卷一百一十三《朱子十·训门人一》,岳麓书社1997年版,第2478页。

② [清]黄宗羲原著,全祖望补修,陈金生、梁运华点校:《宋元学案》卷七十六《广平定川学案》,中华书局1986年版,第2543页。

要介绍,从而能够在对照中更加清楚地理解杨慈湖的思想。

　　舒璘(1136—1199),字元质,一字元宾,奉化人,乾道八年(1172)进士,学者称广平先生。舒璘自幼雅有大志,汲汲于闻道之事,耻以一善自名。在游太学之时,曾向"东南三贤"之一的张栻请教,有所开悟。也曾与陆象山交游,自谓:"吾惟朝于斯,夕于斯,刻苦磨厉,改过迁善,日有新功,亦可以弗畔矣乎。"听闻朱熹与吕祖谦讲学于金华,徒步往而从之,其学以笃实不欺为主。杨慈湖曾说他:"元质孝友忠实,道心融明。"袁燮说他:"元质平生发于言语,率由中出,未尝见其一语之妄,所谓'有孚盈缶'者。"楼钥说他:"璘之于人,如熙然之阳春。"著作有《诗学发微》《诗礼讲解》和《广平类稿》。①

　　就学术渊源而言,舒璘可谓师从多家,博采众长,当时有名望有学问的诸师,他都曾以各种方式与之交往学习过。全祖望说舒璘"受业于张公南轩,因遍求益于晦翁、东莱,而卒业于存斋。四先生之中,莫若文靖之渊源为最博,其行小最尊"②。既受学于当时宏学硕儒,这种广泛的师承关系在一定的意义上也便体现出了舒璘之学的特征。在众多的"老师"之中,对舒璘之学影响最大的还是陆象山,全祖望曾从总体上描绘过"四先生"之学的一般特色,他讲道:"顾四先生皆导源于家学,其积力已非一日,及一见陆子即达其高明广大之境,相与神契而无间。"③前文我们曾说过,象山之学主张"发明本心",而象山之"本心"的含义基本为伦理道德之心,故"发明本心"在象山这里主要地体现为在日用常行之中努力寻回自身的伦理道德之心。陆象山"发明本心"的这一层意思,在舒璘这里有极为清晰的体现,只不过,舒璘用来指称"本心"的词是"良心",就词语的使用而言,"良心"一词似更易于为人接受,而不似象山之使用"本心",有点悬隔难辨。舒璘之学,大体表现在三个方面:

　　其一,"良心"自明。

　　　　人之良心,本自明白,特患无所感发。一朝省悟,邪念释除,志虑所关,莫非至善。

---

① [清]黄宗羲原著,全祖望补修,陈金生、梁运华点校:《宋元学案》卷七十六《广平定川学案》,中华书局 1986 年版,第 2546 页。

② [清]黄宗羲原著,全祖望补修,陈金生、梁运华点校:《宋元学案》卷七十六《广平定川学案》,中华书局 1986 年版,第 2550 页。

③ [清]全祖望著,朱铸禹集注:《全祖望集汇校集注》之《鲒埼亭集外编》卷十四《四先生祠堂碑阴文》,上海古籍出版社 2000 年版,第 1005 页。

良心之粹，昭如日月，无怠惰鲁莽之念，则圣贤可策而到。

平时以圣贤经书、前辈议论妆裹作人，自己良心先不明白，一旦处外境不动，难矣哉。

好乐贪美之心扫除不尽，是心终不获与圣人同。盖天之付于我者，其良心之粹，无好乐，无贪美，扩然大公，惟理之顺，圣贤先获我心之同然，故穷达用舍，安于理义之常。

郡庠规模，只如家塾，日导其良心，俾与圣贤不异，就日用间知简易明白处，与之讲究，勉焉孜孜，不敢责效。①

舒璘以为，"良心"人人本具，之所以有圣贤与凡人的差别，乃在于圣贤先于一般人明了了此理而已。"良心"本自明白，因此一旦觉悟到了这一点，其实质的状态就是到达圣人境界。然而，一般人在现实的社会生活之中，因贪欲、好恶之心不能尽除，其行为方式和结果便总是处于与"良心"相反的境地。既然如此，在日常生活之中时刻检别自心便应该是我们生活的一项重要内容，乃至于舒璘以为学校的责任就在于"日导其良心"。舒璘认为，若是"丧了良心"，一般人找回"良心"应该是一个长期的过程，故他言"吾非能一蹴而至其域也，吾惟朝夕于斯，刻苦磨砺，改过迁善，日有新功，亦可以弗畔云尔"②。既然"良心"人人自有，那么找回"良心"应该就是一件向内做功夫的事情，而不在于驰逐于外境，因此，舒璘特别主张人在生活当中应该经常"反观自省"，有时他也用"自反"来表达这个意思。

其二，反观内省。

吴兄趋向甚佳，更乞相与切磋，毋逐外，毋守气，反观内省，以充厥德。

与世不偶，此不在他人，更需自反。使在我日用严密，人当自信，若

---

① ［清］黄宗羲原著，全祖望补修，陈金生、梁运华点校：《宋元学案》卷七十六《广平定川学案》，中华书局 1986 年版，第 2547—2549 页。

② ［清］黄宗羲原著，全祖望补修，陈金生、梁运华点校：《宋元学案》卷七十六《广平定川学案》，中华书局 1986 年版，第 2544 页。

彼此立见,非无我之道。①

舒璘此处所谓的"反观内省"之法,是基于他对人之"良心"的存在状况的基本判断,重要的是,人应该首先确立起对这一自在之"良心"的自信,自信"我"也有"良心",否则反观内省便无有落脚之处。通过日用常行中与人相与切磋讲求,而逐渐回归到自己的"良心",使其不断充实,最终达至"不宜一毫有亏损"的境地,此为明人心之本源,"本源既明,是处流出,是以裕身则寡过,是以读书则畜德,是以齐家则和,是以处事则当"②。源头正了,由源头流出的一切都会导向积极的结果。正因舒璘以为人之一切思虑行为均由本源处流出,因此对于离开"良心"而向外寻求达至圣人境界的修养方法,他便持反对态度。

其三,反对持敬。

> 持敬之说,某素所不取。我心不安,强自体认,强自束缚,如箧箍桶,如藤束薪,一旦断绝,散漫不可收拾,理所宜然,夫子教人,何尝如是?入孝出弟,言忠信,行笃敬,出门如见宾,使民如承祭,此等在孩提便可致力,从事无斁,则此心不放,此理自明。③

舒璘以为,在己之"良心"未获得安立之时,强行奉守持敬之说非但不是体认己心的正确方式,还容易因此而落入"散漫不可收拾"的地步,这无论如何不是持敬等修养方法所期望达到的目的。在他看来,孔子教人于日用伦常之中的一切言行,实际即是收拾己"心"之有效手段,而且更重要的还在于,孔子教人的方式,从一个人小的时候就可以开始,真正可以"绵绵用力,久久为功"。舒璘也对获得良好结果的过程有足够的判断。依照他"非能一蹴而至其域"之修养方式,这一修"心"的过程注定异常艰苦,充满了各种困难挑战。

观舒璘之学,其与杨慈湖思想显出了很大的不同。尽管二人都承认象山"本心"之论,但是在如何在实际的生活中把"本心"实现出来的方法上,二人差异明显。舒璘之在日用常行之中的刻苦砥砺,颇似朱熹之学的格物工夫,只不过若是说舒璘也"格物"的话,他格的是己"心"。尽管慈湖也主张对

---

① [清]黄宗羲原著,全祖望补修,陈金生、梁运华点校:《宋元学案》卷七十六《广平定川学案》,中华书局 1986 年版,第 2548—2549 页。

② [清]黄宗羲原著,全祖望补修,陈金生、梁运华点校:《宋元学案》卷七十六《广平定川学案》,中华书局 1986 年版,第 2547 页。

③ [清]黄宗羲原著,全祖望补修,陈金生、梁运华点校:《宋元学案》卷七十六《广平定川学案》,中华书局 1986 年版,第 2547 页。

"心"之本质状态向内体认,但是慈湖之"心"的境界和"心"之本质的呈现状态,非但比之象山有所推进,较之舒璘则显得更加宏大壮阔。

沈焕(1139—1191),字叔晦,学者称定川先生,定海人,乾道五年(1169)进士。沈焕少年时代便潜心经籍,精神专一。在太学时以师礼事陆九龄,以交友为急务,尝曰:"此天子学校,英俊所萃,当择贤而亲,不可固必。"沈焕一生读书不辍,以不能完尽孝道为耻,"寻病,不废读书,垂绝,拳拳以老母为念、善类凋零为忧"。沈焕为人恭谨笃实,交友甚广,因此当他逝世时,丞相周必大闻其讣曰:"追思立朝不能推贤扬善,予愧叔晦,益者三友,叔晦不予愧也。"沈焕所著有《定川集》五卷。①

沈焕之学的渊源,基本上是来自陆九龄而非陆九渊,全祖望曾言:"甬上四先生之传陆学,杨、袁、舒皆自文安,而沈自文达,《宋史》混而列之,非也。四先生之遗文,亦惟沈集绝不可见,惜夫!"②在全祖望的眼中,"陆学"并非单单指陆九渊之学,而是指陆氏兄弟之学,故此沈焕之学来自陆九龄也可说是渊源于"陆学",然而这也恰恰是人们容易从字面上误会沈焕之学术渊源的地方。由于沈焕之著作遗留不多,我们只能从有关的只言片语之中窥见其学术风貌,整体而言,沈焕之学较为平正笃实,主张为学应当先"立大本",扎实做功夫;其为学的方向也因与吕祖谦的相互辩难而有所更易。如沈焕尝言:

> 吾儒急务,立大本,明大义耳。本不立,义不明,虽讨论时务条目何为?

> 学者工夫,当自闺门始,其余皆末也。今人骤得美名,随即淹没者,由其学无本,不于闺房用力焉。故曰,工夫不实,自谓见道,只是自欺。③

观沈焕所谓"立本"以后的工夫"当自闺门始",颇有"君子慎其独也"的味道。立本以后,能否在任何情况下都按照自己所立之本来思虑行事,实际上是一个颇为重要的问题。在沈焕看来,之所以有人能够在短时间内获得

---

① [清]黄宗羲原著,全祖望补修,陈金生、梁运华点校:《宋元学案》卷七十六《广平定川学案》,中华书局 1986 年版,第 2553 页。
② [清]黄宗羲原著,全祖望补修,陈金生、梁运华点校:《宋元学案》卷七十六《广平定川学案》,中华书局 1986 年版,第 2554 页。
③ [清]黄宗羲原著,全祖望补修,陈金生、梁运华点校:《宋元学案》卷七十六《广平定川学案》,中华书局 1986 年版,第 2554 页。

佳名却不能长久拥有,就在于其人在"显、隐之间"未能做到始终一致。因此为学能否真正有所收获,还在于以什么样的方式与自己所立之本保持一致,即是说学问冷暖唯有个人自知,欺人不得,故此他说"啜菽饮水,贫寒所不免,惟尽其欢则可。尽欢二字,学者当熟味之"①。沈焕此处所谓"尽欢"者,是指他对待圣先之书而言,他"始居家塾,非圣哲书未尝诵习,及游太学亦然"。然也正是因为沈焕读书不辍,讲求扎实工夫,故此他后来读书之范围有所扩大,相应地其学术主张也较之以前有所不同。袁燮在为沈焕所作的行状中曾经对沈焕之学术变向有所记述:"后与东莱吕公伯仲极辩古今,始知周览博考之益。凡世变之推移,治道之体统,圣君贤相之经纶事业,孜孜讲求,日益深广,有足以开物成务者,其可敬也夫!"②"足以开物成务"是袁燮对沈焕学术转向之后所取得成果之评价,可惜因资料阙如,沈焕之学后来的面貌,我们暂时是不得而知了。相较于杨慈湖之思想,沈焕之学确实显得根基平稳而实在,不似慈湖之学之"高妙玄远"。

袁燮(1144—1224),字和叔,学者称絜斋先生,鄞县人。历仕司封郎官,迁国子监祭酒。后为礼部侍郎,与权相史弥远争和议,罢官回乡。袁燮生而端粹专静,少长以名节自期。入太学时,陆九龄为学录,亲炙之。时与同里沈焕、杨简、舒璘聚于学,朝夕切磋。后遇象山于都城,闻象山本心之言,遂师事之,初觉与象山之教不合,未敢轻信,忽一日豁然大悟。慈湖与之同师象山,而称其"觉"为不可及。其所著有《絜斋家塾书钞》10 卷、《絜斋集》24 卷。③

袁燮之学,受陆氏兄弟影响较大,而陆象山对他的启发尤深。然袁燮为学亦不主一家,真德秀曾为其作行状,文曰:"东莱吕成公,接中原文献之正传,公(燮)从之游,所得益富。永嘉陈公傅良,明旧章,达世变,公(燮)与从容考订,细大靡遗。"④按照学术界的一般说法,吕东莱是"浙东学派"的代表人物,陈傅良是"永嘉学派"的代表人物,两派最核心的主张在于"经世致用"。由此可以想见,袁燮之学当颇具象山之学与浙东之学的兼容特色。概

① [清]黄宗羲原著,全祖望补修,陈金生、梁运华点校:《宋元学案》卷七十六《广平定川学案》,中华书局 1986 年版,第 2554 页。
② [清]黄宗羲原著,全祖望补修,陈金生、梁运华点校:《宋元学案》卷七十六《广平定川学案》,中华书局 1986 年版,第 2555 页。
③ [清]黄宗羲原著,全祖望补修,陈金生、梁运华点校:《宋元学案》卷七十五《絜斋学案》,中华书局 1986 年版,第 2525 页。
④ [清]黄宗羲原著,全祖望补修,陈金生、梁运华点校:《宋元学案》卷七十五《絜斋学案》,中华书局 1986 年版,第 2526 页。

而言之,袁燮之学的梗概约略如下。

其一,"心"为人之大本。

> 《中庸》曰:"天地之道,可一言而尽也。其为物不贰,则其生物不测。"《大雅》曰:"上帝临汝,无贰尔心。"维此大本,不必他求,卓然不贰,完善咸具。古人所以兢兢业业,不敢少懈者,惧其贰也。

> 大哉,心乎! 与天地一本,精思以得之,兢业以守之,则与天地相似。

> 人生天地间,所以超然独贵于物者,以是心尔。心者,人之大本也。此心存,则虽贱而可贵;不存,则虽贵而可贱。①

袁燮在此处把"心"之存在与否及其状态与人的本质及其现实表现结合起来,"心"存则人存,"心"灭则人不存。天、地、人三者在袁燮的思想中,通过"心"之本质状态的实现而达至同一,而实现的方法,便是精思得之,兢业守之,实际即是要求人们在日用常行之中不间断地做修养工夫,从而保持"心"之大本的状态。就此而言,袁燮"心为大本"的思想与慈湖天、地、人"三才一致"的思想有相通之处,而二者的相异之处,即在于慈湖更加通透,即人、即地、即天,三者之间无有障碍,一通到底。袁燮则较慈湖来得平实,毕竟人"心"在现实生活中易于表现出它脱离其本质的状态,在这个意义上来说,袁燮主张"人心即道",在实际生活中更易找到切实的落脚之处。

其二,人心即道。

> 道不远人,本心即道。知其道之如是,循而行之,可谓不差矣。然未能为一,则犹有间也。执柯伐柯,睨而视之,犹以为远,谓其未能无间,则虽近犹远尔。惟夫全体浑融,了无间隔,则善之至也。吾道一以贯之,非吾以一贯之也。舜由仁义行,非行仁义,若致力以行之,则犹与仁义为二也。

> 凡身外之物,皆可以寡求而易足。惟此身与天地并,广大高明,我固有之,朝夕磨励,必欲追古人而与俱。若徒侪于凡庸,而曰是亦人尔,则吾所不敢也。②

袁燮所说"人心即道",是从"我固有之"的角度而言的,即是说,己"心"

---

① [清]黄宗羲原著,全祖望补修,陈金生、梁运华点校:《宋元学案》卷七十五《絜斋学案》,中华书局 1986 年版,第 2526 页。

② [清]黄宗羲原著,全祖望补修,陈金生、梁运华点校:《宋元学案》卷七十五《絜斋学案》,中华书局 1986 年版,第 2527 页。

本来就含摄了"道",这一点人人都是相同的,"心"与道本来是一体。但是,也正是因为我们知道了"心"就是道,只此一点,便已经是起了分别,已经是"二"了,再于现实生活当中循道而行,此时"心"与道实际上就处在相互脱离的地位了,这一点是袁燮所反对的。他举例说"舜由仁义行",即是说明仁义等道德之规范与己心本是一体,若是一切现实生活之行为自然而然从本心流出,不假外求,才是道的真正实现。然由内而出并不容易做到,相反的情况却在实际生活中比比皆是,故此袁燮说"凡身外之物,皆可以寡求而易足"。

观袁燮之言,他说"吾道一以贯之,非吾以一贯之",即清晰地表明了袁燮对于世间万象之汇归为"一"的深切体认,只不过,袁燮并不因此而否定日用常行之中的修养工夫,即他所谓"朝夕磨励,必欲追古人而与俱"。因此,袁燮之学同样较之慈湖显得平实可依,故全祖望在比较了慈湖与絜斋之学后如此宣言:"慈湖之与絜斋,不可连类而语。慈湖泛滥夹杂,而絜斋之言有绳矩,东发先我言之矣。"①全祖望所谓"慈湖泛滥夹杂",依我们对慈湖之思想的分析,并不合慈湖思想的实际,而他所言"絜斋之言有绳矩",却是实情,这一方面与袁燮以"心即道"但同时不否定修养工夫有关,同时亦可看出吕东莱文献之学与陈傅良经制之学之"求实"方面在袁燮思想中的影响。

6.2   慈湖学派及其流传

杨慈湖之学,以其渊深精思的思想深度和高迈恢宏的思想境界而在南宋思想界独树一帜,在当时就赢得了"泰山乔岳"的地位,从慈湖学者甚众。"盖先生之学,以古圣为的,尝言非大圣人终未全明,故于子思、孟子,犹若有所未满。论治则三代之规模,苟为汉唐事业,虽隆贵,所弗愿焉。其领玉局而归也,门人益亲,遐方僻峤、妇人孺子,亦知有所谓慈湖先生。岿然天地间,为斯文宗主,泰山乔岳,秋月独明也。"②观此,可知杨慈湖独尊孔子,于思孟一派及至当世思想,他多所批评。"妇人孺子亦知有所谓慈湖先生"表明慈湖先生及其学问在当时已是妇孺皆知。具有这样的思想影响力,还真

---

① [清]黄宗羲原著,全祖望补修,陈金生、梁运华点校:《宋元学案》卷七十五《絜斋学案》,中华书局 1986 年版,第 2525 页。

② [宋]钱时:《慈湖先生遗书》卷十八《宝谟阁学士正奉大夫慈湖先生行状》,《杨简全集》第九册,浙江大学出版社 2015 年版,第 2285 页。

不是一件容易达成的事情。

　　杨慈湖的思想在后世传播过程中,由其弟子、同调、讲友、学侣和后学等的不断研修讲习,在思想史上形成了有名的"慈湖学派"。王梓材言:"慈湖学派,梨洲原本附列《金溪学案》,自谢山始别为《慈湖学案》。"①《慈湖学案》中列的慈湖一系的学者大约70名,而在《慈湖先生遗书》的新增附录部分,则列有84位,二者之间还是有一定的差距的。然即便是圣人如孔夫子,弟子三千,贤者不过七十二人而已。慈湖后学尽管人数不少,但是真正在思想上有所创发和收获的也不过寥寥。《慈湖学案》在介绍慈湖弟子及其后学时,获"慈湖高弟"殊荣者仅有六位,分别为冯兴宗(字振甫)、钱时(字子是)、邹近仁(字鲁卿)、曹正(字性之)、张端义(字正夫)、傅正夫(佚其名)。另有全谦孙(字真志)为"慈湖私淑高弟"。全祖望在《石坡书院记》中曾言:"慈湖弟子遍于大江以南,《宋史》举其都讲为融堂钱氏,予尝考之,特以其著述耳。若其最能昌明师门之绪者,莫鄞之正肃袁公蒙斋、侍郎陈公习庵,及慈之宝章桂公石坡。……呜呼! 慈湖之心学,苟非验之躬行,诚无以审其实得焉与否。今观石坡之造诣,有为有守,岂非真儒也哉?"②在全祖望眼中,慈湖弟子之杰出者为袁甫(字广微)、陈埙(字和仲)和桂万荣(字梦协),而钱时之所以重要,乃在于他著述丰富并基本真实地光大了杨慈湖的思想。以上众人的基本情形在《慈湖学案》之中都有记述,此处不必重复。重要的是,慈湖之思想是否在流传的过程中发生了某种变化,以及这种变化在当时的思想界产生了怎样的影响,这才是我们在考察慈湖学派及其流传时应予以特别关注的问题。以下根据《慈湖学案》中提供的思想线索,着重介绍慈湖弟子钱时、袁甫和桂万荣,以期窥见慈湖思想在后世的传播和其所发生的歧变,从而为我们了解慈湖之思想全貌提供更为丰富的思想背景。

　　钱时,字子是,淳安人(一说新安人)。豁然悟道后,如醉醒梦觉,心融神化。出门证道时于慈溪拜谒杨慈湖。二人晤面:"目击而道存,一言与之契合。"此后杨慈湖逢人便大赞"严陵钱子是人品甚高",遂收归门下,并书"融堂"二字赠与钱时,故世人称钱时为"融堂先生"。钱时幼年即奇伟不群,不肖世俗儒生之见,绝意科举,究明理学,颇善治《易》。袁甫建象山书院,延钱时为讲习,一时学者兴起,相与讲学,发明本心。钱时著述甚为宏富,计有

① 〔清〕黄宗羲原著,全祖望补修,陈金生、梁运华点校:《宋元学案》卷七十四《慈湖学案》,中华书局1986年版,第2466页。

② 〔清〕全祖望著,朱铸禹集集注:《全祖望集汇校集注》之《鲒埼亭集外编》卷十六《石坡书院记》,上海古籍出版社2000年版,第1048页。

《周易释传》《尚书演义》《学诗四书管见》《春秋大旨》《两汉笔记》《蜀阜集》《冠昏记》《百行冠冕集》。① 淳安县政协文史和教文卫体委员会编辑出版的《淳安古籍文献丛书》中收录了钱时的大部分著作,加以标点释读,具参考价值。

然明人赵偕(宝峰先生)对钱时的学问和为人均有不满,甚至语带谩骂,其示子弟曰:"钱某小人,行己著书,趋时悖道,罔众干名,乃斯文中所当诛斥。史臣乃赘某于道统之后,未知其似是而非。"②这段评论似是目前所见对钱时唯一的负面评价,口气严厉,已超出对学问本身的评论,其可信程度值得怀疑。作为"慈湖高弟",钱时之学问趋向颇有乃师之风,现依据《宋元学案》卷七十四《慈湖学案》所录钱时著《新安州学讲义》,对其思想简略分析如下。

其一,心、仁、礼三者一体。钱时精研《论语》,对《论语》颜渊问仁一章的内容,钱时感同身受,称其"明白洞达,精详的切",其言曰:

> 仁,人心也。此心即仁,虚明浑融,本无亏缺。为意所动,始失其所以为仁;为物所迁始失其所以为仁;为习所移始失其所以为仁;为欲所纵始失其所以为仁。狂迷颠倒,醉生梦死,昏昏愦愦,日用而不知,皆己私为之窟宅,非本心然也。

> 礼者,天则之不可逾者也,一逾此,则无非己私。有一毫己私,即不足以为礼,有一毫非礼,即不足以为仁。先圣于此,不曰克己为仁,而曰"克己复礼谓仁",非于礼之外而他有所谓仁也,曰"复礼为仁"者,所以明复礼之即仁也。大哉,礼乎! 分而为天地者此也,转而为阴阳者此也,变而为四时者此也,列而为鬼神者此也,此即本心之妙,即所谓仁也。克己即复礼矣,复礼即为仁矣。夫以天地之广大,阴阳之阖辟,四时之运行,鬼神之变化,而此礼实为之则。一日克己,豁然清明,道心大同,范围无外,谓之天下归仁,良不为过。然而此事断断在我,实非他人所能致力。③

观钱时所言"仁,人心也",这是与孟子和慈湖一致的主张。就应然的状

---

① [清]黄宗羲原著,全祖望补修,陈金生、梁运华点校:《宋元学案》卷七十四《慈湖学案》,中华书局1986年版,第2485页。
② [清]黄宗羲原著,全祖望补修,陈金生、梁运华点校:《宋元学案》卷七十四《慈湖学案》,中华书局1986年版,第2487页。
③ [清]黄宗羲原著,全祖望补修,陈金生、梁运华点校:《宋元学案》卷七十四《慈湖学案》,中华书局1986年版,第2486页。

态而言,己"心"之仁的状态即是"心"的本质状态,即钱时所谓"虚明浑融,本无亏缺"。然实然的情形却总是与之相悖的,究其原因,钱时以为皆由于"意动""物迁""习移""欲纵",综合起来说,即是"心"陷溺于外物,为外境所累。钱时此处之言,与慈湖"起意"之说并无二致。而之所以会出现"意动"等情况,在钱时看来是因为人人都有"私",哪怕是一丝一毫的"己私",也会使人远离"仁",也远离"礼"。在钱时看来,"礼"就其应然状态而言与"仁"并没有不同,而在现实表现上来说,"仁"之显发之处在于人"心","礼"之显发之处则在于一切日常的生活过程,即其所言"分而为天地者""转而为阴阳者"。若是能够回复到"礼"的应然状态,实际上便是回复到了"仁"之状态。既然人由于"己私"而远离了"仁"或者说"礼",那归复的方式也只能是克尽己私,己私灭处即是"仁心"流行之处。而克己之力道所在,不在于外物或者外力,只在于"我",非他人所能致力。钱时此处的观点,基本上也与慈湖之思考无甚大差别,慈湖也主张向内用力,不假求于外物,这与他们均主张"仁,人心也"的思想是有莫大关系的。

其二,"勿"乃"克己"之方。钱时强调事事在"我",因此十分注意怎样处理自身与"我"的关系。"我"是日常生活的主体,无论公共场域还是私人空间,"我"的呈现决定着公共生活是否合理有序,对于非"我"和"己"私,钱时的应对方法是"勿"。

> 人之日用,应酬万端,举不外乎视听言动。之四者,名四实一,无非天则。非礼则勿,是之谓克。虽然,不特接于目而后为视也,暗室屋漏,一念之邪,而不正之色,已杂然乎在目,知其非礼,随即泯然,则视无所蔽矣。不特接于耳而后为听也,暗室屋漏,一念之妄,而不正之声已哗然乎在耳,知其非礼,随即泯然,则听无所蔽矣。以至于言,以至于动,不特宣之于口,发之于事,而后见也,念虑隐微之地,大明澄照,微过则改,则言动无所蔽矣。克己工夫,全在一勿字上,行之而熟,守之而纯,变化虚明,各无所累,则虽纵目而视,纵耳而听,肆口而言,随感而动,安往而非仁哉!颜子方皇皇然欲从末由,发钻坚、仰高之叹,一闻斯语,如旅而归,请事之言,如应如向。①

钱时把日常生活的全部思想和行为用"视""听""言""动"来加以概括,倒是颇为合理。而他所言"四者,名四实一"则是从根源处说,即"视听言动"

---

① 〔清〕黄宗羲原著,全祖望补修,陈金生、梁运华点校:《宋元学案》卷七十四《慈湖学案》,中华书局1986年版,第2487页。

在根本处来说是"天则",就是说如果实际的生活中没有邪念、妄动的发生,人本身即是"无蔽"的,即是"仁"之状态的圆满呈现。在钱时看来,孔子所说的非礼勿"视听言动",即是要求我们在"勿"字上做工夫,"克己"能否实现也全靠一"勿"字,要在日常的生活中,无论何时何地都"不要"违背"礼"对人的要求,做到了就是"仁",做不到便不能"大明澄照",而只能生活在与人之本质相背离的世界中。钱时此处对"勿"字的看重和强调,与杨慈湖在《绝四记》中对"毋"的强调,就内在思路而言是一致的。不同的是,钱时更加重视日用伦常的一般特性,因此在"人之日用,应酬万端"的情况下,"克己"或者"勿"的过程性被钱时凸显得很明白,他说若是能"行之而熟,守之而纯",我们才会回归真实的自我;而慈湖之"毋",则讲得更为彻底和细微,对一般人而言,要实行起来难度更大。说得更直白一点,钱融堂之方法可以用来接引一般人,而杨慈湖之手段更适用于"上根"之人。由此我们也不难看出,所谓学问,大都得之一偏,或者在这方面无限接近了"道",或者在那方面接近了事物的"根本",不存在一劳永逸或者以一抵十的"双全"之法。由此也提醒我们,面对生活本身,我们需要切己用功,沿着自己的道路走向未来,比靠着外界力量推动走向未来更加真实可靠。

钱楷,字诚甫,钱时之子,同样从学于杨慈湖,慈湖曾称其"于嘉定十有二年元夕后一日有觉,至晦日,又大通"。钱楷离别慈湖之时复求教于慈湖,慈湖举孔子之言"天有四时,春秋冬夏,风雨霜露,无非教也。地载神气,神气风霆,风霆流行,庶务露生,无非教也"告之,诚甫深领其意。钱时从子钱允文,亦传其家门之学,学者称竹间先生。

洪扬祖,字季扬,钱时门人,理宗绍定五年(1232)进士。历太学博士。官至秘书省正字。轮对者三,以正心诚意为启沃,学者称锦溪先生;夏希贤(字自然),究心性理之学,杜门不出三十余年,虽家无隔宿之储,而泰然自如,学者称自然先生;吕人龙(字首之),景定三年(1262)登进士第,仕官承务郎。讲明义理,造诣日高,胸次洒然,其文酣畅淋漓,气象豪放,学者称凤山先生。

袁甫,字广微,袁燮之子,学者称蒙斋先生。少从父训,后从学于慈湖,全祖望以为最能昌明慈湖之绪者,以袁甫最为第一。袁甫对慈湖之感情亦颇深厚,曾作《慈云阁》诗,曰:"不见慈湖二十年,忧心如醉复如颠。我来忽见慈云阁,恍若慈湖现眼前。"尽管这表面上是景物描写,但是我们有理由相信,这首诗充满着对慈湖本人的思慕。袁甫著有《蒙斋中庸讲义》四卷。①
现依据《宋元学案》卷七十五《絜斋学案》所录袁甫著《经筵讲义》,简略介绍
其思想如下。

其一,观人之道在观心。孔子尝曰:君子成人之美,不成人之恶。袁甫
对此有独到的理解,他说:

> 臣闻,欲善恶恶,人人所同,此上帝降衷之良心也。今语人曰,汝为
> 天下之善人,则莫不跃然而喜。……呜呼,人主每病于君子小人之难察
> 也,岂知观人之道,不必观诸他,而当观诸心。人孰无善善恶恶之心哉,
> 能视人犹己者则为君子,不能视人如己者则为小人,此观人之法也。②

实际上,所谓的君子小人之辩似乎自孔子时代而后变得越发重要,如何
辨别二者本不该是个思想上的问题,而应该是个现实生活表现的问题。重
要的在于,在实际的社会生活之中,善的行为和恶的行为是易于区分的,而
对人之思想的精微之处,人们彼此之间却难以互判,就是说一个人完全可以
在思想深处存有恶的念头而在实际生活当中做出善的行为。但是说到底,
按照袁甫所谓的"观人之道,不必观诸他,而当观诸人"的方法,如果个体对
自身之思想和行为的一致性是确信不疑的,那么此法确实是"观人"良方。
即是说,袁甫此处的方法,对于一个在内心深处确证己思和行为应该高度一
致的人来说,是行之有效的,若是从理想的情况来看,如果每个社会个体都
是如此,那么从实际的现实表现来看,确实这个社会就是个善的世界,这便
有点"人同此心,心同此理"的味道。对"心"之重要作用作如此强调,怕是与
杨慈湖对袁甫的影响有一定的关系。在慈湖那里,"心"之发用若是能够向
着其本质的存在状态靠近,或者"心"由它的本质状态而表现于现实的社会
生活之中,一个最直接的结果便是我们当下的世界"仁心流动,善性充满",
这世界就是美好的人间。

其二,文即仁。曾子曾说:"君子以文会友,以友辅仁。"袁甫对此语亦有
感慨,论之如下:

> 臣闻,圣门所谓文者,非词华之谓也。夫子曰:"文王既没,文不在
> 兹乎?"颜渊曰:"博我以文。"所谓文者,即道也。彝伦之懿,粲然相接

---

① [清]黄宗羲原著,全祖望补修,陈金生、梁运华点校:《宋元学案》卷七十五《絜斋学案》,中华书
局 1986 年版,第 2530 页。

② [清]黄宗羲原著,全祖望补修,陈金生、梁运华点校:《宋元学案》卷七十五《絜斋学案》,中华书
局 1986 年版,第 2530 页。

者,皆文也。三千三百,待人以行者,皆文也。孔子振木铎于衰周,正将以续斯文之将坠耳。一时以文会友,莫盛于洙泗,丽泽之兑,何往而非斯文之讲习哉! 既曰文,而又曰仁,同乎? 异乎? 曰:文者,其所著见,而仁者,其根本,名异而实同也。会之以文,盖所以辅吾之仁也。圣人切切于求仁,造次颠沛,未尝暂合,终食之间,未尝或违。①

袁甫说"所谓文者,即道也",实际上指的是"道"之发用流行或者现实表现,在袁甫看来,日常生活中的彝伦攸序,无论多么繁杂,哪怕"三千三百"之多,也不过是"文"而已。"文"是"道"的显发方面,"仁"即是"道"的隐微之处或者根本之所在,从根本来说"文即仁",只不过表现的方式不同而已。

其三,仁、礼一源与克己复礼。孔子弟子仲弓问仁,孔子答之:"出门如见大宾,使民如承大祭。己所不欲,勿施于人。在邦无怨,在家无怨。"仲弓闻孔子之言,恭敬奉行。袁甫对此事如此解释:

臣闻夫子答仲弓问仁,与答颜子之意,一也。说者但知夫子告颜子以克己复礼,而不知告仲弓者,亦克己复礼。而初无异者也……此章所谓大祭、大宾者,皆礼之盛也。一出门之间,而俨然如见大宾,一使民之际,而肃然如承大祭,当是之时,此心之清明静莹为何如哉? 故曰:"如此而后君子知仁焉。"……由是言之,仁、礼本一源,礼在是,仁即在是矣。而人之所以不能动合乎礼者,何也? 有我之私累之也。人有不欲而施之于我,我必有所不平,我有不欲,而可施于人乎? 通人、己为一,则己之所不欲,人亦所不欲也,非人之所欲者,断断乎不可施于人,如是,则此心洞然大公,了无间隔,施之于家邦,人人在春风和气之内,而又何怨之有? 然则,勿施不欲,即克之谓,大祭大宾,即复礼之谓,而邦家无怨,即所谓天下归仁,夫子之告仲弓,即其告颜子之旨也。②

在袁甫看来,孔子对于颜回问仁的回答和仲弓问仁的回答实际上是一致的,而这并不似平常所言孔子对二人之回答采取了不同的答案。袁甫的出发点,是从"心"之见于大祭、大宾之"礼"以后的反应来说的。在他看来,"心"在那样一种庄严神圣的气氛下,都会归复到"清静明莹"的本质状态,因此不论孔子之答案在表面看来如何不一致,而实际的效果却并无不同。只

---

① 〔清〕黄宗羲原著,全祖望补修,陈金生、梁运华点校:《宋元学案》卷七十五《絜斋学案》,中华书局 1986 年版,第 2531 页。

② 〔清〕黄宗羲原著,全祖望补修,陈金生、梁运华点校:《宋元学案》卷七十五《絜斋学案》,中华书局 1986 年版,第 2533 页。

是，要领会夫子之答的深意，非得有实际的行为不可，即是在生活中克去因"私累"而产生的一切不合乎"礼"的各种行为，从而"复礼归仁"。完全遵照"礼"的行为本身就是"仁"，因此"仁、礼本一源，礼在是，仁即在是"。与慈湖相比，袁甫更加强调"道"的日用常行之特征和在日用常行之中对"道"或者"仁"的复归，慈湖也并非否定这一路向，只是更偏向于超上一路。

袁甫门人中，有洪扬祖（字季扬），亦从学于慈湖、絜斋、融堂等人。陈宗礼（字立之），幼时家境贫寒，身居陋室仍刻苦勤学。袁甫为江东提点刑狱时，陈宗礼前往拜师问学。虽屡试不第，但毫不气馁，益发愤读书。淳祐四年（1244）42 岁时得中进士。另外，蒙斋之孙袁裒（字德平）为其续传。①　袁裒与袁桷为族兄弟。善书法，为诗温雅简洁。以安定书院山长授海盐儒学教授，未赴而卒，著有《清客居士集》。

桂万荣（字梦协），学者称石坡先生，慈溪人。万荣尝问道于慈湖，慈湖以"心之精神是谓圣"一语告之。全谢山《石坡书院记》中记述了桂万荣为学、为人、政事等活动，并评价说："呜呼！慈湖之心学，苟非验之躬行，诚无以审其实得焉否。今观石坡之造诣，有为有守，岂非真儒也哉！石坡晚年，最为耆寿，东浙推为杨门硕果，并于蒙斋、习庵，盖其道之尊如此。"又言："桂氏自石坡以后，世守慈湖家法，明初尚有如容斋之敦朴，长史之深醇，古香之精博，文修之伉直，闻声不坠，至今六百年余年。犹有奉慈湖之祀者，香火可为远矣。石坡讲学之语，实本师说，曰明诚，曰孝弟，曰颜子四勿，曰曾子三省。其言朴质无华叶，盖以躬行为务，非徒从事于口耳，故其生平践履，大类慈湖。"②在全祖望看来，桂万荣得慈湖真传，在实际生活践履中检验其思想主张，学问思想行事与慈湖相仿佛，而慈湖之学也因桂万荣的承续倡导而绵延不绝。全祖望的记述，实际表明直到明朝初年，宁波地区仍有以慈湖之学为教者。此外，尚有宋梦鼎，字翔仲，淳安人也。私淑慈湖、融堂之学。至顺进士，累官知奉化州。鲁渊，字道源，淳安人也，学者称为岐山先生。私淑慈湖、融堂之学。成至正进士，出为华亭丞。洪源，字子泉，淳安人也。私淑慈湖、融堂之学。洪武中，以荐举入太学，授安仁教谕。

无论如何，此时的杨慈湖之学，在思想的传承发扬和社会影响方面与其显扬时期相比，愈发显得单薄，少了具有创造性思想的思想家，少了能够将

---

① ［清］黄宗羲原著，全祖望补修，陈金生、梁运华点校：《宋元学案》卷七十五《絜斋学案》，中华书局 1986 年版，第 2538 页。

② ［清］黄宗羲原著，全祖望补修，陈金生、梁运华点校：《宋元学案》卷七十四《慈湖学案》，中华书局 1986 年版，第 2491 页。

思想在政治生活中加以实施的出色的学者型官员,杨慈湖之学也只能算是单传的"香火"了。慈湖之学在思想界重新泛起它的华彩,要等到阳明学时代的来临。

6.3 慈湖思想与阳明学的关联

关于杨慈湖思想与阳明学之间的关系,学界流行这样一种观点:由于事实上的阳明思想之"心学"属性和杨慈湖与陆象山之间的师徒关系,慈湖思想曾一度被认为是从陆象山到王阳明之间的过渡,或者是慈湖思想成了王阳明本人心学思考的理论渊源。

表面上看,两种思想的相似性以及出现时间的先后顺序确实容易造成前者影响了后者、后者继承了前者的误解。然而思想史上之所谓"相互影响",总不能凭空产生,必备的物质材料(在思想的传播上首先表现为文本文献的流传和阅读)应该是这种"影响"得以成立的前提,"后者"未曾阅读过"前者"的著作和文献,影响和借鉴便无从谈起。因此如果说陆象山的思想影响了王阳明,那大概是不该有任何疑问的,我们可以在阳明的著作中发现大量他评价象山之学的文本证明,阳明之作《象山文集序》即是明显的例证。

而关于王阳明对于慈湖或者其思想的评价,遍观阳明的著作,发现他对慈湖之评价只有一处:"杨慈湖不为无见,又著在无声无臭上见了。"(《传习录》下)这唯一的一处"学术评价"与阳明对象山的熟悉程度比起来,显然不可同日而语。另外,阳明确曾提到他曾见到过《慈湖文集》:"北行不及一面,甚阙久别之怀。承寄《慈湖文集》,客冗未能遍观。来喻欲摘其尤粹者再图翻刻,甚喜。但古人言论,各自有见,语脉牵连,互有发越。今欲就其中以己意删节之,似亦甚有不易。莫若尽存,以俟具眼者自加分别。所云超捷,良如高见。今亦但当论其言之是与不是,不当逆观者之致疑,反使吾心昭明洞达之见,有所掩覆而不尽也。尊意以为何如?"①由阳明的记述可知,实际上阳明有机会看到慈湖的部分作品,但是当时的情况却是阳明因戎马匆忙,实在无暇多看,"客冗未能遍观",想来或许只是浏览一下而已。然这还不是最重要的,问题在于,对于顾惟贤主张检别《慈湖文集》之精粹者重印之时,阳明则明确反对,"今欲就其中以己意删节之,似亦甚有不易。莫若尽存,以俟

---

① [明]王守仁著,吴光、钱明等编校:《王阳明全集》卷二十七《续编二·书·与顾惟贤》,上海古籍出版社1992年版,第1000页。

具眼者自加分别"即表明阳明对《慈湖文集》是没有深究的。而阳明存之不论的原因,就在于他认为若是对慈湖之著作有所删削,会"反使吾心昭明洞达之见,有所掩覆而不尽也"。这恰好说明阳明在读慈湖作品之前就早已经对己"心"之整全性的洞见功能有所确证了,因此他说"以俟具眼者自加分别",实际上即暗含了他期望日后有机会完整地阅读慈湖之言论的含义,而不是阅读被人修剪好了的"精选本"。因此,即便是阳明确实接触到了慈湖的一部分文字,这却不能成为慈湖之思想影响阳明之思考的证据。实际的情形是,现行《四明丛书》本的《慈湖先生遗书》的刊刻时间为嘉靖四年(1525),阳明于1529年去世,两者相隔仅四年的时间。根据学界对阳明思想的研究,此时阳明思想整体的建构早已经完成。① 也就是说,即便是阳明在《慈湖先生遗书》刊刻以后有机会研读全部慈湖遗留之文本,恐怕也只会有"相见恨晚"之感,而硬要说慈湖之思想影响到了阳明,起码从思想产生的物质材料基础而言,是难以成立的。当然,慈湖之思想与阳明之思想在某些方面确乎有相似之处,由此出发可以构建起所谓二者之间的"影响"关系,但这也只是思想建构的真实,而并非思想史本身的真实,这是我们在讨论慈湖思想与阳明思想之关系时首先应予明了的问题。

我们说杨慈湖思想与阳明本人思想之间未必有"影响"的关系,但并不意味着慈湖之学与阳明学之间也是不相干的。实际的情况是,慈湖之学在阳明学时代的复起,成了明代思想界一桩极其重要的事件,阳明学学者围绕对慈湖思想展开的批评或者维护,说到底都与他们对阳明学之理解密切相关,阳明学学者因理解阳明思想或阐释自身思想的需要而品评慈湖之学,慈湖之学也由此在沉寂了近300年后,得以在明代阳明学独盛的时代大放华彩,这确实应该是中国思想史研究上应该被重新予以关注的问题。

在《慈湖先生遗书》被阳明学学者注意到以前,《慈湖先生遗书》在刊刻后已然在社会上流通传播,时儒罗钦顺(号整庵)就曾阅读过此书,阅读以后对慈湖之思想作出了评价,罗钦顺说道:

> 癸巳(1533)春,偶得《慈湖遗书》,阅之累日,有不胜其慨叹者! 痛哉,禅学之误人也,一至此乎! 慈湖顿悟之机,实自陆象山发之,其自言"忽省此心之清明,忽省此心之无始末,忽省此心之无所不通",即释迦所谓自觉圣智境界也。书中千言万语,彻头彻尾,无非此个见解,而意气之横逸,辞说之猖狂,比之象山尤甚。象山平日据其偏见,横说竖说,

① 董平:《王阳明的生活世界》,中国人民大学出版社2009年版,第152—161页。

直是果敢，然于圣贤明训有所未合，犹且支吾笼罩过，未敢公然叛之。慈湖上自"五经"，旁及诸子，皆有论说，但与其所见合者则以为是，与其所见不合者，虽明出于孔子，辄以为非孔子之言。而《大学》一书，工夫节次，其详如此，顿悟之说更无隙可投，故其诋之尤力。至凡孔子之微言大训，又往往肆其邪说以乱之，刬实为虚，揉直作曲，多方牵合，一例安排，惟其偏见是就，务令学者改视易听，贪新忘旧，日渐月渍，以深入乎其心。其敢于侮圣言、叛圣经、贻误后学如此，不谓之圣门之罪人，不可也！世之君子，曾未闻有能鸣鼓而攻之者，反从而为之役，果何见哉？[1]

罗钦顺，字允升，号整庵，泰和（今江西省泰和县）人。明弘治六年（1493）进士科探花，官至南京史部尚书，后辞官，隐居乡里专心研究理学。在明中期，罗钦顺是可以和王阳明分庭抗礼的大学者，时称"江右大儒"。著有《困知记》《整庵存稿》《整庵续稿》。依据上述，罗整庵说"偶得《慈湖遗书》"，可见在当时《慈湖遗书》充其量也就是刚刚开始在社会上流通，并不是什么人人知晓的"名著"，否则便应该是专门购来阅读。当罗整庵"阅之累日"以后，他便有言要发了。整庵先是对"禅学"误人大发一顿感慨，以为慈湖之学受禅学影响至深，其入禅的程度已经超过了陆象山，乃至于其思想已经变得阳儒阴佛。最让罗整庵看不惯的，还是慈湖对《大学》的态度和对孔子之言的解释。在整庵看来，《大学》之功夫细密，应为儒者入门之阶梯；而孔子之言乃是圣言，不可加以邪释，但是罗整庵认为慈湖恰恰在这两个方面都做得太过分了，以至于他评价慈湖时言辞激烈，称其为"圣门之罪人"，他甚至呼吁时人"鸣鼓而攻之"，可见意见之大。此便是罗整庵初读慈湖之文本后对慈湖之学的态度，然而这也是整庵对慈湖的最终态度了，罗著《困知记》下卷开篇的十几条，都是整庵对慈湖之学的负面评价。

杨慈湖确乎对《大学》发表过否定性的意见，他曾有言曰："禹告舜曰：'安女止。'女，谓舜也。言舜心本静止，惟安焉而已。奚独舜心？太甲本心亦静止，故伊尹告以'钦厥止'，厥，犹女也。奚独太甲？举天下古今人心皆然，故孔子曰'于止知其所止'，于止，本止也。《大学》曰：'知止而后有定，定而后能静，静而后能安。'此非圣人之言也，此以意为之，故有四者之序。不起乎意，融明澄一，恶睹四者？夫人皆有此止，而不自知也。先儒以《大学》

---

① ［明］罗钦顺著，阎韬点校：《困知记》续卷下，中华书局 1990 年版，第 102 页。

为孔子之言,意之尔。"①杨慈湖在此批评《大学》太过支离,即便是懂得了修学过程中的次第,如果不从根本处明了学问之本源,便无法领会圣言之深意,而若是能够"不起乎意,融明澄一",即直达圣教之本旨,不必纠缠于具体的修学路径,此仍是慈湖"不起意"之说在解释《大学》文本时候的具体运用。整庵对慈湖的不满,实际上存在一定的误解,慈湖之所谓"不起意",正如我们前文所曾探讨的,绝不是要人们只一次不起便够了,而是说要反复使用此方法,在日常生活中不断"绝四"或者"不起意",这本身也是一种渐进的路数,即是说慈湖的"不起意"方法,包含了渐、顿二说在内,他并未要求人们离开日常生活中的渐次修养,而只是从根本处提醒人们,超上直入是最得圣学根本的优入圣域之道。当一种学说过分强调某一方面的主张时,人们便只知其一不知其二,其思想的其他主张和观点便被有意无意地淹没了。慈湖之学被目为"禅",即清楚地印证了这一点。

或许是由于罗钦顺《困知记》的推动,其后阳明学学者也陆续注意到慈湖之思想,并引发了一场对慈湖思想品评的风潮,慈湖之学因此被置于放大镜之下,或显或隐,或明或暗,或此或彼,引发了人们多方面的思考。以下举浙中王门和江右王门之例,来看这种阳明学内部对慈湖之学的不同意见。浙中王门钱德洪和王畿这样评论慈湖之学:

> 钱德洪曰:真性流行,莫非自然,稍一起意,即如太虚中忽作云翳。此不起意之教,不为不尽,但质美者习累未深,一与指示,全体廓然;习累既深之人,不指诚意实功而一切禁其起意,是又使人以意见承也。久假不归,即认意见作本体,欲根窃发,复以意见盖之,终日兀兀守此虚见,而于人情物理常若有二,将流行活泼之真机,反养成一种不伶不俐之心也。慈湖欲人领悟太速,遂将洗心正心、惩忿窒欲等语,俱谓非圣人之言,是特以宗庙百官为到家之人指说,而不知在道之人尚涉程途也。②

> 王畿曰:杨慈湖"不起意"之说,善用之未为不是。盖人心惟有一意,始能起经纶、成德业。意根于心,心不离念,心无欲则念自一。一念万年,主宰明定,无起作,无迁改,正是本心自然之用、艮背行庭之旨,终日变化酬酢而未尝动也。才有起作,便涉二意,便是有欲而周动,便为

① [宋]杨简:《慈湖先生遗书》卷二《安止斋记》,《杨简全集》第七册,浙江大学出版社 2015 年版,第 1874 页。
② [清]黄宗羲著,沈芝盈点校:《明儒学案》卷十一《浙中王门学案一·员外钱绪山先生德洪》,中华书局 1985 年版,第 228 页。

离根，便非经纶裁制之道。慈湖之言，诚有过处，无意无必乃是圣人教人榜样，非慈湖所能独倡也。惟其不知一念用力，脱却主脑，莽荡无据，自以为无意无必，而不足以经纶裁制。如今时之弊，则诚有所不可耳。①

钱德洪，名宽，字洪甫，号绪山，余姚人。尝读《易》于灵绪山中，人称绪山先生。早年以授徒为业。明正德十六年（1521），王阳明省亲归姚，德洪率侄子门生74人迎请于中天阁，拜王阳明为师，请授"良知"之学，四方知之，来学者甚众。王阳明奉旨出征广西，德洪主持中天阁讲席，人称"王学教授师"。明嘉靖十一年（1532）中进士，在京任职，因抗旨入狱，在狱中仍学《易》不辍。出狱后，于苏、浙、皖、赣、粤各地讲学，传播王阳明学说。

王畿，字汝中，号龙溪，学者称龙溪先生。山阴人。弱冠举于乡，跌宕自喜。明世宗嘉靖二年（1523），试礼部不第，闻王守仁回绍兴稽山书院讲学，返乡受业。嘉靖七年（1528），赴京殿试，途中闻守仁卒，奔广信料理丧事，并服心丧三年。十一年（1532），中进士，授南京兵部主事，进郎中。来往江、浙、闽、越等地讲学40余年，所到之处听者云集，年过80仍周游不倦。明神宗万历二年（1574）在南京讲学，与李贽相识，李贽深受其影响。

依据上述，相比于罗整庵对杨慈湖的完全否定，钱德洪和王畿对慈湖的态度则要和缓得多。钱绪山言"真性"与"起意"的关系，颇得慈湖思想之旨，慈湖亦常以"云遮月"的比喻来说明"心"的非本质状态。在绪山的潜意识里，人分三六九等，其所谓"质美者"和"习累既深之人"对慈湖之教的不同接受程度，即可为证。实际的情况也确实如此，现实生活中的人确实因各种各样的原因而在为学求道的道路上分出了不同的层次，然就人之本性而言，人人都潜藏有成圣的"基因"，这一点也是不容置疑的。绪山对慈湖的微词，乃在于他觉得"慈湖于人领悟太速""而不知在道之人尚涉程途"，实际上也是慈湖之学从一开始便面临的问题，慈湖之学确实存在"一讲到底"的特征，这也是慈湖被批评为禅的重要原因。王龙溪在此处对慈湖之学的分析也颇有道理，他说慈湖的"不起意"之说"善用之未为不是"，并且承认"无意无必"也非慈湖本人的发明，而是圣人教人之言语，慈湖不过是特别强调此意罢了。而龙溪对慈湖之学的忧虑，尚不在慈湖之学本身的是非对错，而在于在龙溪看来如果以慈湖之学来应对当时之社会弊病，"则诚有所不可耳"。即是说，

---

① ［明］王畿著，吴震编校整理：《王畿集》卷九《答季彭山龙镜书》，凤凰出版社2007年版，第213页。

龙溪以为慈湖过于认肯"不起意"的话，会在实际的社会生活之中失却担当事务的主体而变得悬空，不能在实际的事务之中有所作为。龙溪此顾虑所面对的正是他自身所在时代的"社会存在"之整体特征，想必也不是无感而发。但就慈湖本人来说，并不存在龙溪所顾虑的问题，前文所论慈湖本人一系列的政事实践活动及其成效，便足以让我们打消这种疑虑。

浙中王门的钱德洪和王畿对杨慈湖之学的评价尚属中肯。而江右王门的几位阳明弟子，对慈湖的态度就较为复杂，有将之作为对堪之借鉴者，亦有对之大加肯定而为之辩护者，"恐未尽慈湖意也"和"慈湖有所不受矣"两种说法便表明了这种清晰的辩护态度。

黄弘纲和邹守益这样评论慈湖之学：

> 黄弘纲曰：或疑慈湖之学只道一光明境界而已，稍涉用力则为着意，恐未尽慈湖。精于用力者，莫慈湖若也。所谓"不起意"者，其用力处也。《绝四记》中云云，慈湖之用力，精且密矣。明道云："必有事焉而勿正勿忘勿助长，未尝致纤毫之力"，此其存之之道，善用其力者固若是。慈湖千言万语，只从至灵至明、广大圣知之性，不假外求、不由外得、自本自根、自神自明中提掇出来，使人于此有省，不患其无用力处，不患不能善用其力矣。徒见其喋喋于此也，遂谓其未尝用力焉，恐未尽慈湖意也。①

> 邹守益曰：慈湖所谓不起意者，不起私意也，故其《纪先训》曰："人关防人心，贤者关防自心。天下之心一也，戒谨则善，放则恶。"其送子之官，曰："就业不就业，即祸福荣辱之枢机。"今厌末学之玄妙而并罪慈湖，慈湖有所不受矣。小人之起私意，昏昧放逸，作好作恶，至于穿窬剽劫，何往非心？特非心之本体耳。水之过额在山，至于滔天襄陵，何往非水？然非水之本体矣。②

黄弘纲，字正之，号洛村，雩都人。嘉靖二十三年（1544）授汀州府推官，后招刑部主事，因得罪吏部尚书，愤而辞官归里。师承王阳明，长期跟随王阳明学习。善于推阐师说，阳明"良知"之说发自晚年，未及与学者深究其旨，其门人遂忽略其"诚一无伪"之本体，而以意念之善者为"良知"。黄弘纲不赞成阳明的"四句教法"，认为"天然良知，无体用、先后、内外、深浅、精粗、

---

① ［清］黄宗羲著，沈芝盈点校：《明儒学案》卷十九《江右王门学案四·主事黄洛村先生弘纲》，中华书局 1985 年版，第 450 页。

② ［明］邹守益著，董平编校整理：《邹守益集》卷十《答曾弘之》，凤凰出版社 2007 年版，第 522 页。

上下"之分,反对以"未发""已发"分性情为二。

邹守益,字谦之,号东廓,安福人。安福县北乡澂源邹氏,是江南极负盛名名门望族,四代人中有七名进士,一名解元,五名举人,一名贡元,其中邹守益最为名重。正德十三年(1518),王阳明在赣州任地方官,邹守益前往谒见,两人反复辩论"良知"之学。邹守益从此成为王阳明的高足弟子与良友,并开始在赣州讲学。把王阳明的"致良知"学说作为道德教育的根本,并对"致良知"作了充分的发挥。著作有《东廓文集》《诗集》《学豚遗集》等。

如上所述,黄洛村对杨慈湖之学的理解最为到位,其言"慈湖之用力,精且密矣"显示了他对杨慈湖之思想的良好把握,慈湖不断讲自本自根、澄明清净的"心"之本质状态,然而他同样没有放弃日用常行之中的修养工夫,他对孔子之"绝四"手段的特别发挥即可表明这一点。学者们批评慈湖为禅,只是因为"徒见其喋喋于此也",这只是对慈湖之思想基于浅层理解的误会,并非慈湖思想的真实面貌。而邹守益对慈湖思想的分析,尽管其言"慈湖所谓不起意者,不起私意也"并不能全面概括慈湖"不起意"之说的内容,但他"心之本体"与"水之本体"的比喻区分,还是表明他掌握到了慈湖思想的核心之处,邹守益此说,渊源出自孟子。

聂豹和罗洪先这样评论杨慈湖之学:

> 聂豹曰:达夫早年之学,病在于求脱化融释之太速也。夫脱化融释,原非功夫字眼,乃功夫熟后景界也。而速于求之,故遂为慈湖之说所入。以见在为具足,以知觉为良知,以不起意为功夫,乐超顿而鄙艰苦,崇虚见而略实功,自谓撒手悬崖,遍地黄金,而于"六经""四书"未尝有一字当意,玩弄精魂,谓为自得,如是者十年矣。至于盘错颠沛,则茫然无据,不能不动朱公之哭也。①

> 聂豹还说:致知云者,充满吾虚灵本体之量,而不以一毫意欲自弊,是谓先天之体,未发之中。故自此而发者,感而遂通,一毫人力与不得。一毫人力不与,是意而无意也。盖意者,心之发,亦心之障。慈湖深病"诚意"二字,谓非孔门传授本旨,而以"不起意"为宗,是但知意为心之障雾,而不知诚为意之丹头也。来无所起,过而不留,惟诚者能之。②

> 罗洪先曰:兄尝谓弟落意见,此真实语。凡见中有此用处,不应总属意见。苟未逼真,慈湖之无意,亦竟见也。若有向往,不妨其致力之

---

① [清]黄宗羲著,沈芝盈点校:《明儒学案》卷十七《江右王门学案二·双江论学书》,中华书局1985年版,第375页。

② [明]聂豹著,吴可为编校整理:《聂豹集》卷九《答钱绪山》,凤凰出版社2007年版,第302页。

勤,到脱然处,又当别论。力未至而先为解脱,不已过忧乎。①

聂豹,字文蔚,号双江,晚年号白水老农,东皋居士。永丰县人。正德十二年(1517)进士,嘉靖三十一年(1552)任兵部尚书,后加太子太保,赐祭九坛,入豫章理学祠。聂豹是王阳明心学的正统传人,认为良知不是现成的,要通过"动静无心,内外两忘"的涵养功夫才能达到,主张主静修养,主张致虚守静的工夫论。著有《双江文集》《困辨录》等,均被列入《四库全书》总目。

罗洪先,字达夫,号念庵,吉水黄橙溪人。嘉靖八年(1529)进士。因上书冒犯了世宗皇帝而被撤职。从此隐居山间,专心研究王阳明心学,三年不出户,曾师事王门学者黄宏纲、何廷仁。罗洪先骑马练弓、考图观史,于天文、礼乐、典章、阴阳、术数,下至地理、水利、边塞、战阵、攻守,无不精心探究。著有《念庵集》,收录于《四库全书》。另有《冬游记》《广舆图》传世。

聂豹在写给罗洪先(字达夫)的信中,与罗洪先"谈心"甚多。他分析罗洪先早年学习经历,认为其偏颇之处在于"速于求之",即过于追求在短时间内获得一个好结果。他讲罗洪先因求之过速而"为慈湖之说所入",表明聂豹认为慈湖之说属于超上一路,因为只有某一思想中有"对治"求学之病的方法,才可能"入"到某一个人阶段性的思考之中而体现出两者之间的契合性。我们之前对杨慈湖思想的分析也表明慈湖之思确实具有"超越性",他的一些说法直接是彻入本源而较少求证过程的。聂豹接着指出罗洪先问学中的种种不足甚至错误,归结起来就是少了实操之功,对于文献文章全然不顾,只凭着对某些观念的个人运思,也只得成了个拨弄精神。聂豹的这段评述表明他把握到了杨慈湖思想的某个方面特质,但显然并不全面准确。

聂豹在给钱绪山的信中,则较为深刻地分析了慈湖思想中如"不起意"以及慈湖对孔门"诚意"之说的看法。在"意"为心之所发这一点的看法上,聂豹与杨慈湖的理解并无二致。聂豹也同意"意"起以后就转变为"心"的拖累物,成为"心之障"。在如何对治"意"的方法上,聂豹显然对杨慈湖持批评态度,认为慈湖的"不起意"太过悬空,没有入手处。他坚持孔门之法,主张"诚"意,并且将"诚"字看作对病的药,"但看诚字分晓,则意之流转变化皆所应之妙用也",聂豹认为只要"诚"字立得住,则有体有用,"体"立而"用"自然流行。聂豹的思想也基本上是按照这样的逻辑展开的。

罗洪先在写给王龙溪的信中,坦陈了王龙溪对自己的批评是切中肯綮

① [清]黄宗羲著,沈芝盈点校:《明儒学案》卷十七《江右王门学案二·双江论学书》,中华书局1985年版,第408页。

的,以"意见"为学问根本而忽略扎实用功之处,终究会只剩下"意见"。因此罗洪先说杨慈湖讲"无意"是强调不要落入"意见"而应该勤于用力,勤奋用力后达到"脱然"之境,才是真正到达了学问的根本处,建立在这样基础之上的"脱然贯通",才是真学问。罗洪先与王龙溪的讨论中,借着杨慈湖思想中的某些概念展开论说,可以说杨慈湖思想已经成为当时学术界开展思想讨论各抒己见的基本资源或标的物。在概念分析和含义探讨的过程中,明代这些思想家的思想都有了不同程度的跃进和内涵深化,这本身显示了杨慈湖思想的"超时代"性和普遍性。而杨慈湖思想也并非都被作为"正面"资源而加以利用,这也表明了其思想自身的局限。这种局限本身说明了人的局限,不同时代的人都无法超越自身的思想弱点,人性中的这种局限性,只能随着时代的变化和人的认识能力的提高而逐渐被后世的人一点点地克服。

　　以上是对杨慈湖思想与阳明学之关联的简要分析,从罗钦顺对慈湖思想的完全批评态度,到王阳明的浙中王门弟子较为和缓的语气,再到王阳明江右王门弟子对慈湖思想基于深入理解基础上的辩护,可以发现慈湖思想因《慈湖先生遗书》的刊刻而在明代思想界有复活之势。更为典型的是,慈湖思想并未在阳明本人思想的形成过程中产生怎样的影响,却在阳明学形成的过程之中成了许多阳明弟子及其后学争相借机发表意见的思想助力,这便提示我们,一方面慈湖思想确实有它自身可再阐释的独特魅力;另一方面,慈湖思想与阳明学之间确有某种特别的纠缠,而对这一问题的详细考释,由于其勾连着众多的阳明学学者和明代思想界的整体情形,便暂时不在本书的论述范围之内了。

结　语

　　杨慈湖是南宋时期思想界在朱熹和陆九渊以后堪称"泰山乔岳"的人物,其治学的广博性、思想的深刻性和哲理的玄妙性均为一时之冠,然本书对杨慈湖哲学思想的研究,到此算是个暂时的结束。

　　我们以为,在详细检读杨慈湖的文本以后,应该对慈湖的思想加以重新认识。在慈湖思想与孟子和陆象山思想的关系的问题上,慈湖除了认同孟子"人性本善"的思想以外,对孟子其他方面的主张基本持否定态度;慈湖向陆象山求教的"本心"之问,在慈湖自身思想的发展过程中确乎起到了至关重要的作用,但其意义却在于确证而不在于启发,慈湖自己对"本心"问题的思考及其成就,则远在象山之上。慈湖对先圣孔子的思想抱以绝对遵从的态度,言语之间无一毫不恭和反对,他由此而开拓出的对孔子思想的"心解",至少可以成为我们回视孔子言行、研读儒家思想的一个参照。

　　杨慈湖哲学思想"'一'—'心'—'觉'"的动态结构在慈湖的思考中是不断被表达的,这表现在慈湖极少在单独的意义上使用"心"概念来讨论问题,他必得把"心"放置在世界的本相面前来阐释他的思考,世界的本相在慈湖那里便是"一",而人获知这个本相的能力或者对此本相的描述,在慈湖这里便被称为"觉"。上述的三个概念在慈湖的思考中是具有高度的关联性的,因此若是只以"心学"来概括慈湖的思想便有窄化慈湖之思的嫌疑。更为重要的是,慈湖所讨论的"觉",实际上已经包含了人生在世所可能面对的一切有形和无形的问题,本书中所谈的慈湖"己心之觉""本心之觉"和"心物之觉"即从对内在自我的确证、个人与社会事务的关系和个体与世界的交往等三个方面展示了慈湖博大精深的思想。当然,正如本书所展示出的那样,慈湖文本中"性""道""意"等概念在他的思想中也同样具有重要作用,这些哲学观念共同撑起了慈湖哲学思想的整个大厦。

　　总体而言,杨慈湖思想表现出了鲜明的儒家特色,尽管他可能使用了某些非儒家的思考和言说方式。慈湖的思想绵延至明代,在思想界因应阳明学学者阐释王阳明思想的需要,重新登上中国思想史的历史舞台,一时"应者云集",从而得以重新焕发出活力。对杨慈湖思想在阳明学时代之整体情况的研究,则要另文详述。

参考文献

1. 古籍

［宋］杨简著:《五诰解》墨海金壶本。

［宋］杨简著:《杨氏易传》四明丛书本。

［宋］杨简著:《慈湖诗传》四明丛书本。

［宋］杨简著:《石鱼偶记》四明丛书本。

［宋］杨简著:《先圣大训》四明丛书本。

［宋］杨简著:《慈湖先生遗书》四明丛书本。

［宋］杨简著:《慈湖小集》文渊阁四库全书本。

［宋］杨简著:《慈湖春秋传》重庆图书馆藏郑氏注韩居抄本。

［宋］杨简著,董平点校:《杨简全集》,杭州:浙江大学出版社,2015年。

［宋］周敦颐著,陈克明点校:《周敦颐集》,北京:中华书局,1990年。

［宋］程颢、程颐著,王孝鱼点校:《二程集》,北京:中华书局,1981年。

［宋］张载著,章锡琛点校:《张载集》,北京:中华书局,1978年。

［宋］朱熹著,郭齐、尹波点校:《朱熹集》,成都:四川教育出版社, 1996年。

［宋］陈淳著,熊国祯、高流水点校:《北溪字义》,北京:中华书局, 1983年。

［宋］陆九渊著,钟哲点校:《陆九渊集》,北京:中华书局,1980年。

［宋］王应麟著,孙通海校点:《困学纪闻》,沈阳:辽宁教育出版社, 1998年。

［元］脱脱等撰:《宋史》,北京:中华书局,1985年。

［明］王阳明著,吴光、钱明、董平等点校:《王阳明全集》,上海:上海古籍出版社,1992年。

〔明〕智旭著,施维、周建雄整理:《周易·四书禅解》,成都:巴蜀书社,2004 年。

〔清〕冯可镛、叶意深编:《慈湖先生年谱》,毋自欺斋本。

〔清〕魏源著,中华书局编辑部编:《魏源集》,北京:中华书局,1976 年。

〔清〕黄宗羲著,全祖望补修,沈芝盈点校:《宋元学案》,北京:中华书局,1986 年。

〔清〕黄宗羲著,沈芝盈点校:《明儒学案》,北京:中华书局,1985 年。

2. 今人论著

董平:《浙江思想学术史——从王充到王国维》,北京:中国社会科学出版社,2005 年。

董平:《王阳明的生活世界》,北京:中国人民大学出版社,2009 年。

束景南:《朱子大传》,福州:福建教育出版社,1992 年。

何俊:《南宋儒学建构》,上海:上海人民出版社,2004 年。

陈代湘:《现代新儒学与朱子学》,长沙:湖南人民出版社,2003 年。

崔大华:《南宋陆学》,北京:中国社会科学出版社,1984 年。

唐君毅:《中国哲学原论·原性篇》,北京:中国社会科学出版社,2005 年。

钱穆:《宋明理学概述》,北京:九州出版社,2010 年。

蔡元培:《中国伦理学史》,上海:东方出版社,1996 年。

萧萐父:《中国哲学史史料源流举要》,武汉:武汉大学出版社,1998 年。

刘建国:《中国哲学史史料学概要》,长春:吉林人民出版社,1983 年。

冯友兰:《中国哲学史史料学》,南京:江苏教育出版社,2006 年。

冯友兰:《中国哲学史新编》,北京:人民出版社,2007 年。

王蘧常:《中国历代思想家传记汇诠》,上海:复旦大学出版社,1993 年。

吕思勉:《理学纲要》,上海:东方出版社,1996 年。

马一浮:《尔雅台答问》,南京:江苏教育出版社,2005 年。

陈荣捷:《中国哲学文献选编》,南京:江苏教育出版社,2006 年。

蒙培元:《理学范畴系统》,北京:人民出版社,1989 年。

蒙培元:《心灵超越与境界》,北京:人民出版社,1998 年。

蒙培元:《中国哲学主体思维》,北京:人民出版社,1993 年。

蔡方鹿:《宋明理学心性论》,成都:巴蜀书社,2009 年。

张君劢：《新儒家思想史》，北京：中国人民大学出版社，2009年。

张君劢：《义理学十讲纲要》，北京：中国人民大学出版社，2009年。

陈来：《宋明理学》，上海：华东师范大学出版社，2004年。

陈来：《朱子哲学研究》，上海：华东师范大学出版社，2008年。

陈来：《古代宗教与伦理：儒家思想的根源》，北京：生活·读书·新知三联书店，2009年。

刘宗贤：《陆王心学研究》，济南：山东人民出版社，1997年。

郑晓江、李承贵：《杨简》，台北：东大图书公司印行，1996年。

王凤贤、丁国顺：《浙东学派研究》，杭州：浙江人民出版社，1993年。

陈钟凡：《两宋思想述评》，上海：东方出版社，1996年。

沈善洪主编：《浙江文化史》，杭州：浙江大学出版社，2009年。

关长龙：《两宋道学命运的历史考察》，上海：学林出版社，2001年。

孙隆基：《中国文化的深层结构》，桂林：广西师范大学出版社，2004年。

田浩：《朱熹的思维世界》（增订版），南京：江苏人民出版社，2009年。

徐复观：《中国人性论史》，上海：华东师范大学出版社，2005年。

杨树达：《论语疏证》，上海：上海古籍出版社，2006年。

孙钦善：《论语本解》，北京：生活·读书·新知三联书店，2009年。

李泽厚：《论语今读》，天津：天津社会科学院出版社，2007年。

彭国翔：《儒家传统：宗教与人文主义之间》，北京：北京大学出版社，2007年。

杨义：《感悟通论》，北京：人民出版社，2008年。

章太炎：《国学概论》，北京：中华书局，2003年。

黄寿祺、张善文：《周易译注》，上海：上海古籍出版社，2004年。

杜维明：《东亚价值与多元现代性》，北京：中国社会科学出版社，2001年。

黄玉顺：《儒学与生活："生活儒学"论稿》，成都：四川大学出版社，2009年。

干春松：《制度儒学》，上海：上海人民出版社，2006年。

杨东莼：《中国学术史讲话》，南京：江苏教育出版社，2005年。

杨伯峻：《孟子译注》，北京：中华书局，1960年。

启良：《启良集》，上海：学林出版社，1998年。

牟宗三：《心体与性体》，上海：上海古籍出版社，1999年。

牟宗三：《中国哲学十九讲》，上海：上海古籍出版社，2005年。

牟宗三：《生命的学问》，桂林：广西师范大学出版社，2005年。

蒋维乔：《蒋维乔讲佛教》，南京：凤凰出版社，2010年。

赖品超、林宏星：《儒耶对话与生态关怀》，北京：宗教文化出版社，2006年。

侯外庐、邱汉生、张岂之主编：《宋明理学史》，北京：人民出版社，1984年。

钱穆：《国学概论》，北京：商务印书馆，1997年。

顾红亮：《儒家生活世界》，上海：上海人民出版社，2008年。

韩星：《儒教问题：争鸣与反思》，西安：陕西人民出版社，2004年。

杨国荣：《成己与成物：意义世界的生成》，北京：人民出版社，2010年。

杨国荣：《王学通论：从王阳明到熊十力》，上海：华东师范大学出版社，2003年。

徐洪兴：《思想的转型：理学发生过程研究》，上海：上海人民出版社，1996年。

程石泉：《中西哲学合论》，上海：上海古籍出版社，2007年。

李明辉：《当代儒学的自我转化》，北京：中国社会科学出版社，2001年。

高专诚：《孔子·孔子弟子》，太原：山西人民出版社，1991年。

裴传永：《论语外编：孔子佚语汇释》，济南：济南出版社，2006年。

何炳松：《浙东学派溯源》，桂林：广西师范大学出版社，2004年。

王元骧：《论美与人的生存》，杭州：浙江大学出版社，2010年。

钟泰：《中国哲学史》，上海：东方出版社，2008年。

贾丰臻：《中国理学史》，上海：上海书店出版社，1984年。

朱谦之：《谦之文存》，上海：泰东图书局印行，1926年。

邱椿：《古代教育思想论丛》（上、中、下三册），北京：北京师范大学出版社，1985年。

范立舟、於剑山：《南宋"甬上四先生"研究》，北京：人民出版社，2014年。

张实龙：《杨简研究》，杭州：浙江大学出版社，2012年。

李丕洋：《圣贤德业归方寸：杨慈湖思想研究》，北京：中国社会科学出版社，2020年。

3.译著

［日］岛田虔次著，邓红译：《中国思想史研究》，上海：上海古籍出版社，

2009 年。

〔美〕狄百瑞著，黄水婴译：《儒家的困境》，北京：北京大学出版社，2009 年。

〔日〕沟口雄三、小岛毅主编，孙歌等译，《中国的思维世界》，南京：江苏人民出版社，2006 年。

吴震、吾妻重二主编：《思想与文献：日本学者宋明儒学研究》，上海：华东师范大学出版社，2010 年。

〔美〕姜新艳主编：《英语世界中的中国哲学》，北京：中国人民大学出版社，2009 年。

〔美〕杜维明著，段德智译：《论儒学的宗教性——对〈中庸〉的现代诠释》，武汉：武汉大学出版社，1999 年。

江文也著，杨儒宾译：《孔子的乐论》，上海：华东师范大学出版社，2008 年。

〔德〕卡西尔著，甘阳译：《人论》，上海：上海译文出版社，2003 年。

〔英〕弗雷泽著，徐育新等译：《金枝》，北京：中国民间文艺出版社，1987 年。

〔法〕列维-布留尔著，丁由译：《原始思维》，北京：商务印书馆，1981 年。

〔美〕倪德卫著，周炽成译：《儒家之道：中国哲学之探讨》，南京：江苏人民出版社，2006 年。

〔美〕赫伯特·芬格莱特著，彭国翔、张华译：《孔子：即凡而圣》，南京：江苏人民出版社，2002 年。

〔日〕池田大作著，潘桂明、业露华译：《我的佛教观》，成都：四川人民出版社，2001 年。

〔德〕海德格尔著，熊伟、王庆节译：《形而上学导论》，北京：商务印书馆，1996 年。

〔德〕海德格尔著，陈嘉映、王庆节译：《存在与时间》，北京：生活·读书·新知三联书店，2006 年。

4. 期刊论文

董平：《象山"心即理"说的本体论诠释》，《孔子研究》1999 年第 2 期。

董平：《王畿哲学的本体论与方法论》，《学术月刊》2004 年第 9 期。

董平：《"儒道互补"原论》，《浙江大学学报》（人文社会科学版）2007 年第 5 期。

束景南:《四书升格运动与宋代四书学的兴起——汉学向宋学转型的经典诠释历程》,《历史研究》2007 年第 5 期。

何俊:《庆元党禁的性质与晚宋儒学的派系整合》,《中国史研究》2004 年第 1 期。

李明友:《敦本尚实,返朴还淳——王阳明的经学观》,《中国哲学史》2005 年第 2 期。

潘立勇:《本心灵觉:良知境界的美学意义》,《中国哲学史》2005 年第 2 期。

范立舟、王华艳:《杨简易学思想与其"复心"说》,《西南民族大学学报》(人文社科版)2004 年第 4 期。

刘宗贤:《杨简与陆九渊》,《中国哲学史》1996 年第 4 期。

傅荣贤:《杨简易学略论》,《周易研究》1996 年第 1 期。

傅荣贤:《陆九渊易学的心学建构》,《周易研究》1999 年第 3 期。

蔡方鹿:《杨简的心学思想及其在心学史上的地位》,《宁波党校学报》2004 年第 4 期。

陈寒玉:《杨简的泛心观及其特点》,《江西大学学报》1991 年第 2 期。

郑晓江:《慈湖先生之人论探微》,《南昌大学学报》1997 年第 1 期。

李承贵、赖虹:《论杨简的儒学观》,《南昌大学学报》(社会科学版)1997 年第 1 期。

刘晓梅:《杨简心学思想之空实辨》,《兰州学刊》2006 年第 2 期。

刘晓梅:《杨简实心思想探微》,《兰州学刊》2006 年第 5 期。

曾凡朝:《杨简心学工夫论发微》,《理论学刊》2007 年第 6 期。

曾凡朝:《从〈己易〉看杨简易学的心学宗旨及其学术意义》,《周易研究》2008 年第 5 期。

曾凡朝:《试论悟觉对心学架构的意义——以杨简为例》,《兰州学刊》2009 年第 5 期。

王心竹:《浅析杨简"心本论"思想》,《湖南大学学报》(社会科学版)2005 年第 4 期。

张理峰:《心学视域下的易学——杨简易学思想初探》,《周易研究》2006 年第 5 期。

赵灿鹏:《杨慈湖与南宋后期的儒学格局》,《湖南大学学报》(社会科学版)2009 年第 4 期。

赵灿鹏:《"心之精神是谓圣":杨慈湖心学宗旨疏解》,《孔子研究》2013年第 2 期。

孙显军:《杨简的〈大戴礼记〉研究》,《徐州师范大学学报》(哲学社会科学版)2009 年第 4 期。

钱茂伟:《论湛若水〈杨子折衷〉的学术价值》,《宁波大学学报》(人文科学版)2002 年第 2 期。

李才栋:《甬上四先生及其后学与书院教育》,《江西教育学院学报》1997年第 1 期。

叶文举:《杨简〈诗经〉研究的心学特色》,《孔子研究》2009 年第 2 期。

石明庆、王素丽:《杨简心学及其诗歌思想》,《河北经贸大学学报》(综合版)2006 年第 3 期。

杨国荣:《心学的意义之境》,《安徽大学学报》(哲学社会科学版)2010年第 2 期。

启良:《周公才是中国文化的先祖》,《湘潭大学学报》(哲学社会科学版)2009 年第 3 期。

陈少明:《忍与不忍——儒家德性伦理的一个诠释向度》,《学术月刊》2007 年第 1 期。

钱明:《"浙学"涵义的历史衍变》,《浙江社会科学》2006 年第 2 期。

费君清:《南宋江湖诗人的谋生方式》,《文学遗产》2005 年第 6 期。

黄忠慎:《心学语境下的〈诗经〉诠释——杨简〈慈湖诗传〉析论》,《东吴中文学报》2010 年第 19 期。

邓秀梅:《杨简易学析论》,《高雄师大学报》2007 年第 23 期。

李承贵:《杨简释〈易〉的路径及其省察》,《华南师范大学学报·社会科学版》2013 年第 5 期。

隋金波:《以"心"行政:杨慈湖的政务活动及政治主张》,《温州大学学报·社会科学版》2014 年第 4 期。

隋金波:《杨慈湖思想中的"觉"及其成圣意涵》,《哲学研究》2017 年第 4 期。

胡栋材:《"觉":杨慈湖对心学的创造性诠释》,《中州学刊》2014 年第 9 期。

黄觉弘:《重庆图书馆藏郑氏注韩居抄本〈慈湖春秋传〉考说》,《文献》2019 年第 6 期。

5.硕士博士论文

徐建勇:《杨简哲学思想研究》,湘潭大学 2002 年硕士学位论文。

曹亚美:《杨简四书学思想研究》,华中师范大学 2008 年硕士学位论文。

马彗:《杨简对"内圣外王"思想的心学阐释》,山东大学 2009 年硕士学位论文。

王一:《杨简"心本论"思想研究》,安徽大学 2015 年硕士学位论文。

张宁璐:《杨慈湖仁学思想研究》,山东大学 2019 年硕士学位论文。

王心竹:《杨简哲学思想研究》,中国人民大学 2002 年博士学位论文。

赵灿鹏:《"精神"与"自然":杨慈湖心学研究》,香港岭南大学 2005 年博士学位论文。

曾凡朝:《杨简易学思想研究》,山东大学 2006 年博士学位论文。

赵玉强:《〈慈湖诗传〉:心学阐释的〈诗经学〉》,浙江大学 2009 年博士学位论文。

鲍希福:《三教本心:心学整合儒释道三教思想研究》,中国社会科学院研究生院 2010 年博士学位论文。

范赟:《易学与两宋理学形成和发展的关系研究》,南京大学 2014 年博士学位论文。

后 记

时光荏苒,转眼间从浙江大学博士毕业已 12 年,当初读书的点点滴滴,恍然如在目前。还记得毕业时暗自发下誓愿,准备再用几年的时间,把杨慈湖及其思想的研究深化细化,出一部让自己满意的作品。工作后,有太多的身不由己,以至迁延日久,直到现在这部书稿才得以付梓,自己满意吗? 不能说非常满意。工作、生活之余很难集中时间对相关问题做深度的思考。呈现在大家眼前的这部著作,算是对我宋明理学研究一个不完满的交代。

从浙江大学毕业后我进入中国计量大学工作。在此期间我遇到了非常好的领导和同事。在我遇到困难时,领导给予我有力的指导,同事给予我真诚的帮助,使我能够克服前进道路上的障碍不断成长,锻炼提升工作能力。感谢遇见!

这些年恩师董平教授于我的教诲尤多。董师为人豪迈潇洒,学问深厚醇正,思想宏阔深刻。如果说我在中国传统文化的研究上有一点进步的话,功劳应该归于董师。在以后的人生道路上,我也只有戒谨努力,以期不辱师命。感激教诲!

多年来妻子杨礼坤一直支持我在学问的道路上慢慢前行,并没有因为我经济上的困顿拮据、时间上的“朝不保夕”而怨天尤人,反倒时常给我“资助”,让我得以没有压力的心境下读书工作,今生得此红颜,知足常乐。感念陪伴!

转眼之间女儿小和已经 8 岁,从她牙牙学语到现在时不时和我“吵架”,我真的觉得时间过得实在太快。她自小在云南大理生活,三岁后跟着爸妈在杭州,从幼儿园到小学二年级,我们见证了她不断克服弱点一点点长大。感慨成长!

我长年离家在外,父母还年轻时没能长时间和他们一起生活,如今他们老了也未能尽孝于父母膝下,深感惭愧不安。唯愿此后潜心向学,努力工作,开拓出一片属于自己的光明天地,不负双亲厚望。感恩养育!

　　人生总是会分成不同的阶段。未来的道路尚在途中,前方通衢乎?险滩乎?只有一件事情一件事情地去经历,一个困难一个困难地去克服,我们才能体悟生命和生活的真义。就如杨慈湖所说"道在事中","事上磨炼"总是我们对付生活获得成长的最好方式。前路漫漫,唯有奋斗。前进的道路上仗剑而行,披荆斩棘,小子宁有种乎?

隋金波

2023 年 5 月 8 日

于杭州翠苑